Irmela Hijiya-Kirschnereit · Ausgekochtes Wunderland

Irmela Hijiya-Kirschnereit

Ausgekochtes Wunderland

Japanische Literatur lesen

et+k

edition text + kritik

Umschlagentwurf: Thomas Scheer
Foto: Shuji Hijiya
Satz: Claudia Wild, Stuttgart
Druck/Verarbeitung: Laupp & Göbel, Talstraße 14, 72147 Nehren
ISBN 978-3-88377-942-3

Levelingstraße 6a, 81673 München
München, 2008

Ausführliche Informationen über alle Bücher des Verlags im Internet unter:
www.etk-muenchen.de

Inhaltsverzeichnis

I. Einführung

«Aber die Sprache der Literatur ist nicht die der Verständigung, sondern die des Schöpferischen.»
Péter Esterházy

Lust auf Literatur. Lust auf japanische Literatur. Doch weshalb eigentlich japanische Literatur? Anfang der 1980er Jahre habe ich es so formuliert: «Wenn wir statt eines Romans von Peter Handke, Max Frisch oder Martin Walser die Übersetzung eines Werkes von Tanizaki Jun'ichirō, Kawabata Yasunari oder Mishima Yukio zur Hand nehmen, dann beweist dies, daß wir etwas anderes erwarten als eben Handke, Frisch oder Walser. Appetit auf Fremdes, Andersartiges ist im Spiel. Eine gewisse Neugier ist vorauszusetzen. Wir sind bereit, uns auf Neues einzulassen. Die Erfahrungen, die eine solche Begegnung für uns bereithält, sind so vielfältig wie die Literatur selbst.»[1]

Im Anschluß an diese Überlegung habe ich versucht, typische oder auch nur mögliche Arten des Umgangs mit dieser Literatur zu beschreiben, mit dem, was ihre Fremdheit ausmacht. Was wiederum erforderte, das Fremde, die Alterität der japanischen Literatur zu erfassen. Interessanterweise aber kommt man mit der ausschließlichen oder auch nur gezielten Suche nach der Differenz nicht weit, denn entweder führt sie zu banalen Ergebnissen: Tōkyō ist nicht Berlin, Japanisch ist nicht Deutsch, oder sie verwirrt uns und verstrickt uns in einen konstruktiven Taumel: Eigenes und Fremdes fließen ineinander, lassen sich nicht gegeneinander abgrenzen, sind womöglich beides zugleich. Wo ließe sich denn Japanisches fassen, wo ist es ‹anders›?

Vermutlich nähern wir uns heute japanischer Literatur, ohne uns dessen eigens bewußt zu werden, anders als vor drei Jahrzehnten. Der Exotik-Faktor hat sich abgeschwächt, auch wenn er unterschwellig immer noch wirksam ist. Was ist seither geschehen? In den 1970er und frühen 1980er Jahren erschien Japan mit Macht über dem Horizont unserer mitteleuropäischen Wahrnehmung – als Konkurrent und ebenbürtiger, ja manchmal überlegen erscheinender Akteur auf der Weltbühne, etwa wenn es um den Umgang mit Problemen wie der kulminierenden Umweltverschmutzung ging, die in einigen Bereichen erstaunlich rasch wieder eingedämmt werden konnte. Gegen Ende der

---

1 «Was heißt: Japanische Literatur verstehen?» Erstmals 1982 publiziert, nachgedruckt in meinem Essay-Band *Was heißt: Japanische Literatur verstehen? Zur modernen japanischen Literatur und Literaturkritik.* Frankfurt/M.: Suhrkamp 1990, S. 13.

1980er Jahre hatte sich die hiesige Öffentlichkeit auf ein wirtschaftlich und finanziell mächtiges, selbstbewußt agierendes Japan eingestellt. Man war neugieriger geworden auf die Gesellschaft und Kultur dieses Landes. Es war eine Zeit der Expansion für das Fach Japanologie an den Universitäten, die Berichterstattung in den Medien nahm zu, und der Buchmarkt öffnete sich für Japanthemen. Überarbeitete und neu konzipierte Lexika und Nachschlagewerke berücksichtigten Japan stärker als je zuvor, und in gleichem Maße wuchs auch die Sichtbarkeit japanischer Literatur. Rundfunklesungen, die Aufnahme von Textpassagen in Schulbücher und mancherlei literarische Veranstaltungen bereiteten weiter den Boden. Mit dem Japan-Schwerpunkt der Internationalen Frankfurter Buchmesse 1990 fand dieses anschwellende Interesse an Japan einen besonders sichtbaren Ausdruck, und nicht von ungefähr datieren auch die Initiativen von Verlagen, die Reihen mit japanischer Literatur herausbrachten, aus dieser Zeit, die *Japanische Bibliothek* im Insel Verlag mit ihren 32 vorangekündigten, zwischen 1990 und 2000 publizierten Bänden sowie zwei Essay-Sammlungen zu Beginn und zum Abschluß dieser Unternehmung,[2] die *Zürcher Reihe Japanische Literatur*, in der zwischen 1989 und 1993 neun Bände erschienen, und die *Japanedition* im be.bra Verlag[3] mit mittlerweile 20 japanischen Titeln. Diese Konjunktur ist zwischenzeitlich wieder abgeebbt.

Nüchtern betrachtet, läßt sich konstatieren, daß eine Kultur so lange fasziniert, wie sie von wirtschaftlichem Erfolg getragen wird. Anfang der 1990er Jahre platzte Japans sogenannte Seifenblasenwirtschaft; es folgte eine Phase scheinbarer ökonomischer und gesellschaftlicher Stagnation, die auch im Lande selbst als das «verlorene Jahrzehnt» tituliert wurde. Japan leuchtete nicht mehr, es wurde, jedenfalls in Europa und Amerika, gewissermaßen vergessen. «Japan passing» lautete das 1998 dafür geprägte Schlagwort. Daß dieser Haltung eine verkürzte und verkrümmte Wahrnehmung zugrunde lag, steht auf einem anderen Blatt. Aber selbst heute, da China und Indien als asiatische Supermächte der Zukunft westliche Visionen beherrschen, bleibt Japan die zweitstärkste Volkswirtschaft der Welt und hat sich unmerklich, aber stetig, weiter in unseren Alltag hinein ausgebreitet. Davon zeugt das kulinarische ebenso wie das Unterhaltungsangebot. Aus dem Stadtbild lassen sich neuerdings Sushi-Restaurants nicht mehr wegdenken, auch wenn sie oftmals von Nicht-Japanern geführt werden. Und in der global-

---

2 Einige der Bände sind inzwischen auch als Taschenbuch erschienen. Der zum Abschluß der Reihe publizierte Band mit dem Titel *Japan – der andere Kulturführer* schreitet das breite Umfeld von Literatur im heutigen Japan ab, von der Essayistik und autobiographischem Schreiben von Laien im selbstverlegten Buch bis hin zu Gedichtsteinen, Post-Avantgarde-Theater, erotischen Zeitschriften, Film, Karaoke, T-Shirt-Texten, Manga und Anime.

3 Früher: edition q im Quintessenz-Verlag Berlin.

isierten Welt unserer einheimischen Küche spielen Zutaten wie *wasabi*, Shiitake und Enoki-Pilze oder *dashi*-Brühe eine immer wichtigere Rolle. Eßgeschirr und anderes Alltagsdesign tragen unverkennbar nipponische Züge, wie auch die Mode sich in immer kürzeren Abständen von Japan inspirieren läßt. Animationsfilme, Videospiele und Manga finden ein wachsendes und immer kenntnisreicheres Publikum, Karaoke ist ein beliebter Freizeitspaß, und «Hello Kitty» übergießt jüngste und junge Konsumentinnen mit der rosa Ästhetik des *cute* (*kawaii*). Popgruppen und Sänger mit Namen wie Tokio Hotel oder Bushido transportieren das Image eines *Cool Japan*, so der in den frühen 2000er Jahren lancierte Slogan. Die Zahl der Japanisch-Studierenden ist denn auch trotz «Japan passing» und China- und Indien-Booms nicht zurückgegangen. Viele derjenigen, die sich für Japan-Studien, wie es neuerdings heißt, einschreiben, haben sich schon während ihrer Schulzeit durch japanische Populärkultur ansprechen lassen. Sie zeichnen selber Manga oder möchten die Hefte im Original lesen. Andere begeistern sich für japanische Kinomythen aus der Fabrik Hollywood, und wieder andere sind dem Haruki-Banana-Phänomen erlegen, wohingegen die Studierenden der 1980er Jahre ehrgeizig von Spitzenjobs als Wirtschaftsmanager träumten oder sich von japanischen Kampfsportarten und der Fernsehserie «Shogun» einfangen ließen.

Merkwürdige, ziemlich groteske Blickverengungen und Schieflagen scheinen sich da abzuzeichnen. Wer sich intensiver für Japan interessiert, tut das aus oft überraschenden, bisweilen marginal erscheinenden Gründen. Kein Zweifel, jeder hat Anrecht auf «sein» Japan. Eins steht fest: Von Lust auf Literatur, schon gar auf japanische, war und ist kaum die Rede. Und doch führen viele Wege zu ihr. Denn niemand, der seinen eigenen, speziellen Zugang nahm, bleibt bei ihm stehen. Wer breiter, tiefer sucht, entdeckt früher oder später die Literatur. Sie galt und gilt auch heute noch als ein Königsweg, um sich das zeitlich oder kulturell Andere zu erschließen. Oder, wie es kürzlich der Literaturwissenschaftler Antoine Compagnon in seiner Antrittsvorlesung am Collège de France im Anschluß an Italo Calvino sagte: Es gibt Dinge, die uns nur die Literatur vermittelt. Eine konservative Utopie? Wenn es so wäre, könnten wir denn auf sie verzichten? Sicherlich, so Compagnon, hat die Literatur kein Monopol auf irgendetwas mehr, aber sie ist aufmerksamer als das Bild und wirksamer als Geschichte[4]. Literatur als Ort *par excellence,* um sich und die anderen/das Andere zu verstehen.[5]

---

4 Ich vermute, er meint mit *histoire* hier die Geschichtsschreibung.

5 «‹Il y a des choses que seules la littérature nous donne›, disait Italo Calvino. Est-ce vraissemblable? Ne s'agit-il que d'une utopie conservatrice? Mais dans ce cas, dois-je en conclure que nous n'avons plus besoin de la littérature? [...] Elle ne détient le monopole sur rien, mais elle est le lieu par excellence de l'apprentissage de soi et de l'autre.» Antrittsvorlesung von Antoine Compagnon, 1.12.2006, Collège de France.

Trotz aller Annäherungen der letzten Jahrzehnte – oder vielleicht sogar wegen dieser größeren Selbstverständlichkeit im Umgang mit Japan – erscheint seine Kultur vielen hierzulande immer noch – oder erst recht – als ausgekochtes Wunderland, als eine Art Gegenwelt, die uns überraschende Perspektiven auf Eigenes eröffnet, selbst da, wo sie eben nicht das ganz Andere verkörpert. Japanische Kultur und Literatur als Stoff, gewebt aus Fremde und Vertrautheit, Fäden, von vielerlei Traditionen und Eigenheiten imprägniert, durchwirkt von universalen Themen und Fragen – dies macht den Reiz der japanischen Literatur für westliche Leser aus.

Doch es geht uns mit japanischer Literatur wie mit allen anderen Verheißungen auch: Je besser wir sie kennen, desto mehr sprechen sie uns an, sprechen zu uns, machen Lust auf mehr. Gibt es eigentlich Besonderheiten japanischen Schreibens? Und was verbindet etwa die zeitgenössische literarische Szene in Tokyo mit New York, mit Beijing oder Berlin? Wer hat denn überhaupt, neben Kawabata und Murakami, den Weg in fremde Sprachen genommen? Gerade in den letzten Jahrzehnten ist viel übersetzt worden. Die auf Deutsch mittlerweile vorhandenen Titel lassen eine immer vielgestaltigere literarische Landschaft erkennen.

Das vorliegende Lesebuch lädt ein, diese «Landschaft mit Fuji», dieses ausgekochte Wunderland – um damit einen Buchtitel von Murakami aufzugreifen –, anhand von kurzen Essays und Besprechungen zu Übersetzungen aus den letzten drei Jahrzehnten zu erkunden. Seltener wurden Klassiker der Moderne aus dem frühen 20. Jahrhundert vorgestellt, noch seltener klassische Literatur übersetzt. Je näher wir der Gegenwart kommen, desto größer ist die Zahl an Romanen und Kurzgeschichten. So entsteht in Umrissen ein aktuelles Panorama der japanischen Literatur in deutscher Sprache. Wir lernen Schwieriges und Leichtes erkennen, Gutes und Schlechtes unterscheiden, dazu auch hervorragende und weniger gelungene Übersetzungen.

Japanische Literatur lesen – dabei geht es nicht bloß, vielleicht nicht einmal vornehmlich darum, Japanischem zu begegnen, sondern Literatur auf allen Ebenen – sinnlich, intellektuell, geistig – zu genießen. Je mehr wir von ihr wissen, desto mehr gibt sie uns preis.

Kurzfassung unter:
<http://www.college-de-france.fr/media/act_eve/UPL34487_synth_se_Li_AC.pdf>
(29.5.2008)

«Literatur»

Beginnen wir beim allzu Selbstverständlichen, dem Literaturbegriff. Was wir unter Literatur verstehen, ist ja nicht zu allen Zeiten und in jeder Nationalliteratur identisch. Wie sieht es damit eigentlich in Japan aus?

Japan rühmt sich einer bemerkenswert langen literarischen Tradition. Die Literaturgeschichten lassen sie zumeist mit den ältesten überlieferten Denkmälern beginnen, mit den Überlieferungen zur japanischen Mythologie und Frühgeschichte, mit dem 711 bis 712 niedergeschriebenen *Kojiki,* den «Aufzeichnungen über alte Begebenheiten»[6] und dem 720 aufgezeichneten *Nihon shoki* (alternativ: *Nihongi*), einer Schrift, die zuvor mündlich Überliefertes fixieren und nach dem Muster chinesischer Dynastiegeschichten die Legitimität des Herrscherhauses bezeugen soll. Beide Werke enthalten zahlreiche Gedichte, die zum Teil wesentlich älter sind. Auch die in der ersten japanischen Gedichtanthologie, der «Sammlung aus zehntausend Generationen» (oder: «Sammlung von zehntausend Worten bzw. Blättern im Sinne von Gedichten») *Man'yōshū* (2. Hälfte des 8. Jhd.) zusammengetragenen Lieder, etwa 4.500 an der Zahl, von Männern und Frauen stammen aus annähernd vier Jahrhunderten. Wir wissen aus Erwähnungen in den genannten und anderen Werken, daß es weitere frühe, aber schon früh verlorengegangene Schriftdenkmäler gab. Voraussetzung dafür war die Einführung der Schrift aus China über Korea, der Sage nach im vierten Jahrhundert. Gesänge bzw. Gedichte (*uta*) in langen und kurzen Formen spielten im Zusammenhang mit Religion und Repräsentation eine wichtige Rolle. Orale Überlieferung, soweit sie sich rekonstruieren läßt, hat es auch in späteren Zeiten noch gegeben; sie wird der literarischen Tradition neuerdings zugerechnet.

Der Dichtung kam in Japan über viele Jahrhunderte bis an die Schwelle zur Moderne als Gegenstand systematischer Überlegungen im Sinne einer Poetik eine Sonderstellung zu – sie galt gewissermaßen als Literatur im eigentlichen Sinne. Gleichwohl entfalteten sich zahlreiche anderen Genres, Prosa-Erzählungen wie die *monogatari*, zu denen beispielsweise auch das Werk zählt, das oftmals als erster psychologischer Roman der Weltliteratur tituliert wird, die *Geschichte vom Prinzen Genji* (*Genji monogatari*) sowie weitere vornehmlich von Hofdamen im 11. Jahrhundert verfaßte Texte. Es gibt Tagebuchliteratur (*nikki* bzw. *nikki bungaku*), Reiseberichte, Predigten und Tatsachenberichte (*jitsuroku*), Historien und religiöse Traktate. Im Mittelalter entstehen die *otogi zōshi,* populäre Erzählungen, später bilden sich in der städtischen Bürgerkultur weitere Prosagattungen und ein florierendes Theater heraus. Einige lyri-

6 Existiert von japanischen Werktiteln keine deutsche Übersetzung, so wird die deutsche Entsprechung in Anführungszeichen gesetzt.

sche Gattungen wie das sogenannte Kurzgedicht (*tanka*) oder auch die zwischen Essay, Kurzbetrachtung und Memoiren changierende Form der Miszelle (*zuihitsu*) sind von den Anfängen bis in die Gegenwart produktiv.

All dies unter dem Rubrum «Literatur», nämlich *bungei* («literarische Künste») oder *bungaku* («Literatur») zusammenzufassen, ist ein moderner Gedanke, so wie der Begriff selber erst als Übersetzungswort in der Meiji-Zeit (1868–1912) in Gebrauch kam.[7] Zwar hatte sich die sogenannte Nationale Schule einheimischer Gelehrter schon im 18. und frühen 19. Jahrhundert mit Texten des japanischen Altertums und einer Abgrenzung zur chinesischen Tradition befaßt, doch erst mit der Etablierung des Faches *Kokubungaku* («Nationalliteratur» im Sinne von japanischer Literatur) und der Einrichtung von entsprechenden Lehrstühlen Ende des 19. Jahrhunderts entsteht auch das Bedürfnis, den Gegenstand in Form von Anthologien und systematischen Darstellungen wie Literaturgeschichten zu umreißen. Die 1890 erschienene, etwa 1000 Seiten umfassende «Geschichte der japanischen Literatur» (*Nihon bungakushi*) von Mikami Sanji[8] und Takatsu Kuwasaburō gilt als erste Literaturgeschichte Japans im engeren Sinne. Sie orientiert sich, wie die meisten Darstellungen der Folgezeit, an einer europäischen Systematik, indem etwa die aristotelischen Gattungen Lyrik, Epik und Theater Berücksichtigung finden.[9] Vielfach wird der moderne japanische Literaturbegriff jedoch noch weiter gefaßt. Er deckt mit Textsorten wie Reportage, gelehrter Schrift und kritischem Diskurs (*ronbun, hihyō*), Biographie und Brief pragmatische, nicht auf künstlerische Wirkung hin konzipierte Formen des Schreibens ab.[10] Als «Literatur» kann folglich in Japan auch ein Essay über Mishima Yukio oder ein philosophisches Traktat figurieren, eine Verwendungsweise des Begriffs, die sich der allgemeinsten Bedeutung des (europäischen) Terminus im Sinne jeder Form schriftlicher Auf-

---

7 Eine umfassende Darstellung zum japanischen Literaturbegriff bietet Suzuki Sadami: *The Concept of ‹Literature› in Japan*. Übersetzt von Royall Tyler. Kyoto: International Research Center for Japanese Studies 2006.

8 Japanische Namen werden hier in der in der internationalen Japanforschung üblichen Reihenfolge, vereinfacht gesagt, mit vorangestelltem Familiennamen, wiedergegeben. Auch deutsche Verlage haben dies bisweilen bis in ihre Titelangaben, andere nur innerhalb der Bücher, übernommen. Die bibliographischen Angaben richten sich allerdings nach der jeweiligen Schreibung in der Titelei, so daß es in diesem Buch auf den ersten Blick unsystematisch zugeht.

9 Zur Entwicklung der japanischen Literaturwissenschaft vgl. etwa *Japanische Literaturwissenschaft: Fachtexte*. Hg. v. Bruno Lewin. Bearbeitet von Claus Fischer, Irmela Hijiya-Kirschnereit und Roland Schneider. Wiesbaden: Harrassowitz 1981.

10 Vgl. hierzu etwa die einführenden Bemerkungen zur mehrbändigen Literaturgeschichte von Jin'ichi Konishi: *A History of Japanese Literature. Bd. 1,* übersetzt von Aileen Gatten, Nicholas Teele, Ed. Earl Miner. Princeton: Princeton University Press 1984, S. 6.

zeichnung nähert (wofür es im Japanischen allerdings auch einen gesonderten Terminus, nämlich *bunken,* gibt).[11]

Nun sind aber, nicht nur in der japanischen Literatur, doch vielleicht in ihr besonders ausgeprägt, die Grenzen zwischen den Genres ohnehin fließend, und jede Grenzziehung hat auch etwas Willkürliches. Das wird schon in den Bezeichnungen vormoderner Denkmäler deutlich, von denen nicht wenige zwischen *nikki, monogatari* oder *zuihitsu* eingeordnet werden können. Die meisten erzählenden Texte sind von lyrischen Passagen und Gedichten durchsetzt, und die Theatergattung Nō, die vielfach Stoffe aus epischen Texten verarbeitet, gilt als eminent lyrisch. Ganz zu schweigen von Texten wie *haibun*, Prosastücken mit Gedichteinlagen, die die Vermischung der Genres im Programm tragen. Daß auch Gebrauchstexte wie frühe erhaltene Ritualgebete, kaiserliche Erlasse und Ritualreden durch rhetorische Figuren, rhythmische Strukturierung, Epitheta und Metaphern geschmückt sind, hat schon die Philologen der Nationalen Schule beschäftigt. Heutige Literaturwissenschaftler tendieren dazu, auch solche Texte im Hinblick auf ihre «Literarizität» (*bungeisei*) zu untersuchen,[12] was natürlich nicht ausschließt, daß sie nicht gleichzeitig auch als Dokumente betrachtet werden, die von Historikern, Religions- und Rechtswissenschaftlern u. a.m. analysiert werden.

In der Gegenwart haben sich jedoch noch ganz andere Grenzziehungen und -überschreitungen aufgetan. Die Begegnung mit europäischsprachiger Literatur in der frühen Moderne führte in Japan zu einer Neuformierung der literarischen Landschaft, in deren Folge die Narration (*shōsetsu*) im Sinne von «Roman» oder «Erzählung» großes Gewicht gewann und zur wichtigsten literarischen Ausdrucksform der neuen Zeit wurde. Termini wie *chōhen shōsetsu* («Lang-Narration»), *chūhen* («mittellange») und *tanpen shōsetsu* («kurze Narration») entstanden als Übersetzungsbegriffe in der Anlehnung an die europäischen Gattungen «Roman», «Novelle» bzw. «Erzählung» und «Kurzgeschichte». Wenn nun japanische Werke in der Übersetzung als «Roman» oder «Novelle» tituliert werden, ist es wichtig zu wissen, daß hiermit nicht auch entsprechende Strukturmerkmale der europäischen Gattungen vorauszusetzen sind. Vielmehr beziehen sich die Benennungen in erster Linie auf die Länge des Werks. Ein japanischer «Roman» entsteht selten

---

11 Auch die Literaturgeschichte von Katō Shūichi folgt dem Muster der vier Großgattungen, was sich schon im Untertitel zu erkennen gibt, vgl. Shuichi Kato: *Geschichte der japanischen Literatur: Die Entwicklung der poetischen, epischen, dramatischen und essayistisch-philosophischen Literatur Japans von den Anfängen bis zur Gegenwart.* Aus dem Japanischen übersetzt von Horst Arnold-Kanamori u. a., Bern, München, Wien: Scherz Verlag 1990.

12 Vgl. hierzu beispielsweise Konishi, Anm. 9.

als längerfristig geplante und durchstrukturierte Komposition, die erst nach der kompletten Niederschrift in Buchform veröffentlicht wird. Üblich ist es, Erzählungen, die als Auftragsarbeiten in Zeitschriften publiziert wurden, zu bündeln und, gegebenenfalls in überarbeiteter Form, anschließend als Buch herauszubringen. Die Vorteile dieses seit dem frühen 20. Jahrhundert gängigen Verfahrens für die Autoren liegen auf der Hand: sie sichern sich durch Publikationsaufträge der immer noch zahlreichen literarischen Zeitschriften – auch die großen Tageszeitungen bringen eigens in Auftrag gegebene Fortsetzungswerke – nicht nur ein regelmäßiges Einkommen, sondern sie bleiben auf dem Markt sichtbar und können ihr Publikum an sich binden. Allerdings müssen solche Publikationsformen auch Auswirkungen auf die Gestalt der Werke haben.[13]

Mit der Entstehung einer modernen Massenkultur in den 1920er Jahren setzt zudem eine Ausdifferenzierung ein, die im literarischen und literaturkritischen Establishment mit der Schaffung der Kategorien *junbungaku* («Reine Literatur») versus *taishū bungaku* («Massenliteratur») bzw. *-shōsetsu* sowie *chūkan-shōsetsu* («Zwischenerzählung/roman», «mittlere Prosa» im Sinne von gehobener Unterhaltungsliteratur) ihren Ausdruck findet. Der «Reinen Literatur» eignet demnach ein auf Innerlichkeit und ästhetischer Qualität fußender Kunstcharakter, wohingegen in der «Massenliteratur» im Sinne von «Unterhaltungsliteratur», auch als *tsūzoku shōsetsu* («Trivialerzählung/roman») bezeichnet, und ihren neuen Erzählformen wie etwa der Detektivgeschichte der Plot im Mittelpunkt steht.[14] Diesen Einteilungen entsprechen dann auch wichtige Literaturpreise, etwa der 1935 gegründete und bis heute international bekannteste seiner Art, der Akutagawa-Preis für elitäre oder Kunstliteratur und sein gleichzeitig für Unterhaltungsliteratur geschaffenes Pendant, der Naoki-Preis. Es ist nicht immer leicht, diese Zuordnungen nachzuvollziehen, denn zum einen nehmen sich viele Autoren die Freiheit, neben «Reiner» auch «Unterhaltungsliteratur» zu verfassen, und es ist oftmals weniger die Schreibweise als vielmehr der Publikationsort, der in solchen Fällen eine Unterscheidung erlaubt. Die kuriose Zwischenkategorie *chūkan-shōsetsu* deutet nicht zuletzt auf solche Sortierungsprobleme hin.

---

13 Näheres dazu in dem Kapitel über die japanische Literatur der Moderne in Irmela Hijiya-Kirschnereit: *Japanische Gegenwartsliteratur: Ein Handbuch.* München: edition text + kritik 2000, S. 23 f.

14 Zu diesem Thema vgl. etwa Edward Seidensticker: The ‹Pure› and The ‹In-Between› in Modern Japanese Theories of the Novel, in: *Harvard Journal of Asiatic Studies*, Vol. 26, 1966 (1966), S. 174–186 sowie Matthew C. Strecher: Purely Mass or Massively Pure? The Division Between ‹Pure› and ‹Mass› Literature, in: *Monumenta Nipponica*, Vol. 51, No. 3 (Autumn, 1996), S. 357–374.

Seit den 1970er Jahren fällt eine eindeutige Trennung zwischen «Reiner» und «Unterhaltungsliteratur» zunehmend schwer, ja sie scheint sich in den letzten Jahrzehnten überlebt zu haben, ähnlich wie eine weitere Kategorie, nämlich die der «Frauenliteratur» *joryū bungaku*, die bis in die frühen 1990er Jahre der «Literatur» gegenübergestellt wurde, die damit selbstredend als Literatur von und für Männer ausgewiesen war.[15] Dennoch existieren die Bezeichnungen wie die Zuordnungen zumindest unterschwellig weiter, und der immer noch zweimal jährlich vergebene Akutagawa-Preis – mittlerweile streichen Frauen etwa die Hälfte der Auszeichnungen ein – hat beispielsweise nur wenig von seinem besonderen adelnden Prestige verloren, und dies, obwohl die Absurdität der damit weitergereichten Kategorisierung in elitäre «Kunst» und Literatur für die breite Masse auch die Kritik immer öfter beschäftigt.

«Japanische Literatur»

Zu den durchaus nicht überflüssigen Fragen zählt in diesem Zusammenhang auch die Frage, was denn unter «japanischer» Literatur zu verstehen sei. Sucht man in allgemeinen japanischen Nachschlagewerken unter dem Stichwort *Nihon bungaku,* so läuft man in die Leere: Der japanische Begriff lautet *kokubungaku,* «Landes-« bzw. «Nationalliteratur», und unterstreicht ein aus japanischer Perspektive grundlegend anderes Verhältnis zur «eigenen» als zu jeder anderen Literatur. Auch das Fach, das sich mit der «Nationalliteratur» befaßt, nennt sich *Kokubungaku*. Erst an wenigen Universitäten ist bisher die Bezeichnung *Nihon bungaku* eingeführt worden, die üblicherweise mit einer Außenperspektive gleichgesetzt wird: Japaner lesen «Nationalliteratur», Nicht-Japaner lesen «Japanische Literatur». Die Implikationen dieser Unterscheidung sollen uns hier nicht weiter beschäftigen.[16] Bemerkenswert ist aber auch, daß in allgemeinen Nachschlagewerken der Begriff *kokubungaku* nun gar nicht weiter erläutert wird. Vielmehr heißt es nur lapidar: «die Literatur Japans» (*Nihon no bungaku*). Das bringt uns nicht sehr weit.

---

15 Zur japanischen «Frauenliteratur» vgl. z. B. Irmela Hijiya-Kirschnereit: Japanische «Frauenliteratur» (*joryū bungaku*) heute, in: *Bochumer Jahrbuch zur Ostasienforschung,* Band 7 (1984), S. 391–416. In den 1990er Jahren sind in Japan zahlreiche Publikationen erschienen, die die Kategorie *joryū bungaku* fundamental in Frage stellten. Das bekannteste Beispiel ist wohl eine als Buch veröffentlichte Diskussionsrunde von drei feministischen Kritikerinnen, der Soziologin Ueno Chizuko, der Psychologin Ogura Chikako und der Autorin Tomioka Taeko unter dem Titel *Danryū bungakuron* («Über Männerliteratur»). Tōkyō: Chikuma shobō 1992.

16 Einige Überlegungen dazu habe ich in meinem Buch *Was heißt: Japanische Literatur verstehen?*, vgl. Anm. 1, beigesteuert, siehe S. 163 f.

Immerhin zeigt es uns aber, daß in Japan eine Tendenz zu herrschen scheint, Literatur mit Staat zu identifizieren.

Wegen der geopolitischen Lage und Geschichte des Landes sowie seiner zentralistischen Kulturpolitik war es lange Zeit gang und gäbe, Literatur mit Sprache, Kultur, Staatsangehörigkeit und Rasse/Ethnie in eins zu setzen. Japanische Literatur definierte sich danach als japanischsprachig und geschrieben von japanischen, ethnisch von Japanern abstammenden Staatsangehörigen, die in Japan oder zumindest unter japanischer Oberhoheit geboren und sozialisiert wurden. Zumeist implizierte dies auch, daß diese Literatur vornehmlich in Japan spielt. Daß diese kombinatorische Definition eigentlich zu keinem Zeitpunkt zutraf, wird erst bei genauerem Hinsehen deutlich.

Der in vielen Japaner-Diskursen (*Nihonjinron*) weiter verbreitete Mythos von der Homogenität der Japaner speist sich aus der Vorstellung von einem geographisch klar abgegrenzten, in seiner Bevölkerung weitgehend homogenen Land, das abgesehen von der Frühgeschichte kaum mit Einwanderung zu tun hatte, einem Land mit einer langen, ununterbrochenen Geschichte und einer einheitlichen Sprache und Kultur. Damit reproduzieren wir allerdings ein japanisches Selbstbild, wie es schon vor dem Zweiten Weltkrieg, erst recht aber danach von der japanischen Regierung propagiert wurde, um nationales Bewußtsein und ein Selbstwertgefühl in der Bevölkerung zu fördern, nicht zuletzt im Hinblick auf den wirtschaftlichen Wiederaufbau des Landes. Und so hat sich sowohl in den Köpfen der Akademiker und Eliten wie in der allgemeinen Öffentlichkeit ein Bild festgesetzt von einem quasi naturgegebenen Nationalstaat mit von der Natur vorgegebenen Grenzen, die das Land in seiner Geschichte vor der Welt draußen schützten. Diese Auffassung steht wohl auch hinter der Selbstverständlichkeit, mit der man meint, auf eine genauere Definition von japanischer Literatur verzichten zu können.

Was die auf dem Territorium des heutigen Japan ansässigen Volksgruppen angeht, so geht es in Bezug auf die Literatur vor allem um die Ainu im Norden und die Ryūkyūaner an der südlichen Peripherie, deren Sprache und Kultur sich vom sogenannten Yamato-Volk abhebt, dessen Siedlungs-Kernland und kulturelles Zentrum in der Region des heutigen Kansai-Gebiets um Ōsaka, Kyōto und Kōbe liegt. Die Ainu, die im Laufe der Jahrhunderte von der Nordhälfte der Hauptinsel Honshū nach Hokkaidō vertrieben wurden und inzwischen fast vollständig assimiliert sind, haben zwar im heutigen Japanischen, vor allem in Ortsnamen – auch der Bergname Fuji soll auf ein Ainu-Wort zurückgehen – Spuren hinterlassen; in der Literatur werden sie stets nur als fremde Stämme, in den alten Chroniken etwa als Ezo, Emishi und Ebisu, erwähnt. Ihre mündlich überlieferten epischen Gesänge werden ebenso wie ryūkyūanische Epen in Konishi Jin'ichis monumentaler Literaturgeschichte Japans in ihrer vom Yamato-Stil abweichenden ästhetischen

Gestaltung aufgegriffen.[17] Das mit dem Japanischen nicht verwandte Ainu und das Ryūkyūanische, das auf der Inselkette zwischen Süd-Kyūshū und Taiwan gesprochen wird, sind Sprachen, die sich nicht unter dem Etikett «japanisch» subsumieren lassen und gleichwohl Beiträge zu dem geliefert haben, was wir japanische Literatur nennen.

Ungleich präsenter aber ist eine weitere fremde Sprache in der japanischen Literatur: das Chinesische. Das riesige Korpus an Dichtung und Prosa, die Japaner von den frühesten Zeiten bis ins 20. Jahrhundert in chinesischer Sprache verfaßten und das als *kanbun* (im Unterschied zu *wabun,* der Literatur in japanischer Sprache) bezeichnet wird, bildet einen gewichtigen Teil der *Nihon bungaku*. Mit der Einführung der chinesischen Schrift und Literatur etwa seit dem 5. Jahrhundert wurde die chinesische Schriftsprache das Medium der administrativen, diplomatischen und chronikalen Aufzeichnungen, und es blieb bis ins 20. Jahrhundert hinein die Schriftsprache der Gebildeten. Darüber hinaus war das Chinesische die Basis für die Entwicklung einer japanischen Schrift und einer eigenen Literatursprache seit dem 8. Jahrhundert.

Den faszinierenden Verflechtungen des Japanischen mit dem Chinesischen in Sprache und Schrift, die die Literatur auf vielfältige Weise prägen, kann hier auch nicht umrißhaft nachgegangen werden. Eine etwa Ende der höfischen Zeit, im 13. Jahrhundert, einsetzende japanische Leseweise für chinesisch verfaßte Texte, die *kundoku* («japanische Lesung») genannt wird, machte es möglich, sich diese strukturell völlig unterschiedlich geartete Sprache gewissermaßen einzuverleiben. Wie sehr das Japanische als Ganzes durch zahlreiche Stileigentümlichkeiten des Chinesischen – und nicht nur seinen Wortschatz – modelliert wurde, ist kaum zu ermessen.[18] Doch in diesem Zusammenhang sind es die verschiedenen chinesischen oder chinesisch inspirierten Stilarten und Schreibweisen in der japanischen Literatur im engeren Sinne, die keine Gleichsetzung von japanischer Sprache und japanischem Schreiben erlauben.[19] Ein Autor wie Natsume Sōseki, einer der Titanen der

---

17 Dieser Autor durchbricht somit das vorherrschende Homogenitätsdenken, vgl. Konishi, vgl. Anm. 9, S. 3, 34 f., 42 ff., 121 ff.

18 Zur japanischen Sprache und Schrift vgl. insbesondere Bruno Lewin: *Sprache und Schrift Japans.* (Handbuch der Orientalistik) Leiden, New York, København, Köln: E. J. Brill 1990 und Roy A. Miller: *Die japanische Sprache. Geschichte und Struktur.* Aus dem überarbeiteten englischen Original übersetzt von Jürgen Stalph u. a. München: iudicium 1993.

19 Wer sich ein anschauliches Bild machen möchte von der Vielfalt dessen, was schon vom Schriftbild und den Lesarten her eine ungleich größere Variationsbreite als etwa «deutsche Literatur» bietet, dem sei ein Blick in Band II von Bruno Lewin: *Japanische Chrestomathie von der Nara-Zeit bis zur Edo-Zeit.* Wiesbaden: Harrassowitz 1965, empfohlen, der Textauszüge aus 66 Werken der vormodernen Zeit enthält.

literarischen Moderne, gilt zugleich als Verfasser der besten *kanshi* (Gedichte in chinesischer Sprache) der Meiji-Zeit.[20]

Sprechen wir von der Moderne, so werden die Dinge noch komplexer, denn in der Begegnung mit dem ‹Westen› wurde nicht nur die japanische Sprache, sondern auch die japanische Literatur gewissermaßen von Grund auf neu aufgemischt. Die intensive Übersetzungstätigkeit, die in der frühen Meiji-Zeit begann, war nicht nur wesentlich für die konzentrierte Aufnahme neuen Wissens in allen Bereichen des öffentlichen und privaten Lebens und Voraussetzung für die Modernisierung der japanischen Sprache. Die Literaturgeschichten, die, wie gesagt, auch Sachliteratur einbeziehen, widmen der sogenannten Übersetzungsliteratur (*hon'yaku bungaku*) dieser Epoche eigene Kapitel.[21] Zunächst waren es Gelehrte, die sich als Aufklärer verstanden, Politiker und Journalisten, die mit ihren Übertragungen pragmatisch orientierter Texte, Traktate, Biographien und anderer Werke vorwiegend politisch und historischen Inhalts den Horizont des japanischen Lesepublikums weiteten. Die Übersetzungsliteratur inspiriert neue Genres wie den sogenannten politischen Roman (*seiji shōsetsu*); neue Techniken der Übertragung revolutionierten die literarische wie die gesprochene Sprache. Übersetzungen wie Hasegawa Futabateis *Aibiki* («Das Rendezvous», 1896), eine Teilübertragung von Turgenevs Erzählung «Svidanije» (1850), Mori Ōgais *Sokkyō shijin* (1902), die japanische Fassung von Hans Christian Andersens *Improvisatoren* (1835, *Der Improvisator*) oder Ueda Bins Lyrikanthologie *Kaichōon* (1905, «Meeresrauschen»), eine Sammlung von 57 französischen, provençalischen, deutschen, englischen und italienischen Gedichten, waren stilbildend. Es gibt, so Konishi Jin'ichi, keinen Grund, weshalb der breite Strom an Übersetzungen, die in Japan ein Teil der eigenen Erlebenswelt und literarischen Tradition wurden, nicht als Bestandteil der japanischen Literatur betrachtet werden sollte.[22]

Erst allmählich scheint man sich in Japan an den Gedanken zu gewöhnen, daß Migrantenliteratur sich nicht nur in europäischen Sprachen artikuliert. Die größte Gruppe der in Japan seit Generationen ansässigen Ausländer bilden Koreaner, Nachkommen der seit der Annexion Koreas 1910 ins Land geholten oder verschleppten Arbeiter, denen die Rückkehr nach 1945 aus verschiedenen Gründen nicht möglich war. In Japan sozialisiert, doch nach wie vor als Ausländer behandelt und

---

20 Vgl. Donald Keene: *Dawn to the West: Japanese Literature in the Modern Era. Fiction*. New York: Holt, Rinehart and Winston, 1984, S. 53, Anm. 40.

21 Vgl. z. B. das Kapitel «The Age of Translation» bei Donald Keene, ebenda, S. 55–74 sowie den Artikel «Übersetzungsliteratur» im *Japan Handbuch,* hg. v. Horst Hammitzsch in Zusammenarbeit mit Lydia Brüll. Wiesbaden: Steiner 1981, 3. Aufl. 1990, Sp. 1090–1095.

22 Vgl. Konishi, vgl. Anm. 9, S. 5.

wahrgenommen, thematisieren sie ihre eigene Geschichte und das Dilemma von Menschen, die nirgendwo wirklich daheim sind. Immer häufiger werden japankoreanische Autoren jedoch mit wichtigen Preisen bedacht, und so bildet ihre Literatur unter dem Sammelbegriff *zainichi chōsenjin bungaku* («Literatur der in Japan ansässigen Koreaner») das deutlichste Indiz dafür, daß die Gleichung «japanische Literatur = japanische Autorschaft» keine Gültigkeit beanspruchen kann.[23]

Nun haben allerdings auch in Japan die *Postcolonial Studies* und andere intellektuelle Strömungen Fuß gefaßt, was dazu geführt hat, daß die im Bewußtsein der Allgemeinheit noch weitgehend vorherrschende enge Identifikation von Nationalität, Ethnie, Geographie, Sprache, Kultur und Literatur weiter aufgebrochen wird. Neuere Literaturgeschichten thematisieren beispielsweise die Kolonialliteratur (*shokuminchi bungaku*), das Schreiben von Bewohnern der von Japan besetzten Gebiete in japanischer Sprache.[24] Japans militärische Expansion hat sich aber auch darin in der Literatur niedergeschlagen, daß ihr Erlebnisraum entsprechend erweitert wurde, von den Soldatengeschichten aus dem russisch-japanischen Krieg über Siedlerschicksale bis hin zu den Reportagen japanischer Schriftstellerinnen und Autoren, die mit Reisen an die Front und in die okkupierten Regionen ihre patriotische Pflicht unter dem militaristischen Regime zu erfüllen hatten. Im Unterschied zu Europa gab es indessen keine Emigranten, daher bleibt auch die Sparte Emigrantenliteratur leer.[25]

Mit dem Ende des Zweiten Weltkriegs im Sommer 1945 beginnt eine weitere Entgrenzung des Erfahrungsraums. Mit einem Mal häufen sich Gelegenheiten, Ausländern im Land selbst zu begegnen, und auch japanische Schriftsteller erobern reisend die Welt. Erstmals leben viele von ihnen auch über längere Zeiträume im Ausland, was in der Frühzeit der japanischen Moderne nur wenigen möglich war. In den 1970er Jah-

---

23 Zur *zainichi*-Problematik und zu einem besonders sichtbaren Fallbeispiel vgl. Kristina Iwata-Weickgenannt: *Alles nur Theater? Gender und Ethnizität bei der japankoreanischen Autorin Yū Miri*. München: iudicium 2008.

24 Vgl. z. B. Kawamura Minato: *Umaretara soko ga furusato: Zainichi chōsenjin bungakuron*. Tōkyō: Heibonsha 1999, S. 10. Kawamura gilt mit seinen Publikationen über Minoritätenliteratur, japanischen Sprachunterricht in den Kolonien, die japanische Literatur der Südseeinseln und Sachalin u. a. m. als wichtigster Exponent der kultur- und literaturwissenschaftlich ausgerichteten Kolonialismusforschung in Japan. Eine dezidiert «postkoloniale» Perspektive auf die Geschichte der modernen japanischen Literatur vom Vorabend der Meiji-Restauration bis in die Nachkriegszeit bietet auch Komori Yōichi: *Posuto koroniaru/Postcolonial*. Tōkyō: Iwanami shoten 2001.

25 Hier sind natürlich nicht die – wirtschaftlich bedingten – Aussiedlerwellen nach Nord- und Südamerika gemeint, vgl. Hans Dieter Ölschleger, Eva König, unter Mitarbeit von Barbara Ölschleger: *Japaner in der Neuen Welt. Eine teilannotierte Bibliographie von Werken zu japanischen Einwanderern in Nordamerika in europäischen Sprachen*. München: iudicium 1999.

ren wird Amerika bzw. werden die Vereinigten Staaten zum Binnenraum japanischen Schreibens, so jedenfalls beschreibt es der Literaturhistoriker Kawamura Minato.[26] Mittlerweile gibt es auch Nicht-Muttersprachler, aus freien Stücken nach Japan Zugereiste, die die Literaturszene mit ihren auf Japanisch verfaßten Romanen und Essays bereichern wie beispielsweise Ian Hideo Levy oder David Zoppetti. Noch ist ihre Zahl, verglichen etwa mit der inzwischen kaum noch überschaubaren Zahl deutsch schreibender Autorinnen und Autoren aus aller Welt verschwindend gering, doch sind sie sichtbar und anerkannt genug, um den schon lange nicht mehr stimmigen Gemeinplatz von der Exklusivität japanischer Autorschaft endgültig außer Kraft zu setzen.

Wäre es angesichts all dieser differenzierenden Einschränkungen nicht vielleicht besser, auf einen Begriff von japanischer Literatur ganz zu verzichten, zumal uns das Prokrustesbett einer Nationalliteratur angesichts unserer heutigen globalisierten Perspektive ohnehin nicht mehr behagen kann? Die japanische Literatur, die spätestens seit Ende des 19. Jahrhunderts mit vielen europäischen Literaturen in engem Austausch steht, läßt sich ohne Blick für ihre transkulturellen Beziehungsnetze überhaupt nicht angemessen erschließen. Und dasselbe gilt natürlich für die vormoderne Zeit im Verhältnis zur kontinentalen Kultur.[27] Wenn es aber dennoch sinnvoll sein mag, von «japanischer Literatur» zu sprechen, so deshalb, weil zum einen nach wie vor die Sprachbarriere ein wesentlicher Faktor einer Wahrnehmung «von außen» ist, auch wenn wir nun wissen, daß selbst hier die Dinge nicht so eindeutig sind, wie sie auf den ersten Blick scheinen. Aber wenn das Bild, das wir uns machen, an Komplexität gewinnt, ist das ja nicht unbedingt ein Nachteil. Zudem sprechen genügend pragmatische Gründe, die nicht näher ausgeführt werden müssen, dafür, zumal wir noch nicht weit genug sind, um wirkliche Alternativen zu einer solchen Bündelung entwickeln zu können. Selbstverständlich ließen sich einzelne Genres wie die in Japan sehr beliebte *mystery novel,* auf Japanisch *misuterī,* sprachenübergreifend behandeln. Doch damit riskieren wir, sie wesentlicher Verständniszusammenhänge aus ihrem sprachlichen und soziokulturellen Umfeld

26 Kawamura Minato im Kapitel «Fuhenka suru ‹Amerika›» (Die Universalisierung von ‹Amerika›) in seinen pointierten Betrachtungen zur Literaturgeschichte der Nachkriegszeit *Sengo bungaku o tou: Sono taiken to rinen.* Tōkyō: Iwanami shoten, 1995, S. 175–196.

27 Daß auch die ersten Kontakte mit Europa im 16. bis 17. Jahrhundert ihre Spuren hinterlassen haben, kann wie so vieles in dieser Skizze nicht ausgeführt werden. Die in der Vormoderne wesentlich umfangreicheren und wirkungsmächtigeren kulturellen Beziehungen zu China sind in zahlreichen, sehr ergiebigen Studien erforscht worden. Besonders hervorzuheben sind David Pollack: *The Fracture of Meaning: Japan's Synthesis of China from the Eighth through the Eighteenth Centuries.* Princeton: Princeton University Press 1986, sowie Atsuko Sakaki: *Obsessions with the Sino-Japanese Polarity in Japanese Literature.* Honolulu: University of Hawai'i Press 2006.

zu entkleiden. Bleiben wir also dabei, von «japanischer Literatur» zu sprechen.

Japanische Literatur in Übersetzung

Japanische Literatur hat einen relativ großen «Binnenmarkt»: neuesten Zahlen zufolge leben etwa 122 Millionen Muttersprachler und eine Million Menschen mit Japanischkenntnissen im Land. Darüber hinaus wird die Sprache vor allem in Brasilien und anderen südamerikanischen Ländern von Nachkommen der Auswanderer gepflegt. Doch wie viele von den geschätzten weltweit insgesamt acht Millionen Sprechern des Japanischen außerhalb Japans, abgesehen von den Expatriates, auch das Lesen so weit beherrschen, daß sie zu den potentiellen Nutzgenießern der *Nihon bungaku* gezählt werden dürfen, läßt sich nicht ermitteln. Wir gehen sicher nicht fehl in der Annahme, daß japanische Literatur im Original außerhalb des Landes kaum gelesen wird.

Dennoch nimmt die japanische Literatur in der Weltliteratur mittlerweile einen festen Platz ein. Dazu hat vor allem eine intensive Übersetzungstätigkeit beigetragen. Bereits 1847, noch vor der sogenannten Öffnung des Landes, legte August Pfizmaier mit seinen *Sechs Wandschirmen in Gestalten der vergänglichen Welt* die erste Übertragung japanischer Literatur in eine westliche Sprache überhaupt vor. Daß das Japanische als einzige nichteuropäische Sprache mit Kawabata Yasunari 1968 und Ōe Kenzaburō 1994 zwei Literatur-Nobelpreisträger hervorgebracht hat, spricht gleichermaßen für den Erfolg dieser Vermittlung. Es ist wesentlich, sich immer wieder vor Augen zu halten, daß so gut wie alles, was die Welt von dieser Literatur weiß, auf Übersetzung beruht, wie ja überhaupt jeder Kontakt zwischen Kulturen und Gesellschaften auf Übersetzung angewiesen ist. Wir sind also wohl beraten, wenn wir den Blick auf die Übersetzung als solche richten.

Deutschland wie Japan sind ausgesprochene Übersetzernationen. In Japan rühmt man sich gar, die Übersetzungskultur *par excellence* zu sein.[28] So gut wie alles Wichtige, was je gedruckt wurde, ist demnach auf Japanisch nachzulesen.[29] Daß dem nicht so sein kann,

---

28 Dem japanischen Diktum von der «Übersetzungskultur» (*hon'yaku bunka*) möchte ich demnächst in einem gesonderten Beitrag nachgehen.

29 Vgl. z. B. die Ansicht, geäußert von einem Emeritus der Universität Kyōto, fast sämtliche in Fremdsprachen verfaßten Texte seien auf Japanisch zugänglich, als Intellektueller könne man in Japan also auf Fremdsprachen verzichten, in Katō Hidetoshi, Hg.: *Nihongo no kaikoku* [Die Landesöffnung des Japanischen]. Tōkyō: TBS Britannica 2000, S. 57, oder die kühne Feststellung: «... man kann ohne Übertreibung sagen, daß so gut wie alles übersetzt ist» im Stichwort «Übersetzungsliteratur», *Japan Handbuch*, a. a. O., Sp. 1095.

muß nicht erst vorgerechnet werden, doch zeigt uns dieser Mythos etwas von der Bedeutung, die dem Übersetzen in Japan zugemessen wird. Möglicherweise ist mit Übersetzungskultur in Japan aber auch etwas anderes gemeint. Wie dem auch sei – hier geht es uns eher um die andere Richtung: Den Transfer vom Japanischen ins Deutsche.

Auch wenn in Deutschland immer noch so viel fremdsprachige Literatur übersetzt wird wie nirgendwo sonst, sind wir uns doch dessen bewußt, daß vorhandene Übersetzungen uns bisher nur ein kleines Fenster zur japanischen Literatur geöffnet haben. Vielleicht ist es aufgrund des Abstands und des Zwangs zur Auswahl aber so etwas wie ein Mansardenfenster, aus dem man einen zwar immer noch ausschnitthaften Blick hat, der aber auch in die Weite schweifen und besonders Sehenswürdiges, die *landmarks*, erfassen kann. Dies jedenfalls wäre ein Ideal. Wie realistisch ist eine solche Vorstellung?

Wer sich ein Bild machen möchte von dem, was seit Mitte des 19. Jahrhunderts bis heute aus dem Japanischen ins Deutsche gebracht wurde, kann zum einen den famosen Index Translationum zu Hilfe nehmen, der allerdings nur die gemeldeten Buchpublikationen seit 1972 erfaßt. Für Übersetzungen moderner japanischer Literatur gibt es hingegen eine Bibliographie, die sich als «möglichst umfassende Dokumentation ins Deutsche übertragener Prosawerke (einschließlich solcher, die aus Drittsprachen übersetzt wurden)» versteht. Zwar listet sie nicht «die zahlreichen Nachdichtungen und Nacherzählungen klassischer japanischer Märchen- und Sagenmotive, Kinder- und Jugendliteratur sowie die häufig vereinzelt oder entlegen publizierten Übersetzungen japanischer Lyrik» auf, aber was Jürgen Stalph mit Gisela Ogasa und Dörte Puls für die Jahre 1868 bis 1994 zusammengetragen hat, beläuft sich auf insgesamt über 1.200 Übersetzungen von 1.032 japanischen Titeln und 300 japanischen Autoren.[30] Diese Übersicht erlaubt vielerlei Betrachtungen, zum Beispiel die, daß, wie Stalph in seinem erhellenden Vorwort schreibt, «auch das literarische Übersetzen aus dem Japanischen durchaus dem Lauf der Zeiten folgt: Ein kräftiges Hoch gab es zwischen 1935 und 1943, gefolgt von zehn dürren Jahren, in denen fast nichts Japanisches auf deutsch vorgelegt wurde, weniger noch gar als im Zeitraum 1901 bis 1910. Die zweite Hoch-Zeit fällt in die Mitte der 60er Jahre, mit einem beachtlichen Ausläufer vornehmlich nachgedruckter Übersetzungen im Jahre 1969, dem Jahr nach der Verleihung des Literaturnobelpreises an Kawabata Yasunari. Die dritte und bisher letzte Hoch-Zeit brachte dann die Frankfurter Buchmesse 1990, die unter dem Schwerpunktthema ‹Japan› stand: In diesem Jahr wurden über 230 Neuüberset-

30 Jürgen Stalph, Gisela Ogasa, Dörte Puls: *Moderne japanische Literatur in deutscher Übersetzung: Eine Bibliographie der Jahre 1868–1994*. München: iudicium 1995.

zungen und Nachdrucke aufgelegt.»[31] Wie sich dies in die Gegenwart fortschreiben läßt, verrät uns die erweiterte, überarbeitete und bis 2007 aktualisierte Fassung der Übersetzungsbibliographie mit ihren insgesamt circa 1.800 Einträgen.[32]

Welche Autoren von der Zahl der übersetzten Titel her am besten vertreten sind, dazu ergibt sich 1994 folgendes Bild: Kawabata Yasunari, Akutagawa Ryūnosuke, Hoshi Shin'ichi, Mishima Yukio, Shiga Naoya, Mori Ōgai, Inoue Yasushi, Dazai Osamu, Miyazawa Kenji und Ibuse Masuji.[33] Nehmen wir nur die Buchausgaben zwischen 1972 und 2007, so lautet die Bestenliste Inoue Yasushi, Ōe Kenzaburō, Murakami Haruki, Mishima Yukio, Abe Kōbō, Kawabata Yasunari, Endō Shūsaku, Yoshimoto Banana, Tanizaki Jun'ichirō und Mori Ōgai sowie Natsume Sōseki, die gleichauf rangieren.[34] Sollten wir mit diesen Listen auch die bedeutendsten, die wichtigsten, die in Japan geschätztesten ermittelt haben? Wie ließe sich das überhaupt feststellen? Die meisten dieser Namen zählen tatsächlich zum Kanon der Moderne, wenn wir beispielsweise die Aufnahme in Lehrbücher des Japanischunterrichts zugrundelegen, der konsequenterweise natürlich «Landessprache» (*kokugo*) heißt. Kürzlich hat Murakami Haruki eine Liste japanischer «Nationalautoren» – ja, so nennt er sie! – notiert, die ganz auf der Linie des traditionellen Schulbuchkanons liegt. Für ihn ist Natsume Sōseki der wichtigste japanische Schriftsteller, gefolgt von Akutagawa, Ōgai, Tōson, Shiga, Tanizaki, Kawabata, Dazai und Mishima. Der zehnte Platz bleibt bei ihm leer – er findet keinen Kandidaten.[35] Jeder mag sich selbst einen Reim auf diese Auswahl und die Leerstellen (keine Frau, kein lebender Schriftsteller, der zweite Nobelpreisträger fehlt) machen. Immerhin sind große Teile der Listen deckungsgleich, wenn auch mit teilweise anderer Gewichtung. Wir gewinnen erste Anhaltspunkte dafür, daß sich die Auswahl der übersetzten Autoren an deren Renommee im Ursprungsland orientiert, was natürlich nicht verwunderlich ist. Die Leuchttürme des 20. Jahrhunderts lassen sich auch auf deutsch kennenlernen. Doch wer übersetzt wann welches Werk aus der unerschöpflichen Fülle, die der riesige japanische Literaturmarkt vor uns ausbreitet? Wie steht es überhaupt mit dem Übersetzen aus dem Japanischen?

---

31 Stalph, ebenda, S. xiii.

32 Jürgen Stalph, Irmela Hijiya-Kirschnereit: *Moderne japanische Literatur in deutscher Übersetzung: Eine Bibliographie der Jahre 1868–2007*. München: iudicium 2008.

33 Vgl. Stalph, vgl. Anm. 29, S. xiii.

34 Dies ergibt eine Auswertung des Index Translationum.

35 Haruki Murakami: Introduction: Akutagawa Ryūnosuke: Downfall of the Chosen, in: Ryūnosuke Akutagawa: *Rashōmon and Seventeen Other Stories*. Übersetzt von Jay Rubin. Mit einer Einleitung von Haruki Murakami. London, New York: Penguin 2006, S. xx und xxvi.

«Übersetzungspolitik»

Lange Zeit hielt sich die Vorstellung, daß das Japanische zu fremd sei, um überhaupt angemessen ins Deutsche gebracht werden zu können. Die sprachliche und kulturelle Distanz wurde als so unüberbrückbar eingestuft, daß es, um nicht Übersetzungsverluste verheerenden Ausmaßes in Kauf nehmen zu müssen, besser sei, erst gar nicht zu übersetzen. Auch die Japanologen strickten an diesem Mythos, obwohl sie es waren, die gleichzeitig die Mauer der «Übersetzungsresistenz» immer wieder durchbrachen.[36] Was läßt sich überhaupt übersetzen? Was geht verloren? Wie vieldeutig ist ein japanischer Text? All diese und viele weitere, grundlegende Fragen werden mittlerweile immer häufiger und sachkundiger diskutiert – in eigens dafür geschaffenen Organen wie den seit 1983 erscheinenden *Heften für ostasiatische Literatur* und den 1999 gegründeten «Heidelberger Werkstattberichten zum Übersetzen Japanisch-Deutsch» *hon'yaku* wie auch in zahlreichen akademischen Abschlußarbeiten, auf Tagungen und in wissenschaftlichen Publikationen.[37] Übersetzungskritik in Zeitungs- und Rundfunkrezensionen ist zwar eher die Ausnahme, da, anders als im Falle europäischsprachiger Literatur, viele Kritiker das Original nicht heranziehen können.[38] Manche meinen allerdings auch, sie bräuchten es gar nicht zu kennen, um sich ein Urteil über die Qualität der Übertragung zu erlauben – mit der Folge, daß sie beispielsweise stilistische Finessen des Übersetzers als Ungeschicklichkeiten deuten.[39] Zweifellos hat sich die Vorstellung davon, was Übersetzen heißt, verändert. Und dies gilt natürlich wie immer in beiden Richtungen. In Japan herrscht die Tendenz vor, das Fremde eines fremdsprachigen Textes durchschimmern zu lassen – mit

---

36 Vgl. hierzu meinen Essay «Von der Übersetzbarkeit der japanischen Literatur» in: *Traumbrücke ins ausgekochte Wunderland: Ein japanisches Lesebuch.* Hg. v. Irmela Hijiya-Kirschnereit. Frankfurt/M.: Insel 1993, S. 71–83.

37 Der folgende Band enthält neben zahlreichen einschlägigen Beiträgen auch eine umfangreiche Auswahlbibliographie deutscher, englischer und französischer Publikationen zum Thema Übersetzen Japanisch-Deutsch/Englisch/Französisch-Japanisch: *Eine gewisse Farbe der Fremdheit: Aspekte des Übersetzens Japanisch-Deutsch-Japanisch.* Hg. v. Irmela Hijiya-Kirschnereit. München: iudicium 2001.

38 Die Perspektive eines Feuilletonchefs zur Rezension japanischer Bücher lernen wir bei Hubert Spiegel (Frankfurter Allgemeine Zeitung) kennen, vgl. ders.: Japanische Literatur im deutschen Feuilleton, in: *Eine gewisse Farbe der Fremdheit*, a. a. O., S. 89–98.

39 Die Rezeption japanischer Literatur im deutschsprachigen Feuilleton ist durch eine umfassende Bestandsaufnahme erschlossen worden: Junko Ando, Irmela Hijiya-Kirschnereit, Matthias Hoop: *Japanische Literatur im Spiegel deutscher Rezensionen.* München: iudicium 2006. Siehe dazu auch Renate Giacomuzzi-Putz: Die japanische Literatur in deutschsprachigen Printmedien, in: *Japanstudien,* Band 8, 1996, S. 153–182.

der Folge, daß viele Übersetzungen sich sperrig lesen, da sie von der Grammatik und Diktion der Ausgangssprache stark infiziert sind. Folglich wird die Übersetzungliteratur auch als Dritte Literatur (*dai-san no bungaku*) bezeichnet, die gewissermaßen einem sprachlichen Zwischenbereich zwischen Original- und Zielsprache angehört.[40] Angeblich entspricht dies auch der Erwartung der Leserschaft. Übersetzungen sollen sich deutlich anders lesen als original japanisch formulierte Texte. Andere Autoren wie beispielsweise Mishima Ken'ichi bringen die Lesesperrigkeit aber eher mit übersetzerischem Unvermögen und mangelndem Verantwortungsgefühl gegenüber Text und Leserschaft in Verbindung.[41]

In umgekehrter Richtung herrscht zumindest heutzutage im allgemeinen das übersetzerische Ideal vor, einen Text in der Zielsprache möglichst natürlich klingen zu lassen, den Geruch der Fremdheit möglichst zu unterdrücken. Das setzt einen souveränen Umgang des Übersetzers mit seinem Material voraus. Aber auch hier sind die Strategien von Zeitgeschmack, Moden und individuellen Fähigkeiten und Vorlieben geprägt. Hatten wir es bis in die 1960er Jahre oft mit exotisierendem Übersetzen zu tun, bei dem auch noch das für Leser des Originals absolut Unauffällige und Selbstverständliche verfremdet wurde – etwa, indem man Allerwelts-Personen- oder Ortsnamen pseudo-etymologisierend eindeutschte, so daß die Familiennamen Tanaka oder Honda als «Mittenfeld» oder «Wurzelfeld» bzw. «Buchfeld» und Ortsnamen wie Chitose als «Tausendleben» wiedergegeben wurden –, beobachten wir heute eine Vielfalt möglicher Strategien im Umgang mit fremden Realien, idiomatischen Wendungen und Stilfiguren, entsprechend der großen Bandbreite der im Übersetzungsgeschäft Tätigen: Zwar hat es immer schon qualitätvolle und weniger gute Übersetzungen aus dem Japanischen gegeben, doch auch die Übersetzer lernen hinzu, zumal, wenn aufgrund der breiteren Akzeptanz japanischer Literatur eine Professionalisierung möglich wird. Verbesserte Hilfsmittel[42] tun das ihre, und so können wir konstatieren, daß es inzwischen hervorragende deutsche Übertragungen japanischer Literatur gibt, die einen beim Stereo-Lesen zwischen Original und Übersetzung immer wieder in Staunen versetzen. Es gibt allerdings auch das Gegenteil – Bücher, die so schlecht übersetzt oder auch so unglücklich ausgewählt wurden, daß man sich

---

40 So der Übersetzungswissenschaftler Inoue Ken, vgl. etwa Irmela Hijiya-Kirschnereit: «Stille Post» – Ein Rundgang, in: *Eine gewisse Farbe der Fremdheit,* vgl. Anm. 36, S. 17–44.

41 Vgl. Mishima Ken'ichi: Deutsche Literatur in Japan, ebenda, S. 113–124.

42 Dazu wird demnächst das *Große japanisch-deutsche Wörterbuch*, das größte seiner Art, das je für das Japanische und eine Fremdsprache erarbeitet worden ist, zählen, das der iudicium Verlag vorbereitet.

wünschte, sie wären nicht verlegt worden, denn womöglich wird der Autor keine Chance mehr bekommen, auf dem deutschen Markt mit einem anderen Titel zu reüssieren.

Die Entscheidung darüber, was wann von wem übersetzt und ob und wo es publiziert wird, ist von vielerlei Zufällen abhängig. Einiges – Nobelpreisvergaben, Buchmessen-Schwerpunkt – liegt auf der Hand, doch ob, wie bis in die 1980er Jahre häufig der Fall, die Übersetzer selbst einen Text dem Verlag antragen oder ob sich dieser an Ausgaben in anderen Sprachen oder Agenten-Informationen orientiert, um sich anschließend nach einem Übersetzer umzusehen, ist letztlich einerlei.[43] War es bis vor ein, zwei Jahrzehnten hauptsächlich die «Höhenkammliteratur», so finden mittlerweile zunehmend Titel der Unterhaltungsliteratur aus Genres wie Krimi, Mystery und *gothic novel* bis hin zum *splatter*-Thriller den Weg ins Deutsche. Vormoderne Werke werden eher selten neu herausgebracht, auch die «Klassiker der Moderne», etwa die in Murakamis Liste aufgezählten Namen, die bisher das Image der japanischen Literatur im deutschen Sprachraum weitgehend prägten, treten in den Hintergrund. Das Angebot ist bunter, die Zahl der Namen, vor allem weiblicher und sehr junger Autoren, hat sich vervielfacht, was, wie gesagt, auch eine Entwicklung in Japan widerspiegelt. Dort tritt die Literatur im konventionellen Sinne zunehmend mit neuen Medien und Kommunikationsformen, wie andernorts auch, in Konkurrenz, bedient sich ihrer aber auch, etwa indem Werke gleichzeitig als Buch und in Fernseh- oder Kinoverfilmung vermarktet werden, indem große Verlage Abonnements von «Handy-Romanen» (*keitai shōsetsu*) mit täglichen Fortsetzungen im SMS-Format anbieten, oder indem Autorinnen und Autoren durch ihre Web-Tagebücher eine riesige Lesergemeinde auch für ihre in Papierform angebotenen Ergüsse gewinnen.[44] Die Akutagawa-Preisträgerin im Frühjahr 2008 beispielsweise, Kawakami Mieko, die 2003 mit ihrem Blog begann, hatte, als der Preis verkündet wurde, 200 000 Leser pro Tag im Internet, wo sie nun über all ihre Auftritte, Aktivitäten und Publikationen fast täglich Auskunft gibt.[45] Andere wie die japankoreanische Star-Autorin Yū Miri halten uns mit ihren nahezu im Stundentakt gelieferten bebilderten Tagebucheinträgen in Atem.[46]

43 Bisher jedenfalls scheinen japanische Übersetzungs-Förderprogramme wenig Einfluß auf Art und Umfang japanischer Literaturpublikationen im deutschen Sprachraum gehabt zu haben.

44 Neuesten Zahlen zufolge (für das letzte Quartal 2006) wird der größte Teil aller Blogs im Internet, nämlich 37 Prozent, auf Japanisch geführt.

45 Ihre Homepage: <http://www.mieko.jp/> (29.5.2008).

46 Ihre 2004 eingerichtete Homepage *La Valse de Miri*: <http://www.yu-miri.com/> (29.5.2008).

So ist der literarische Markt in Japan in einem beträchtlichen Wandel begriffen, der das Schreiben selbst verändert. Manch einer wird die einen immer größeren Marktanteil erobernden Manga-Erzählungen und -Romane der Literatur zurechnen wollen, doch so weit geht man in Japan im allgemeinen noch nicht. Auch dieser Tsunami hat sich indessen schon ausgebreitet: Nimmt man die Gesamtzahl der Übersetzungen aus dem Japanischen in sämtliche Sprachen seit 1972, so ist heute schon der Manga-Zeichner Toriyama Akira, Erfinder von Dr. Slump und Dragonball, der international bekannteste japanische Autor, gefolgt von Namen, die uns bereits vertraut sind: Mishima Yukio, Kawabata Yasunari, Murakami Haruki, Tanizaki Jun'ichirō, Ōe Kenzaburō, Inoue Yasushi, Abe Kōbō, Endō Shusakū. Eine Frau, die «Prinzessin des Manga», Takahashi Rumiko, okkupiert Platz acht auf dieser Liste.[47] Zwar wird, wie wir sehen, das Image japanischer Literatur noch weitgehend von den «alten Bekannten» bestimmt, doch längerfristig werden sie wohl von anderen Figuren verdrängt, seien es junge Selbstdarstellerinnen, Bildgeschichtenerzähler oder Thriller-Produzenten. Wenn sich diese Tendenz auch auf dem deutschen Markt niederschlagen sollte, so würde sie, jedenfalls quantitativ, ein wirklichkeitsnäheres Bild des heutigen Literaturkonsums in Japan zeichnen. Ob dies wünschenswert wäre, ist eine andere Frage.

Japanische Literatur als Literatur der Welt

Wir sehen nun deutlicher, daß die übersetzte Literatur nicht unbedingt repräsentativ für das sein muß, was in Japan am meisten gelesen oder auch am höchsten geschätzt wird. Doch je mehr japanische Titel das deutschsprachige Buchsortiment bereithält, desto mehr Nischen werden bedient und liefern uns Einblicke in aktuelle Strömungen, die, wer weiß, Eintagsfliegen sein oder zukunftsträchtige neue Erzählformen ankündigen können. Sollte sich nun allerdings in dem auf deutsch greifbaren Literaturprogramm ein japanischer Kanon an vormoderner und moderner Literatur immer noch als relativ lebendiger erweisen, als es neuere Schulbuchvorgaben und die auch in Japan um sich greifende Tendenz zur Abwendung vom längeren geschriebenen Text suggerieren, so wäre das auch kein Schaden, weder für Japan noch für uns. Hier wie dort sind jüngere Generationen immer häufiger vom kulturellen Erbe abgeschnitten und wissen oft nicht einmal mehr die Einsprengsel traditioneller Kultur oder uralter Mythen in Produkten der zeitgenössischen populären

47 Die Zahlen sind dem Index Translationum zu entnehmen. Vgl. auch Wolfgang Schamoni: Zahlen und Figuren – Einige Bemerkungen zu den Übersetzungen aus ostasiatischen Sprachen, in: *Hefte für ostasiatische Literatur* 44, 2008.

Konsumkultur zu deuten. Die Literatur, so viel steht fest, wird ihre Bedeutung als kulturelles und symbolisches Archiv nicht verlieren.

Und wie läßt sich nun der vorliegende Band lesen? Er enthält längere und kürzere Beiträge zu Übersetzungen aus dem Japanischen, die in den letzten gut drei Jahrzehnten publiziert wurden. Im ersten Teil sind Essays versammelt, die ich ursprünglich als Nach- oder Vorworte verfaßt habe. Sie stellen ein einzelnes Werk in seinen zeitgeschichtlichen, literarischen und soziokulturellen Zusammenhang, porträtieren Autor oder Autorin und bisweilen auch die japanische Leserschaft und machen auf nicht selbst-verständliche Besonderheiten jeder Art aufmerksam, um so die Lektüre zu einem noch vielschichtigeren Erlebnis werden zu lassen. Ich habe die Essays unter folgenden Themen gebündelt:

Exotik und Anti-Exotik. Ein wesentliches Merkmal prägte das Japanbild in Europa über Jahrhunderte – das der ganz anderen, der geheimnisvoll-exotischen Welt. Auch in Japan selbst wurde mit Exotik gespielt – Tanizaki Jun'ichirō ist ein Meister des Exotischen in vielerlei Gestalt. Die Autorin Kōno Taeko hingegen, obgleich bekennende Bewunderin Tanizakis, scheint geradezu ein Gegenprogramm zu entwickeln, in dem für das Exotisieren kein Platz mehr bleibt. Maruya Saiichi schließlich zeigt an scheinbar kulturspezifischen Bräuchen, wie Schenken und Bestechung ineinander übergehen und wie wenig exotisch sich der Alltag in Japan heute ausnimmt.

Jahrhunderterfahrungen. Wollte man eine einzige Schlüsselszene zur modernen japanischen Geschichte benennen, so könnte es nur die traumatische Erfahrung des 15. August 1945 mit der Verkündung der Kapitulation durch den Kaiser sein, die eine Zeitenwende im Bewußtsein der Nation markiert. Und wie lassen sich Umweltkatastrophen literarisch verarbeiten? Die hier diskutierten Werke zeigen in besonderem Maße die Möglichkeiten einer künstlerischen Gestaltung von Stoffen, die vielfach als «nicht kunstgeeignet» eingestuft wurden.

Reisen in Raum und Zeit. Ein von Männerhand geschriebenes Frauentagebuch über eine Reise aus der Provinz in die Hauptstadt bildet den Beginn der berühmten japanischen Hofdamenliteratur. Mehr als tausend Jahre später bereist ein japanischer Arzt und Intellektueller Europa. Die Autorin Ōba durchmißt anhand der Geschichte ihrer Familie das zwanzigste Jahrhundert.

Innenansichten. Die Radikalität der Selbstentblößung, der wir in japanischer Literatur begegnen, überrascht immer wieder neu, dazu die Spannung zwischen Innen und Außen in einer ausweglosen *amour fou*, wie auch die raffinierten Parallelen zwischen einer auf Auslöschung hinsteuernden Zweierbeziehung und dem Weltgeschehen.

Der zweite Teil des vorliegenden Buchs enthält 36 Rezensionen, die ich zwischen 1986 und 2008 geschrieben habe, chronologisch angeordnet nach den Epochen bzw. Jahren ihres Erscheinens im Original.[48] Es sind Texte, die neugierig machen wollen und Lesehunger wecken, die aber auch – notwendig subjektive, möglichst begründete – Urteile transportieren. Natürlich ist die Auswahl zufallsbedingt, doch ich bin zuversichtlich, daß sich in der Addition über einen größeren Zeitraum hinweg ein Bild gewinnen läßt von japanischer Literatur in deutscher Sprache.

Ein Caveat zum Schluß: Wir sollten das Fremde an der japanischen Literatur bzw. das, was wir in den Übersetzungen als fremdartig empfinden, nicht überbewerten und vor allem nicht einfach kulturalisieren bzw. ethnisieren. Ob intra- oder interkulturell, Verstehen bedeutet immer und überall, unterschiedliche diskursive Perspektiven zu überbrücken. Dieses Lesebuch hat seinen Zweck erfüllt, wenn es zum Lesen von Übersetzungen anstiftet und uns eine geschärfte Vorstellung davon vermittelt, wovon wir reden, wenn wir von «japanischer Literatur» reden.[49]

48 Zu den bis 2003 erschienenen Rezensionen finden sich bibliographische Angaben in *Japanische Literatur im Spiegel deutscher Rezensionen*, vgl. Anm. 39. Hinter jedem Artikel wird in Klammern das Jahr der Publikation angegeben.

49 Der edition text + kritik im Richard Boorberg Verlag danke ich dafür, daß sie eine Ausnahme machte und ich mich in dem mir vertrauten Schriftbild der «alten» Orthographie artikulieren darf.

II. Essays

Exotik und Anti-Exotik

Meister des Makabren

Tanizaki Jun'ichirō:
Die geheime Geschichte des Fürsten von Musashi. Roman

Tanizaki Jun'ichirō (1886–1965) gilt zu Recht als einer der größten japanischen Erzähler der Moderne, der mit genußvoller Faszination und gnadenloser Genauigkeit menschliche Obsessionen und subtiles Machtstreben erkundet. In diesem 1935 veröffentlichten Roman geht es um die raffiniert authentisch, aber mit irrsinnigem Witz und Sinn für makabre Grausamkeit präsentierte Biographie eines japanischen Kriegsherrn im 16. Jahrhundert, Terukatsu, der nach und nach von Pfeilen im Gesicht verstümmelt wird.

Ein listiger Erzähler ist dieser Autor ohne Frage, der uns in seiner Einleitung, unter vielerlei Anspielungen auf bekannte Legenden und Gestalten aus der Geschichte, die Vita eines berühmten Heerführers ankündigt, an dem ihn vor allem dessen abnormes Triebleben interessiert. Die Glaubwürdigkeit seiner Darstellung sucht er durch das Heranziehen und abwägende Vergleichen bisher geheimer Quellen zu untermauern, die, mit jeweils eigener Autorität ausgestattet, das Geschehen aus unterschiedlicher Perspektive beleuchten. Daß diese unterschiedlichen Quellen, die *Erzählungen des Dōami* wie die Schrift der Nonne Myōkaku, die *Tsukuma-Militärchronik* wie das so packend beschriebene Konterfei des Terukatsu allesamt fingiert sind, erschiene dem Leser, würde er darauf eigens aufmerksam gemacht, sicherlich mehr als erstaunlich, ja geradezu unglaubwürdig – so stark ist der Sog, den diese Geschichte entfaltet, kaum daß man sich auf sie eingelassen hat. Wir vergessen schlicht, daß es sich um ein hochkompliziertes Gewebe von «Hirngespinsten» handelt, was der Autor selbst in unnachahmlicher Ironie gleich zu Beginn einräumt, indem er es leugnet. Je mehr der Erzähler nämlich der Wahrheit auf die Spur zu kommen und seine Quellen prüfend und abwägend auszuwerten scheint, je mehr er sich plaudernd in halb-vertraulichem Ton über die Motive und Gefühle der Personen in Spekulationen und Mutmaßungen ergeht, desto genauer hat er uns, die Leser, dabei im Griff und nimmt uns, gleichgültig, ob wir uns etwa für Kriegshistorien oder sexuelle Aberrationen erwärmen mögen, gefangen: Die innere Entwicklung der Geschichte ist das Spannende.

So, wie der Autor in Gestalt seines Erzählers souverän mit seinem Material «spielt» – er entdeckt Widersprüche in den so überaus authentisch klingenden «zeitgenössischen» Dokumenten, entlarvt Klitterungen in den Kriegshistorien und kippt die offiziellen Heldenbilder ins Lächerliche –, so spielt er auch mit seinem Leser, den er in vorgeblicher Ahnungslosigkeit mehrfach auf die falsche Fährte schickt, nur um ihn dann, scheinbar erstaunt, mit der «wahren» Version zu konfrontieren.

Zur raffinierten Lenkung des Lesers gehört auch die dichte Aufeinanderfolge von Kontrasten: Kaum hat man sich auf eine Szene von höchster ästhetischer Verfeinerung eingelassen, erfolgt der Umschlag ins Grausame oder Groteske. Bei einem eleganten Gedichtwettstreit nach höfischem Vorbild, das den Burgherrn Norishige als Kunstliebhaber und vollendeten Gastgeber präsentieren soll, trifft ihn ein Pfeil, der ihn verstümmelt. Die idyllisch ausgemalte Szene, in der die unschuldige, liebreizende junge Ehefrau des Terukatsu mit Mann und Zofen Glühwürmchen fängt – eine Szene mit starken Anklängen an die klassische *Geschichte vom Prinzen Genji* – geht abrupt in ein von Terukatsu angestacheltes sadistisches Spiel über. Umgekehrt folgt auf die Schilderung der Qualen des Dōami der Hinweis auf das zärtlich turtelnde Paar unter dem Mückennetz. All diese so anschaulich und dicht montierten Szenen lösen im Leser Wechselbäder der Gefühle aus.

Es ist der Blick in die Abgründe der menschlichen Seele, die psychologische Raffinesse, mit der die bizarre Geschichte eine zwingende Motivation erzählt, welche das eigentliche Faszinosum dieses Werkes ausmacht. Zwar ist anzunehmen, daß dem Autor Tanizaki Freuds Psychoanalyse und Jungs Archetypenlehre durchaus vertraut gewesen sein dürften – nicht zuletzt mit seiner Wortwahl deutet er selbst darauf hin –, doch die künstlerische Gestaltung der Regungen des Unbewußten, der Blick in den «tiefen Brunnen» – eine traditionsreiche literarische Metapher in Japan –, die Entdeckung des «geheimen Elysiums» durch ein «endlos wirbelndes Spinnrad von Phantasien» hindurch wahrgenommen – dies alles gibt Anlaß zu der Vermutung, daß über das theoretisch-pathologische Wissen westlicher Seelenkunde hinaus der Autor aus einheimischen Quellen der Erfahrung im Umgang mit der menschlichen Psyche schöpft. Weshalb sollte die für das Europa des ausgehenden 19. Jahrhunderts erfolgte Entdeckung des Unbewußten in einer Kultur mit völlig anderen Schwerpunktsetzungen nicht schon viel früher möglich gewesen sein?

Dabei sind die Assoziationen, die Metaphern und die Objekte von geradezu verblüffender Überzeugungskraft und offenkundiger Universalität. Nehmen wir nur die «Nase, dieses wichtige Stück», deren Bedeutung (im doppelten Wortsinn) ein zentrales Movens der Geschichte bildet, etwa als «wichtiges Glied seiner Durchlaucht», zumal «eine fehlende Nase ein ungleich kniffligeres Problem (darstellt) als ein fehlender Kopf». Weit davon entfernt, «bloß ein Stückchen Fleisch» zu sein, wie man die «stellenweise in Mitleidenschaft gezogene Physiognomie» des nasenlosen Terukuni offiziell ohne Erfolg zu bemänteln versucht, schwingen bei der Nennung des Wortes schon im Alltagsjapanischen erotische Untertöne mit. Der Autor Tanizaki spielt diese voll aus. Man denke nur an die homoerotischen Anklänge, als der junge Hōshimaru dem feindlichen Kommandanten, den er nächtens überfällt, «direkt in die Nasenlöcher» sieht. Oder auch an die aberwitzige Umdeutung des Gedichts vom «Dorf der fallenden Blüten» aus der *Geschichte vom Prinzen Genji,* das aufgrund des Gleichklangs im Japanischen von «Blüte» und «Nase» zum «Dorf der fallenden Nasen» wird und im Leser eine Kettenreaktion möglicher Weiterdeutungen auslöst.

Apropos Humor: Wie sehr die gesamte makabre Geschichte von einem subtilen bis offen sarkastischen Sinn für Komik und parodierende Entlarvung durchzogen ist, bedarf wohl kaum der Erwähnung. Die Demontage martialischer Posen, gleich zu Beginn meisterhaft vorgeführt in der Beschreibung des imposanten Heldenportraits in der Rüstung – ist der wütende Tigerblick des Feldherrn nicht eher als Schmerzensausdruck eines Rheumakranken zu deuten? – gehört hierzu ebenso wie das irrwitzige Räsonnement und die Kommentare des Erzählers, die einen beim Lesen so weit bringen, daß man lautes Lachen kaum noch unterdrücken kann. Erinnern wir uns nur an die Szene, als der geplagte Norishige nach seiner ersten Verunstaltung – man hatte ihm eine Hasenscharte ins Gesicht geschossen – kurz darauf von dem zweiten Mißgeschick heimgesucht wird: «Zuerst eine Hasenscharte, dann das rechte Ohrläppchen abgerissen, das war natürlich schon ein empfindlicher Schlag für sein Äußeres. Aber immer noch besser, als die Nase zu verlieren, die schließlich nur in einfacher Ausführung vorhanden ist. Obgleich einer, wie auch ins Treffen geführt werden könnte, mit einer Hasenscharte oder einer fehlenden Nase immer noch besser dran ist, weil die Symmetrie des Gesichts dadurch nicht beeinträchtigt wird. Das sei aber dem Gutdünken eines jeden überlassen.»

Auch die Bemerkung, der Anblick ihres nasenlosen Heerführers hätte den Soldaten einen gehörigen Schrecken einjagen müssen, da ihnen ein derartiger Anblick auch sonst noch nicht begegnet sein dürfte, entbehrt nicht der beißenden Ironie: «denn, obgleich der Erreger jener Seuche, von der die Nasen abfallen, damals bereits in Japan eingeschleppt gewesen sein dürfte, zusammen mit dem Tabak, allgemein bekannt war sie mit Sicherheit noch nicht.» Diese Passage ist im übrigen eine von insgesamt fünf Textstellen, an denen auf Europa Bezug genommen wird. Doch sowenig, wie der Autor sich auf eine romantisierende, verklärende Darstellung der von ihm so detailgetreu geschilderten historischen Vergangenheit Japans festlegen läßt – was ihm merkwürdigerweise bisweilen unterstellt wird –, so wenig scheint es ihm darum zu gehen, das Verhältnis der beiden Zivilisationen auf ein einfaches Muster von Über- und Unterlegenheit zurückzuführen. Beiden gegenüber wahrt er seinen ironischen, entlarvenden Blick.

Diese Beobachtung sollten wir in Erinnerung behalten, wenn wir uns vergegenwärtigen, daß die *Geheime Geschichte des Fürsten von Musashi* zur Gruppe jener Werke gehört, in denen sich, so lautet die verbreitete Auffassung, nach einer Phase der begeisterten Rezeption alles Westlich-Fremden, die Hinwendung des Autors zur einheimischen Tradition und Geschichte, seine «Heimkehr nach Japan» manifestiere. Werfen wir zumindest einen flüchtigen Blick auf den Werdegang dieses Autors:

Im Jahre 1886 als ältester Sohn eines glücklosen Kaufmanns und seiner außergewöhnlich schönen Frau im Nihonbashi-Viertel, dem Herzen von Tōkyō, geboren, verlebte Jun'ichirō eine behütete, verwöhnte Kindheit. Trotz zunehmender finanzieller Schwierigkeiten stellten seine Eltern für ihn eine Amme ein, die ihn stets und überall begleitete und in deren Armen er abends einschlief. Er schaffte es sogar, seine Einschulung hinauszuzögern, und der irgendwann unvermeidliche Übergang ins Schülerleben ging nicht ohne Reibungen und Machtkämpfe vonstatten. Glücklicherweise fand er einen verständnisvollen Lehrer, der ihn förderte, und schloß Freundschaften, durch die er auch mit der vielfältigen Volkskultur seiner Umgebung, etwa den Theateraufführungen bei Schreinfesten, in Berührung kam. Seine erste Lektüre bildeten japanische Abenteuerromane und Mark Twain in japanischer Übersetzung, und schon bald regte sich in ihm der Drang, selber zu schreiben. Er verfaßte noch in der Grundschule im Alter von etwa zehn Jahren erste Texte für eine Schülerzeitschrift. In seinen Kindheitsmemoiren (*Yōshō jidai*) aus dem Jahre 1955 beschreibt er seine Motivation als Wunsch, «mich mit dem Genuß vertraut zu machen, den Geist frei in einer Phantasiewelt schweifen zu lassen und mich daran zu gewöhnen, in diesem Genuß zu schwelgen». Mit dieser Formulierung des «Schwelgens in diesem Genuß» bringt der Autor Tanizaki übrigens auch sein künstlerisches Temperament, die besondere hedonistische, sinnliche Qualität seiner Literatur, auf den Punkt.

Kein Wunder, daß der junge Jun'ichirō ein eifriger Leser wird und seinen literarischen Horizont in die japanische und chinesische Klassik bis zu Plato, Schopenhauer, Dante, Shakespeare und Carlyle ausweitet. Und mit der Fürsprache seiner Lehrer gelingt es ihm auch, seine Ausbildung bis zum Gymnasium, auf dem er zunächst englisches Recht und später englische Literatur belegt, weiterzuverfolgen, auch wenn er dafür fünf Jahre lang als Hauslehrer und Laufbursche einer Restaurantbesitzerfamilie zu Diensten zu sein hat. Während seines Studiums der japanischen Literatur an der Kaiserlichen Universität Tōkyō führt er das Leben eines den sinnlichen Freuden des Alltags aufgeschlossenen Müßiggängers und Dandys, einschließlich einiger Liebesaffären, die ihn mit literarischem Stoff versorgen, weiter, für das er schon auf dem Gymnasium einen besonderen Ruf genossen hatte, obgleich ihn der finanzielle Ruin seiner Familie nicht unberührt läßt. Als er in einer neugegründeten literarischen Zeitschrift 1910 die Erzählung «Die Tätowierung» (Shisei) publiziert, gleicht dies einem Paukenschlag.

Die in der Vormoderne angesiedelte Geschichte von einem Tätowierer, der auf der Suche nach einem idealen Objekt für seine Kunst eine schöne Frau findet, welcher er in qualvollen Prozeduren das Bild einer riesigen Spinne auf dem Rücken eingraviert, enthält bereits die wichtigsten thematischen Elemente und Motive, die seine Literatur bis in die späten Jahre kennzeichnen, allen voran die schöne Frau mit grausamen Zügen, verstrickt in ein subtiles Machtspiel des Herrschens und Beherrschtwerdens, denn mit den von dem Tätowierer zugefügten Qualen wächst ihre Gewalt über den Künstler, der sie zwar eigenhändig zum vollendeten Gegenstand seines Begehrens gestaltet, ihr aber zugleich hörig wird. Die dichte, sinnenreizgeschwängerte Atmosphäre, angereichert mit Exotismen und von einem *fin-de-siècle*-artigen Flair geprägt, verrät Tanizakis Studium europäischsprachiger Symbolisten wie Poe, Baudelaire und Wilde. So hebt sich das aufsehenerregende Werk, das seinem Autor sogleich zahlreiche Aufträge führender Zeitschriften einbringt, auch auf sehr markante und bewußte Weise vom japanischen Naturalismus ab, der seinerzeit über weite Strecken die literarische Bühne beherrschte.

Die frühe Schaffensphase dieses Autors, der in der Folge neben einigen Übersetzungen aus dem Englischen, darunter Wildes Stück *Lady Windermeres Fächer,* zahlreiche Erzählungen veröffentlicht, wird bisweilen mit Diabolismus überschrieben, so genannt nach dem Titel «Akuma» (Der Teufel) einer Erzählung von 1912. Exotismus, Pathologisches und Abgründiges kennzeichnen sein Œuvre. Nicht selten gerät er in Konflikt mit der Zensur.

Dem Neuen und Exotischen spürt er auch im privaten Leben nach. Seiner 1915 geschlossenen Ehe bald überdrüssig, führt er mit seiner Schwägerin eine Zeitlang ein Leben, wie er es in seinem 1924 erschienenen Roman *Naomi oder Eine unersättliche Liebe* (*Chijin no ai*) karikierend beschrieb – das im Ausländerviertel von Yokohama lebende Paar, eine dominante junge Frau mit fremdländisch-europäischem Gesichtsschnitt und ein ihr ergebener Mann, verfällt dem Sog dessen, was als westlicher Lebensstil und *dernier cri* gilt.

Im September 1923 wird der Großraum Tōkyō von einem starken Erdbeben und Feuersbrünsten heimgesucht, die über 100 000 Menschenleben fordern und weite Teile der Stadt zerstören. Tanizaki, der vermutlich zu dieser Zeit eine Reise ins westliche Ausland plante, die er dann nie mehr antreten wird, zieht statt dessen mit Frau und Tochter nach Westjapan, wo er sich schließlich in Kyōto niederläßt. Ursprünglich hatte er vor, nur vorübergehend zu bleiben, doch es scheint, daß diese für ihn neue Welt so viele Reize und Inspirationen bot, daß sie ihn bis an sein Lebensende fesselte. Offenbar fand er hier einen Teil der Fremde, die ihn an allem aus dem Westen Importierten so fasziniert hatte, und es hat den Anschein, daß die Hingabe, mit der er seinen Obsessionen nachging, damit einen neuen und diesmal dauerhaften Gegenstand fand. In seinem 1929 erschienenen Roman *Insel der Puppen* (*Tade kuu mushi*) zeichnet er einen solchen Prozeß der Neuorientierung nach, denn der Held, unzufrieden in seiner Ehe mit einer modernen Frau, entdeckt mit den archaischen, vitalen Bräuchen und der Volkskultur im westlichen, dem kulturell älteren Japan zugleich auch die Reize einer zurückhaltenden, traditionsgebundenen Weiblichkeit.

Wir können an dieser Stelle einfügen, daß damit gleichsam auch Entwicklungen in seiner Vita vorweggenommen werden, denn zunehmende Spannungen in seiner Ehe führen 1930 zur Scheidung; eine 1931 geschlossene Ehe wird zwei Jahre später wieder gelöst, und 1935 heiratet Tanizaki Nezu Matsuko, die sich zu diesem Zweck zunächst ihrerseits scheiden lassen muß. Die turbulenten Ereignisse und überraschenden Wendungen seiner Familiengeschichte beschäftigten auch die damalige Öffentlichkeit, zumal Tanizaki seine erste Frau dem Schriftstellerkollegen Satō Haruo angetragen hatte. Matsuko, die seinem Idealbild des Femininen sehr weit entsprochen haben muß, bildet mitsamt ihren drei Schwestern auch das Modell für Tanizakis großangelegten Familienroman *Die Schwestern Makioka* (*Sasameyuki*), eine nostalgische Eloge auf das kultivierte und traditionsorientierte Leben der wohlhabenden bürgerlichen Oberschicht.

Zu den auch in westlichen Übersetzungen bekanntgewordenen Spätwerken Tanizakis zählen seine Kindheitserinnerungen aus dem Jahre 1955, die Erzählung *Yume no ukihashi* (Traumbrücke, 1959) und die Romane *Der Schlüssel* (*Kagi*, 1956) sowie das *Tagebuch eines alten Narren* (*Fūten rōjin nikki*, 1962).

Tanizaki gelangte in Japan schon früh zum Ruhm, und er konnte von seiner Literatur, darunter Theaterstücke, Filmskripts und Essays, sehr gut leben. Ausgezeichnet mit den höchsten Ehrungen seines Landes als Mitglied der Akademie der Künste und Träger des Kulturordens, war er schließlich auch für den Literaturnobelpreis immer wieder im Gespräch. Zumindest in Japan sind viele überzeugt, daß nur sein Tod im Jahre 1965 verhinderte, daß ihm dieser Preis zufiel. (Er ging 1968 an Kawabata Yasunari.)

Stilistisch ist Tanizakis Œuvre von außerordentlicher Vielfalt, denn dieser Autor, der schon in Jugendjahren mit diversen historischen Stilformen experimentierte, besitzt ein ausgeprägtes Gespür für Dramaturgie und erzählerische Effekte. Seit seiner Kindheit an Vorbildern aus der chinesischen und japanischen Klassik geschult, mit Übersetzungserfahrung aus dem Englischen und der unglaublichen Fleißleistung einer zweifachen vollständigen Übertragung der voluminösen *Geschichte vom Prinzen Genji* ins moderne Japanisch in jeweils 26 bzw. 12 Bänden, die von 1939 bis 1941 und, in einer die zwischenzeitliche Genji-Forschung inkorporierenden, der Umgangssprache noch stärker angenäherten Form, 1951 bis 1954 herauskam, vermochte sich dieser Autor zahlreicher Register souverän zu bedienen. Häufig setzt er, wie auch in der *Geheimen Geschichte des Fürsten von Musashi,* einen Erzähler ein, der diverse Quellen von unterschiedlicher Zuverlässigkeit auswertet.

Die so authentisch klingende sprachliche Gestalt seiner fingierten historischen Dokumente, vor allem aber die Kontrastwirkung der Stilformen vom steifen chinesischen Dokumentenduktus bis zum elegant elaborierten Plauderton des gebildeten Erzählers – vom deutschen Übersetzer stilistisch kongenial in einem Diskurs von barocker, verboser Dichte, zuweilen archaisierend, mit Latinismen und französischen Fremdwörtern, und einem Essayton von charakteristischer, mit Kolloquialismen durchsetzten Brüchigkeit wiedergegeben –, trägt nicht unwesentlich zur Dynamik und dem besonderen Rhythmus des Erzählgeschehens bei. Hinzu kommt die Ausgestaltung der Szenen – die geradezu filmisch anmutende, alle Sinne einbeziehende Anschaulichkeit der geschilderten Örtlichkeiten und Vorgänge, die häufig aus der Sicht einer agierenden Person dargestellt werden. Auf diese Weise wird uns vor allem Terukatsus Erlebnis- und Gefühlswelt nahegebracht.

Die Frauengestalten bleiben uns ferner, wenngleich es dem Autor auch hier gelingt, sie überzeugend als Individuen zu zeichnen. In der größeren Distanz zu den weiblichen Figuren spiegelt sich jedoch auch historische Realität wider, denn die traditionelle Geringschätzung der Frau in Konfuzianismus und Buddhismus sowie die weitgehende Trennung von Männer- und Frauenwelt, welche letztere in die Abgeschiedenheit des Haus- oder Burginneren verwies, bot kaum Gelegenheit, dem «schönen Geschlecht» in seiner Individualität zu begegnen. Mit Bedauern vermerkte Tanizaki, daß aus den bezüglich des Alltagslebens der Männer so auskunftsfreudigen historischen Quellen über das Leben der Frauen, die zumeist nicht einmal mit ihren Namen genannt werden, kaum etwas zu erfahren sei. Dennoch treten uns mit der alten Dame, die Hōshimaru in die Dachkammer führt, mit Kikyō und mit Shōsetsuin unverwechselbare Persönlichkeiten entgegen.

Die Inspiration zur *Geheimen Geschichte* geht vermutlich auf das *Oan monogatari,* die Geschichte einer jungen Frau in der Burg von Ōgaki zur Zeit der Schlacht von Sekigahara, zurück. Dieses Werk enthält eine Abbildung jener Szene mit den «kastrierten», den sogenannten Weib-Köpfen, die Tanizaki gleich zum Beginn seines Werks zum unvergeßlichen Höhepunkt gestaltete.

Vereinzelt mag man auch andere Szenen in Beziehung setzen. So hat der Autor mit der Episode, in der Terukatsu sich seiner Angebeteten durch den Abort nähert, offensichtlich eine Geschichte aus seiner Kindheit umgestaltet, die er in seinen Memoiren preisgibt: Auf gleiche Weise soll eines Nachts ein Eindringling seine Mutter überfallen haben. Und natürlich begegnen wir Tanizakis Lieblingsthemen, der schönen, grausamen Frau, Sadomasochismus und Koprophilie. Doch der Eindruck ist nicht von der Hand zu weisen, daß der Autor seine Vorlieben hier zugleich insgeheim selbstironisch parodiert, so, wie er dies übrigens auch in seinem Spätwerk, dem *Tagebuch eines alten Narren,* ganz und gar illusionslos unternimmt.

Zu beantworten wäre noch die Frage, ob wir die *Geheime Geschichte* als Ausdruck seiner Abwendung von abendländischen Werten und einer ideologischen «Heimkehr nach Japan» zu deuten hätten. Nach all dem bisher Gesagten und Erwogenen erscheinen die Dinge jedoch komplexer. Zwar gibt der Autor selbst freimütig zu, daß sein Okzidentalismus in jungen Jahren oberflächliche Schwärmerei war, deren er sich später schämt, aber er schüttelt die Lesefrüchte, die gewonnenen Erfahrungen und den geweiteten geistigen Horizont nicht einfach ab. Lesen wir seinen berühmten Essay *Lob des Schattens* (In'ei raisan), den er 1933 bis 1934, nur zwei Jahre nach der *Geheimen Geschichte,* zu Papier brachte, so scheint sich zunächst die These von der Konversion des Autors zu bestätigen, denn er stellt darin die rationale, kalte, grellhelle Zivilisation des Westens der sanften, dämmrigen Ästhetik des traditionellen Japan gegenüber, und schon der Titel verkündet, auf welcher Seite die Sympathien des Autors liegen. Vieles daran ist von seiner Sehnsucht nach der Kindheit, dem verlorenen Paradies, gefärbt, die er nun in eine nostalgische Sehnsucht nach einem unverfälschten, alten Japan umgießt, darin nicht uneins mit dem vom wachsenden Chauvinismus geprägten Zeitgeist. Doch es scheint ratsam, sich zu erinnern, daß dieser Autor sich vieler Posen zu bedienen vermag und sehr wohl zu erkennen und offen zu bekennen in der Lage ist, daß seine Begeisterung für das alte Japan, wie er es im Kansai-Gebiet um Kyōto und Ōsaka für sich entdeckt hatte, durchaus auch nur eine Form des stimulierenden Exotismus war, «ganz so, wie ein Ausländer einen Holzdruck von Hiroshige goutiert».

Das – wie ihm selbst nur allzu bewußt ist – weitgehend irreale Japan, das er in *Lob des Schattens* preist, ist ein Zauberreich der Kunst und der Phantasie, in dessen Dämmerlicht sich Sinnlichkeit, Tiefen und Abgründe menschlicher Träume entfalten. (Man rufe sich ins Gedächtnis, daß sämtliche wichtigen Szenen in der *Geheimen Geschichte* ausnahmslos im Dunkeln spielen.) Und so endet denn dieser Essay mit einem Bekenntnis des Autors nicht zu Japan, sondern zu seiner ihm eigenen Ästhetik: «Ich möchte unsere schon halb verlorene Welt der

Schatten zumindest im literarischen Bereich wiederaufleben lassen. An dem Prachtbau, der Literatur heißt, möchte ich das Dach tief herunterziehen und die Wände beschatten, das zu deutlich Sichtbare ins Dunkel zurückstoßen und unnötigen Zimmerzierat wegreißen. Nicht, daß ich mir dies für alle Häuser wünsche, aber einen Bau dieser Art dürfte es schon geben. Und um zu sehen, was dabei herauskäme, lösche man probeweise einmal das elektrische Licht.» Die *Geheime Geschichte des Fürsten von Musashi* ist ein solches Werk, in dem er «probeweise einmal das elektrische Licht löscht».

Tanizaki Jun'ichirō: *Die geheime Geschichte des Fürsten von Musashi. Roman.* Aus dem Japanischen übertragen von Josef Bohaczek. Mit einem Nachwort von Irmela Hijiya-Kirschnereit. Frankfurt/M., Leipzig: Insel Verlag 1994.

Meisterin der Genauigkeit

Kōno Taeko:
Knabenjagd. Erzählungen

Mit der Erzählung «Knabenjagd» gelang der Autorin Kōno Taeko (Jahrgang 1926) der Durchbruch. Seither gilt sie als eine der wichtigsten Schriftstellerinnen ihrer Generation, ungeachtet ihrer merkwürdig spröde anmutenden Texte. In den zwischen 1961 und 1976 erschienenen fünf Erzählungen dieser Sammlung eröffnet die Autorin kühne Blicke auf scheinbar alltägliche, dabei aber verstörend doppelbödige Konstellationen zwischen Frauen, Männern und Kindern, und sie wirft aus zwei ungewöhnlichen Perspektiven Licht auf Kriegserfahrungen.

Das Exotische werden westliche Leserinnen und Leser bei der Autorin Taeko Kōno vergeblich suchen. Sie paßt nicht ins konventionelle Weltbild des literarischen Globetrotters, den es im Falle Japans nach lieblichen Landschaften und zarten Frauen, kostbaren Gewändern, ehrwürdigen Schreinen und Tempeln und anderen touristischen Attraktionen gelüsten mag. Diese Ingredienzen westlicher Japanophilie fehlen zwar nicht vollständig, werden aber auf den ihnen gebührenden Platz in der japanischen Alltagsrealität verwiesen. Wie beiläufig taucht in der Erzählung «Die letzten Stunden» eine Frau mit einer «Vorliebe für traditionell japanische Ästhetik» auf, doch eine andere Unbekannte prägt sich uns wegen der Fülle ihrer importierten Accessoires ein. In einem traditionell japanischen Restaurant zu essen, so erfahren wir aus dem Stück «Die Flut», ist selbst vor dem Krieg nicht unbedingt selbstverständlich in einem Land, das mindestens ebenso viele Lokale für sogenannten Curryreis oder chinesische Küche vorweisen kann. Ein Kimono erscheint, wenn nicht als formelle Trauerkleidung, nicht etwa als buntes, prächtiges Kostüm, das die puppenhafte Schönheit eines verführerischen Weibchens unterstreicht, sondern er hängt am Bügel im Durchgang zwischen zwei vollgestellten Zimmern eines kleinen Stadthauses, wodurch er die bedrückende Enge der Lebensumstände um so drastischer illustriert, in der ein durchschnittliches, kleinbürgerliches Paar soeben fernsehenderweise das Abendessen einnimmt. Auch ein Schrein kommt vor, er spielt sogar eine wichtige Rolle in der Erzählung «Der Eisenfisch», doch bezeichnenderweise wird er nie benannt. Selbst als die Figuren nicht mehr nur von ihm sprechen, sondern ihn sogar aufsuchen, als seine

Umgebung und Architektur beschrieben wird, ist immer nur von «jenem Ort» die Rede.

Sind diese Geschichten deswegen weniger «japanisch»? Beileibe nicht! Sie spielen nicht nur in Japan, sie atmen seinen Alltag durch und durch. Was wäre japanischer als das Vergnügen am kleinen sommerlichen Feuerwerk im Garten oder am öffentlichen Bad, das man zur Erfrischung und Entspannung aufsucht, eine Stätte lockerer sozialer Kommunikation und für die Frauen in den Erzählungen ein mit physischem Wohlbefinden assoziierter Zufluchtsort, an dem sie eine angenehme Nachdenklichkeit befällt? Und *wie* japanisch die Geschichten sind! – die Vorbereitungen zur Aufführung einer westlichen Oper (Madame Butterfly!), der Lebensrhythmus der kleinen Firmenangestellten und der Frauen, die für sie sorgen und die sich nebenher ein Taschengeld mit den Übersetzungen von Opernlibretti oder italienischen Maschinengebrauchsanleitungen verdienen. Natürlich ist es japanisch, wenn man den Errungenschaften der modernen Medizin mehr traut als einem altmodischen Kuraufenthalt, und natürlich sind auch die Kinder, der verhätschelte kleine Junge und das wohlerzogene Mädchen, denen Schuluniformen so viel bedeuten, Japan.

Das alles ist uns so fremd nicht, selbst wenn einige Details uns unbekannt sein mögen und auch wenn etwa die Kluft zwischen der Welt der Männer und der Frauen in Japan offenbar größer ist. Aber auch die ungewohnten Bilder, Vergleiche oder Anspielungen, die einem anderen Kulturkreis entspringen, verstellen sicher nicht den Zugang zu diesem Werk. Nein, es ist beides nicht, weder das Fremde noch das so Vertraute am Japanischen, das uns am stärksten anzieht, wenn wir Kōno lesen – es ist ihr eigentümlicher Umgang mit dem Alltäglichen, die irritierende Zusammenschau von Banalem und Außergewöhnlichem, die Dichte und Konzentration ihrer Kompositionen, die Virtuosität in der Verwendung der sprachlichen Mittel und der universale Charakter ihrer Entwürfe – es ist das Literarische selbst, und das liegt letztlich jenseits aller Nationalitäts- und Kulturzuschreibungen.

Das Alltägliche – immer harmlos und unscheinbar. In «Krabben» wird die von Lungentuberkulose genesende Yūko, die sich selbst gegen den Widerstand ihres Mannes einen Kuraufenthalt am Meer verordnet hat, von der Familie des Schwagers besucht und verspricht ihrem kleinen Neffen Takeshi, den sie aufgrund eines plötzlichen Impulses noch ein, zwei Tage bei sich behalten will, ihm eine Krabbe zu finden. Nichts einfacher als das, denkt der Leser wie die Hauptfigur und wie übrigens auch alle anderen, die in die immer raumgreifendere Suche hineingezogen werden. Ungeduld und Verwirrung wachsen mit jedem weiteren gescheiterten Anlauf; die Ratlosigkeit, etwas so Selbstverständliches nicht ausfindig machen zu können, gepaart mit der Verlegenheit angesichts der eigenen Besessenheit, in die man sich hineingesteigert hat und die man tunlichst vor den Blicken der anderen verbergen will, lenken unsere Aufmerksamkeit hinter das Geschehen. Weshalb dieser Erfolgszwang? Und geht es außer um die Krabbe, die ursprünglich ein Köder für den kleinen Jungen war, noch um etwas ganz anderes?

Wir sehen Yūko vor uns, wie viele Frauengestalten bei Kōno eine nicht mehr ganz junge, kinderlose Frau, die mit ihrem Mann ein ereignisloses, durchschnittlich trostloses Leben in einem Großstadtwohnblock führt. Sie gibt sich nicht unzufrieden, ist aber auch nicht wirklich ausgefüllt mit ihren täglichen Pflichten in einer eingespielten Ehe, die von Gewöhnung und gegenseitigem Vertrauen getragen wird, ohne daß deshalb Reibungen ausblieben. Von tiefer Zuneigung des Mannes, der hier wie in anderen Werken als eher derber Charakter gezeichnet wird, ist weniger zu spüren als von nachsichtiger Sympathie der Frau für seine Schwächen, doch deutlicher noch als die anderen Frauengestalten drängt es Yūko danach, zumindest zeitweilig aus den Schranken ihrer sie wenig fordernden Lebensgemeinschaft mit dem Partner auszubrechen. Die Krankheit ist ein äußerer Anlaß. Nachdem die Genesung ins Stocken geraten ist, fragt man sich als Leser zunehmend, ob nicht eine seelische Verstörung, der geheime Wunsch, dem letztlich doch als unerfreulich erfahrenen Eheleben für eine Weile zu entkommen, gewichtigeres Motiv für ihre Hartnäckigkeit ist, mit der sie auf der Reise ans Meer besteht. «Wenn ich fahre, werde ich gesund!» – mit dieser Formel beschwört sie sich selbst und setzt sich durch, nicht ohne daß ihr Eigenwille mit vorbereitenden Gratifikationen – sie schickt ihren Mann auf Skiurlaub – und einer Kompromißlösung, der engen zeitlichen Beschränkung ihres Aufenthalts am Meer, für den Ehepartner annehmbar gemacht worden ist.

Am Meer angekommen, blüht sie auf, verliert die innere Unruhe, gewinnt Abstand von den Dingen, erträumt sich alternative Lebensverläufe und meint sogar, in ungetrübter Harmonie mit der Natur ein Leben «ohne jemanden, der Zuspruch bietet», führen zu können. Es verlangt sie nach Aufhebung der Alltagsstarre, und wohlig läßt sie sich, wie die anderen Frauen ins Bad, in das Moratorium dieser Frühjahrsreise an die Küste sinken, die auch Züge einer Regression trägt.

Auftritt Takeshi, der kleine Junge, Erstkläßler in spe, der Bewegung in ihre in paradiesischem, bedürfnislosem Gleichtakt verlebten Tage bringt. Was reizt sie so sehr an diesem Knaben? Wie in der Erzählung «Knabenjagd» wird die kindliche Unbekümmertheit und Frische, die selbstbewußte und energische Spontaneität, das Kernig-Knackige des kleinen Körpers mit liebevoller, detailgenauer Aufmerksamkeit geschildert, die sich selbst noch an den Kleidungsstücken zu ergötzen weiß. Doch birgt diese Zuneigung zu den kleinen Jungen, in der sich weiblicher Selbsthaß Bahn bricht, auch eine eindeutig sinnliche Komponente, die in der «Knabenjagd» noch deutlicher zutage tritt, wo sie dazu noch mit irritierenden Anflügen von Sadomasochismus in Verbindung steht.

Im Sadomasochismus sieht Kōno eine besondere, in gewissem Sinne typische Ausformung der weiblichen Sexualität, die für sie im Grunde genommen nur die physische Entsprechung einer geistigen Haltung darstellt. Eine weibliche Überlebensstrategie, ja «Lebensklugheit» besteht für sie darin, gegebene Zwänge als freiwillige Selbstbeschränkung aufzufassen, um daraus Vergnügen zu schöpfen.

Kōnos Sicht der Frauen, die durchweg die Zentralfiguren in ihren Werken stellen, ist nicht weniger kühl distanziert als die der Männer. Mit aller Schärfe richtet sie ihren Blick auf die Beschränktheit des weiblichen – wie des männlichen – Vorstellungsvermögens in Alltagssituationen, das aus den äußeren Beschränkungen wie den eigentümlichen Selbsteingrenzungen resultiert.

Die Ausgangssituation in der Erzählung «Die letzten Stunden» gleicht einem Paukenschlag, mit dem Noriko aus dem einförmigen Rhythmus ihres Hausfrauendaseins gerissen wird, doch wir Leser müssen nun mit Ungeduld und fast ein wenig verärgert ob solcher Borniertheit verfolgen, wie diese Frau angesichts ihrer wahrhaft existentiellen Lage nichts Wichtigeres zu tun weiß, als eben diese ewig gleichen Verrichtungen fortzusetzen. Die quälende Pedanterie banaler Akte wird vom Text selbst nachvollzogen, und erst allmählich, während Noriko ihren ganzen Einfallsreichtum noch auf Strategien verwendet, ihre eigene Vergeßlichkeit zu überlisten, werden wir in die Geschichte verstrickt und stoßen mit der Heldin auf neues Terrain vor. Erst im nachhinein enthüllen dann auch die vielen Nebensächlichkeiten ihren doppelbödigen Charakter.

Doch Kōno begnügt sich nicht damit, das Hintergründige, den Schrecken, die Lust und die Gewalt in sozusagen zeitlosen, fast archaischen Situationen zu erkunden. Ihr Interesse gilt auch konkreten historischen Momenten, vor allem dem letzten Krieg, dieser Wasserscheide in der jüngsten Geschichte Japans, den sie, 1926 in Osaka geboren, als junges Mädchen selbst bereits mit allen schrecklichen Begleiterscheinungen bewußt erlebte, so daß sie das Kriegsende als große Befreiung und Neuanfang erfuhr.

Zwei Beispiele aus einer ganzen Gruppe von Werken, die diesem Thema gewidmet sind, enthält die vorliegende Sammlung. «Die Flut», entstanden 1964, eine betont schlicht gehaltene Erzählung von fast lyrischem Charakter, beschreibt das Leben am Vorabend des Krieges. Aus der bis auf einen kurzen Vorgriff gegen Ende nie durchbrochenen Perspektive eines Mädchens mehren sich die Anzeichen einer großen Veränderung, die nicht nur das harmonische, ja glückliche Leben der eigenen Familie, sondern die gesamte diesem Kind begreifbare Welt erfaßt.

Die Sanftheit der Geschichte täuscht. Je bedrohlicher das Geschehen, desto verhaltener der Ton, und die Raffinesse dieser Erzählerin zeigt sich in ihrer versteckten Dramaturgie: Hat sie uns soeben noch schmunzelnd teilhaben lassen an dem Eifer der Kinder, die von der Schule zum Sammeln von Silberfolie als kriegswichtigem Material – wir registrieren das Steigen der Flut – aufgefordert wurden und nun dem nicht so eifrigen Vater das Papier aus noch nicht angebrochenen Zigarettenschachteln stibitzen, so reißt sie uns wenig später – die Handlung hat sich inzwischen zwei Jahre weiterbewegt – mit einem lapidaren Satz in die Grausamkeit des Kriegsalltags zurück. Die Kinder, heißt es da, «sammelten kein Silberpapier mehr. Für Schokolade oder Zigaretten wurde kein Silberpapier mehr verwendet.»

Ihren «leichtmetallartigen, kunstharzgleichen Stil», der ein gutes Gegengewicht bilde zum «sonst zu aufdringlichen Inhalt der Erzählung», lobte ihr Kollege Yukio Mishima bereits beim Erscheinen von «Knabenjagd», dem Werk, das ihr 1961/62 nach langen Lehrjahren zum literarischen Durchbruch verhalf. Wichtige Preise folgten, und heute zählt Kōno, die mit ihrem Mann, dem Maler Yasushi Ichikawa, in Tōkyō lebt, zu den unbestritten wichtigsten Autoren in der japanischen Gegenwartsliteratur, geschätzt für ihr vielseitiges Œuvre, das neben Erzählungen und Romanen auch Textbücher und zahlreiche brillante Essays einschließt.

Von seherischen Qualitäten hat der Kritiker Jirō Kawamura einmal gesprochen, um ihre Literatur zu charakterisieren, die Anregungen aus so divergierenden Quellen wie den Werken der Emily Brontë, Jun'ichirō Tanizaki und phantastischen Erzählern schöpft. Im übrigen erweist sich Kōno als Kennerin der modernen europäischen wie der japanischen Literaturgeschichte und hat sich auch als Kritikerin einen Namen gemacht.

Das Visionäre fußt bei Kōno auf einer ausgeprägten Intellektualität, die sie jedoch ganz in den Dienst der literarischen Aussage stellt. Nehmen wir das letzte Werk dieser Sammlung, die 1976 erschienene Erzählung «Der Eisenfisch». Ihr Stoff, der Einsatz «menschlicher» Torpedos, einer Unterwasser-Version der Kamikaze-Fliegerei in der letzten Phase des Krieges, aus der Sicht einer der Frauen, die dadurch ihren Mann verloren, ist mehr als geeignet, in Emotionen ertränkt zu werden. Doch was tut Kōno? Sie legt ein Vierteljahrhundert Abstand zwischen die Frau und das Geschehen und schildert es aus mehrfach gebrochener Perspektive in einer geradezu irritierenden Kargheit. Sehr bald jedoch spürt man, daß die Sprödigkeit des Stils, seine Abstraktheit und das eigentümliche Beharren auf einer eng begrenzten Anzahl von immer wiederkehrenden Wendungen ein wichtiges gestalterisches Element in dieser Geschichte sind, die auch nicht einen Hauch von Pathos oder Sentimentalität enthält. Konsequent meidet sie das Vokabular des Militarismus oder auch nur des Krieges. Sie kommt ganz ohne «Soldat», «Torpedo», «Schlachtschiff», «Vaterland», «Gefallene» oder auch «Schrein» aus. Statt dessen lesen wir von einem «Eisenfisch» mit Haut und Schuppen, von einer «eisernen Insel», von «unzähligen Männern und einigen Frauen» – die Ironie ist unüberhörbar! –, die «an jenem Ort», dem auch heute politisch nicht unumstrittenen Yasukuni-Schrein des Staatsshinto, als Heiligtum verehrt werden. Nicht zufällig ist es der Mann, der als einziger gegen Ende der Geschichte doch noch eine Vokabel «aus jener Zeit» in den Mund nimmt, während es ausschließlich Frauen sind, die die Gedenkstätte männlicher Heldentaten und tragischer Ereignisse bewachen. Nur unterkühlt, aus der Ferne und auf einige scheinbar naiv klingende, sehr abstrakte Formeln verdichtet, läßt sich das Ungeheuerliche fassen.

Wenn uns trotz all der verstörenden menschlichen Obsessionen und der eher bedrückenden Bilder, welche diese Autorin freilegt, beim Lesen dennoch keine depressive Stimmung befällt, so liegt das sicher auch an ihrem Humor und ihrer leisen Ironie, die nie, auch nicht im «Eisenfisch», versiegen. Doch mehr noch sind es wohl die Figuren selbst, die einen erstaunlichen Optimismus ausstrahlen, einen Erlebnishunger, eine Sensibilität der Wahrnehmung, ja, eine Lebensfreude, in der sich die Absicht ihrer Schöpferin spiegelt. Gute Literatur, meint Kōno, entlasse den Leser nicht als denselben, der er war. Vor allem aber, so meint sie, soll Literatur die Freude am Dasein ausdrücken.

Taeko Kōno: *Knabenjagd. Erzählungen.* Ausgewählt, aus dem Japanischen übertragen und mit einem Nachwort versehen von Irmela Hijiya-Kirschnereit. Frankfurt/M.: Insel Verlag 1988. Suhrkamp 1996.

Kultur der Korruption

Maruya Saiichi: Die Journalistin. Roman

Viele seiner Romane und Essays wurden zu Bestsellern: Maruya Saiichi, Jahrgang 1925, legte mit diesem 1993 erschienenen und schon 1994 verfilmten Roman um eine erfolgreiche Journalistin eine satirisch-kritische Betrachtung zum Zustand der japanischen Gesellschaft vor, eine turbulente Geschichte voller überraschender Wendungen mit kriminalistischen und burlesken Zügen.

«Eine Frau in den (aller)besten Jahren» – so lautet die wörtliche Übersetzung des Romantitels, und dieser klingt im Japanischen nicht weniger ironisch als auf deutsch, bezieht sich der Ausdruck doch in beiden Sprachen herkömmlicherweise auf Personen männlichen Geschlechts, deren «beste Jahre» womöglich erst beginnen, wenn – wiederum nach traditionellem Verständnis – ein typischer weiblicher Lebenslauf nicht mehr viele Höhepunkte erwarten läßt. Hier aber liegen die Dinge deutlich anders, denn Minami Yumiko, die Heldin, eine Frau Mitte Vierzig mit einer erwachsenen Tochter, scheint im Blick auf Karriere, Attraktivität und Freiheit ihres Handlungsspielraums ein perfektes feminines Gegenstück jenes männlichen Musterbilds zu verkörpern. Eine Frau, sichtlich kompetenter als die männlichen Kollegen in ihrem Umfeld, die es als Journalistin zu etwas gebracht hat und der die Türen zum weiteren beruflichen Erfolg offenstehen. Zwar ist sie in ihrer Stellung innerhalb der Redaktionshierarchie immer noch eine seltene Erscheinung, doch von Diskriminierung kann an ihrem Arbeitsplatz keine Rede mehr sein. Im Gegenteil, sie ist für manche Themen im journalistischen Geschäft aus Gründen der *political correctness* geradezu unentbehrlich.

Der satirischen Absicht entsprechend, ist Yumiko ein Superweib, denn ihr gelingt es anscheinend ohne große Mühe, ihre berufliche Karriere, das Familienleben in ihrem Drei-Generationen-Frauenhaushalt und ein langjähriges, wohlorganisiertes Liebesverhältnis miteinander in Einklang zu bringen. Die Frauen in diesem Roman sind erstaunlich friedfertig und solidarisch. Anscheinend sind sie schon so selbstsicher, daß sie nicht mehr intrigieren müssen. So findet Yumiko stets den nötigen Rückhalt, um sich in ihrem Beruf zu behaupten.

Um so verblüffender ist jedoch der Schluß, denn obwohl sie sich in einer Situation durchsetzt, in der man ihr zunächst kaum Chancen eingeräumt hätte, kündigt sie nun von sich aus und will erst einmal ihren an Krebs erkrankten geschiedenen Ehemann pflegen. Man traut ihr zu, daß sie auch freiberuflich sehr erfolgreich wäre, wenn sie ihre Erfahrungen und ihr journalistisches Insider-Wissen einsetzen würde. Doch will sie das? Die Frage bleibt offen.

Schwenkt Yumiko am Schluß gar in eine typisch weibliche Pflegekarriere und Opferrolle ein? Ihr Liebhaber ist mehr als irritiert, als sie auch ihm die Pflege anbietet für den Fall, daß er von schwerer Krankheit heimgesucht würde. Der Roman psychologisiert nicht, und so bleibt es den Lesern freigestellt, ob sie Yumikos Entschluß als Rückfall in traditionelle Rollenmuster oder als Ergebnis eines persönlichen Reifungsprozesses deuten möchten.

Doch dies ist nur eine von zahlreichen paradoxen Wendungen, mit denen der Roman aufwartet. So ist es am Schluß der Mann, der ein Buch plant, obwohl die Frau über den Stoff zum Schlüsselroman und Enthüllungsbuch verfügt und dafür von der Politikwelt gefürchtet wird.

Satirische Überzeichnungen sind an der Tagesordnung: Da ist der Spitzenjournalist, der nicht schreiben kann, oder der Historiker, der die sinojapanische Dokumentensprache nicht beherrscht. Beziehungen, das berühmte Vitamin B, sind alles, und Yumiko besitzt sie über alle Maßen. Sie kennt Gott und die Welt, und wenn nicht sie selbst, dann ihre Tante …

Die Geschichte der Journalistin Minami Yumiko verschafft uns durchaus wirklichkeitsnahe Einblicke hinter die Kulissen der Politik, der Presse und der Zeitungswelt im Japan der achtziger und neunziger Jahre. Ein immer wiederkehrendes Thema sind Geschenke, Korruption und Bestechlichkeit. Doch für das, was man mittlerweile aus Korrespondentenberichten über Japan zu lesen gewohnt ist, nehmen sich die hier beschriebenen Verwicklungen noch relativ unspektakulär, dafür aber um so glaubhafter aus. Bekannt sind hierzulande auch die berühmtberüchtigten «Versprecher» japanischer Politiker. Auch hier hat die Realität die Satire längst eingeholt. Sehr japanisch mutet auch die Erblichkeit von Wahlkreisen, der Mechanismus der gegenseitigen Verpflichtungshaltung und das Funktionieren von Ehen und außerehelichen Beziehungen an.

Was für japanische Leser der Wiedererkennungseffekt bei der Lektüre dieses witzig-essayistischen Buchs, ist für Nichtjapaner die Aha-Reaktion: Hier wird auf unmittelbare Weise plastisch, was man aus Zeitungsberichten und Pressemeldungen über die Verfilzung von Politik und Wirtschaft, über arrangierte Ehen oder den Umgang mit Zweitfrauen, über die Diskussion um Japans koloniale Vergangenheit und den Zweiten Weltkrieg, den Verfassungsstreit und die Rolle des Golfspiels in der Politik schon einmal gehört haben mag. Wer näher mit der Politikerszene vertraut ist, wird darüber hinaus auch einzelne reale Figuren wie Premierminister Miyazawa Kiichi oder Ozawa Ichirō, den früheren Generalsekretär der Regierungspartei und jetzigen Königsmacher, identifizieren können.

Ungewöhnlich angesichts der bewegten Geschichte ist sicherlich, daß der Roman auch noch so etwas wie eine zentrale These verfolgt: Es geht um den mit archaischen Zügen versehenen Brauch des Schenkens, womit auch auf den Dorfgemeinschafts-Charakter des heutigen Japans verwiesen wird. Das Schenken erweist sich auch heute noch als wichtiger sozialer Mechanismus, der die Gesellschaft im Innersten zusammenhält. Die komplexe japanische Schenk-«Kultur» – vor Reisen, bei Hochzeiten, Beerdigungen und jeglichen sonstigen Ereignissen im individuellen Leben, bei Wahlen, vor allem aber regelmäßig in der Mitte und am Ende jedes Jahres – ist Ausdruck der gegenseitigen Obligation in fein abgestufter Hierarchie, ein ausgeklügeltes Regelwerk, nach dem beispielsweise Geschenke, auch in Form von Bargeld, in erster Linie an sozial Höherstehende gerichtet sind. So bedankt man sich bei regelmäßigen, jährlich wiederkehrenden wie auch bei individuellen Anlässen für Dienste und Gefälligkeiten in der Vergangenheit, oder man stimmt den Beschenkten auf erwartete künftige Zugeständnisse und Vergünstigungen ein. Geschenke ölen nicht nur die Beziehungen zu Kunden und Geschäftspartnern, sondern auch zu Lehrern und Professoren, zu Ärzten und zu Politikern, kurz, zu allen, deren Gunst und Gewogenheit einem jetzt oder in Zukunft wichtig sein könnte. Geschenke sind stets verpackt. Das gilt auch und zumal für die im Roman erwähnten Geldgaben an das Wählervolk, derentwegen die braunen Umschläge im Bürofachhandel regelmäßig knapp werden. Da man ein Geschenk, das, wie das Ritual es will, von dem Geber auch noch stets als «winzige Kleinigkeit» herabgesetzt wird, jedoch weder zurückweisen noch an Ort und Stelle öffnen oder gar zurückgeben darf, ist der Übergang zur Bestechung fließend, zumal der Druck, das Geschenk zu erwidern – sei es in Form einer erwarteten Gefälligkeit oder eines annähernd gleich teuren Gegengeschenks – beträchtlich ist.

Es mag auf den ersten Blick überraschen, wenn ausgerechnet einem japanischen Leserpublikum in diesem Roman, das doch mit dem «Imperium des Schenkens» und seinen Riten am innigsten vertraut ist, diese Tauschbräuche – Vergnügungsfahrten zu heißen Quellen gegen Wählerstimmen, Agrarpolitik als Aufkauf von billigem Reis zu Höchstpreisen usw. – eigens erläutert und als archaische Relikte im modernen Leben vorgeführt werden. Hier zeigt sich offenbar ein pädagogischer Impuls des Autors, der sich im Rahmen einer unterhaltsamen Story anschickt, soziale Mechanismen freizulegen und Komponenten eines japanischen Nationalcharakters, nicht unähnlich den beliebten «Japanertheorien», zu veranschaulichen. Im Unterschied zu jenem populären Genre feiert Maruya jedoch nicht die kulturelle Einzigartigkeit Japans, sondern er läßt seine Figuren auch die Schwächen und die negativen Seiten jener Bräuche und Mentalitäten diskutieren, ganz im Sinne eines kritisch-konstruktiven Kommentars zur Gegenwart. Ein solcher Dialog, auch wenn er nicht wie hier zuweilen ins Dozierend-Essayistische abgleitet, findet in einem japanischen Roman nur selten statt, doch auch damit setzt sich unser Autor auseinander. Schon in einer frühen Szene bringt er eine junge Frau, die «gemäß der japanischen Gesprächskultur» nur belanglose Unterhaltungen gewöhnt ist, in die Lage, einem intellektuellen Schlagabtausch beizuwohnen, und der sich anschließende Erzählerkommentar enthält mit Sicherheit auch einen augenzwinkernden Seitenblick auf den Leser, wenn es heißt: «Nie zuvor hatte sie erlebt, wie zwei gebildete Männer eine ernsthafte Meinungsverschiedenheit austrugen, und wahrscheinlich würde sie auch in Zukunft nicht allzuoft Gelegenheit dazu haben.» Immerhin aber ist auch dies, im Roman wie im realen Leben in Japan, möglich.

Ein besonderer Reiz des Romans liegt übrigens in der Vielfalt der sehr authentisch dargebotenen Kommunikationsstile: Die Journalistenkollegen, die Chefs, die theoretisierenden Intellektuellen und die bisweilen realitätsfernen Akademiker, sie verfügen ebenso über eine unverwechselbare Sprache wie die selbstbewußte, gewitzte Tochter oder die fetzigen Enkelinnen des Kalligraphie-Meisters, die spöttisch mit ihm und über ihn reden, aber brav ihre Aufgaben wie das Reiben des Tuschsteins oder das Siegelsetzen ausführen. Die schnoddrige, aber bildlich-präzise Erzählweise bewirkt, daß manche Szenen – man denke etwa an die Begegnung im Amtssitz des Premierministers – geradezu filmische Qualität entfalten.

Der zugrundeliegende Mechanismus ist den japanischen Lesern zutiefst vertraut – jenes unentrinnbare Netz an vielschichtigen gegenseitigen Verpflichtungen. Die Regeln sind, bis hin zu ihrer Feinabstimmung, bekannt und besitzen einen hohen Grad an Verbindlichkeit. Doch erst wenn Sand ins Getriebe gerät, wenn jemand sich querstellt wie Minami Yumiko, die ihre Versetzung nicht akzeptieren und deren Gründe in Erfahrung bringen will, ergibt sich Gelegenheit, die Mechanismen zu durchschauen. Regelverletzungen legen das Regelwerk offen. Besonders plastisch wird dies in der Beschreibung der Einladung zu dem Essen, bei dem man sich um Yumikos Einwilligung bemüht, doch alle Register, die gezogen werden, versagen.

Der Autor Maruya Saiichi ist bekannt für seine satirische Ader. Schon die Titel seiner erfolgreichsten Romane setzen eindeutige Signale: *Tatta hitori no hanran* – «Einer gegen alle», erschienen 1972, und *Uragoe de utae Kimigayo* – «Sing sie mit Kopfstimme, die Nationalhymne», ein Bestseller des Jahres 1982. Und in all diesen Werken verbindet er eine turbulente Geschichte voller überraschender Wendungen mit scharfsinnigen Betrachtungen sozialer Konventionen, ist Romancier und Ethnograph in einem. Munter mixt er Thesen- und Schlüsselroman, pfeffert das Ganze mit kriminalistischen und burlesken Zügen und einer Prise Melodram und serviert einen unterhaltsamen Cocktail, der für Kurzweil sorgt und Einsichten obendrein gibt.

Auch als Essayist hat sich der 1925 geborene Maruya, Anglist und Übersetzer von James Joyce, Graham Greene und Jerome K. Jerome, einen Namen gemacht. Seine Themen reichen von den Eigenheiten der japanischen Sprache bis zu den populären Mythen der japanischen Geschichte und Gegenwart.

Die Qualität eines Romans mißt Maruya an seinem Facettenreichtum. Das Stew namens Roman müsse möglichst viele Fleischsorten und Gewürze enthalten, meint der Autor. Das vorliegende, 1993 erschienene und 1994 bereits verfilmte Werk dürfte diesem Anspruch in der Tat genügen. Die einen werden es als Satire auf den Feminismus, die anderen als humoristische Variation auf das Thema «Männer und Frauen» und wieder andere als fundamentale Kritik der gesellschaftlichen Verhältnisse lesen. Doch alle dürften gut unterhalten sein.

Maruya Saiichi: *Die Journalistin. Roman.* Aus dem Japanischen übertragen von Sabine Mangold und Hayasaki Yukari. Mit einem Nachwort von Irmela Hijiya-Kirschnereit. Frankfurt/M., Leipzig: Insel Verlag 1997.

Jahrhunderterfahrungen

Japans berühmtester Kriegsroman

Ōoka Shōhei: Feuer im Grasland

Der Zweite Weltkrieg in Südostasien. Die Amerikaner haben die von Japan besetzte Philippineninsel Leyte eingenommen. Das japanische Heer ist in Auflösung begriffen, jeder kämpft nur noch ums nackte Überleben. Der kranke Gefreite Tamura wird von seiner Kompanie verstoßen und muß sich allein durchschlagen. Ōoka Shōhei (1909–1988), der in zahlreichen Werken seine Erfahrungen als Soldat verarbeitet hat, legte mit diesem Roman 1951 eines der eindrucksvollsten literarischen Dokumente zu einem japanischen Jahrhunderttrauma vor.

Der japanische Expansionskrieg in Asien, 1931 begonnen, hatte am 15. August 1945 mit der totalen Niederlage geendet. In den darauffolgenden düsteren Monaten und Jahren, gezeichnet von Hunger und Obdachlosigkeit, moralischer Desorientierung und mannigfachem Mangel, blühte das literarische Leben, ungeachtet der Papierknappheit und der Besatzungszensur, schlagartig und kraftvoll auf. Sei es, daß sich nach Jahren der zunehmenden Ausdörrung der Literatur durch Einschränkungen des Krieges und die strengen Zensurbedingungen nun eine lang aufgestaute Energie entlud, oder sei es, daß das Publikum nach neuer geistiger Nahrung und Ablenkung vom Elend des Alltags dürstete, die Nachkriegsjahre jedenfalls mit ihren zahllosen neuen Zeitschriftengründungen und Erstlingswerken bedeutender Autoren waren literarhistorisch gesehen von besonderer Ergiebigkeit. Den literarischen Stoff bildeten vielfach persönliche Erfahrungen der unmittelbaren Vergangenheit, und auch Ōoka Shōhei, der im Juni 1944 fünfunddreißigjährig ins Militär eingezogen und mit seiner Truppe auf die Philippinen gesandt worden war, wo er in amerikanische Gefangenschaft geriet, verarbeitete seine Erlebnisse schon kurz nach seiner Heimkehr im Dezember 1945. Seine «Aufzeichnungen eines Gefangenen» *(Furyoki),* die bereits 1946 hätten publiziert werden sollen, konnten schließlich 1948 erscheinen und trugen dem Autor für diesen ersten Roman breite literarische Anerkennung ein. In demselben Jahr begann er auch mit der – in Japan allgemein üblichen – Veröffentlichung des Romans *Feuer im Grasland (Nobi)* in einer Zeitschrift, und als dieser 1952 in Buchform vorlag, hatte sich Ōoka bereits als bedeutender Autor der Nachkriegszeit etablieren können. Der autobiographische Roman wurde preisgekrönt und in mehr als zehn Sprachen übersetzt. Im Jahre 1959 wurde er durch Ichikawa Kon verfilmt. Die japanische Literaturkritik pries das Werk als ersten wahrhaft zeitgenössischen Roman (Yoshida Kenichi), und er gilt bis auf den heutigen Tag als die wohl künstlerisch gelungenste Auseinandersetzung mit dem Krieg in der japanischen Literatur.

Der kranke und von seiner Kompanie verstoßene Soldat Tamura befindet sich von Anfang an in einer offenbar aussichtslosen Lage. Er sieht den Tod bereits unmittelbar vor sich, doch verleiht ihm dies zugleich ein bisher ungekanntes Gefühl von Freiheit. Und so, wie die Krankheit nicht mehr zählt, «wenn man die Hoffnung aufgegeben hat, gesund zu werden», und mit der Ziellosigkeit die Entdeckerfreude steigt, so gewinnt sein elendes, hoffnungsloses Dasein zunächst eine fast heitere Unbeschwertheit, gesteigert durch das Erleben der Landschaft, die ihn bisweilen an die Heimat erinnert. Doch selbst in seiner ekstatischen Freude an der überbordenden Fülle der tropischen Natur ist er noch wach genug, um wahrzunehmen, daß seine «frohen Empfindungen» ein sicheres Anzeichen für die Nähe des Todes sind. Dies nämlich ist es, was den Helden in besonderem Maße auszeichnet – seine kühle Bewußtheit und die Objektivität seiner Beobachtung in jeder Lage. So versagt er sich auch jede Zuflucht in eine Ästhetisierung. Die eindrucksvollen Naturschilderungen, die grandiosen Landschaftskulissen, die in wechselnden Bildern die Leidensstationen des Verhungernden markieren, sie gereichen nicht mehr, wie in der traditionellen japanischen Ästhetik, zur Rettung. Der Held wahrt seinen doppelten Blick. Nachdem er sich zu einer verlassenen Behausung durchgeschlagen hat, entdeckt er auf einem Baum schwarze Hühner: «Für einen Augenblick hatte ich die Vision von Vögeln aus dem Paradies ... Es sah aus, als seien sie aus einer anderen Welt.» Doch länger als einen Augenblick lang läßt er diese Vision nicht zu: «Mein nächster Gedanke war gleichwohl, mir eines dieser Tiere zu fangen.» Sogleich meldet sich also sein Realitätssinn, und sein Überlebenswille wächst, je widriger die Umstände sich gestalten.

Die halluzinatorischen Bilder von großer Farbigkeit und visionärer Kraft, die Hungerphantasien und Fieberträume verbinden sich vielfach mit religiöser Symbolik. Die buddhistischen, sehr viel häufiger aber die christlichen Motive verweisen auf die metaphysische Dimension der Wanderung. Die Frage nach Gott begleitet Tamura in allen Phasen seines Leidenswegs, und sie stellt sich angesichts des Grauens wie der eigenen Schuld und Todesverhaftung. Wo sich der Soldat von Feinden umzingelt sieht – von Filipinos und Amerikanern, von unberechenbar skrupellosen Landsleuten wie von der Natur, die ihn, so nimmt er es in seinem Fieberwahn wahr, zu beobachten scheint –, begegnet er auch dem Glauben. Das Kirchenkreuz, das ihm über den Dschungelwipfeln entgegenblinkt und das ihn magisch anzieht, identifiziert er mit dem Gott des Feindes. Doch es ist auch der Gott, der ihm in seiner Jugend nahegebracht worden war und den er nun in der armseligen Filipino-Kirche wieder aufsucht. Doch diese Begegnung mit dem Bild des Gekreuzigten nach der grausigen Entdeckung der japanischen Leichen erinnert nicht zufällig auch an ein Dantesches Inferno. In dieser Szene meint Tamura rückblickend auch den Beginn seines Wahnsinns zu erkennen. Bibelzitate und christliche Motive, erkennbar noch im Trinken von Blut und der makabren Geste des sterbenden Kameraden, der sein Fleisch dem Überlebenden darbietet, prägen den Charakter des Werks.

Der Soldat Tamura tötet aus einem spontanen, fast mechanischen Reflex die philippinische Frau. Später, als er auf den eigenen Kameraden schießt, empfindet er sich als Werkzeug Gottes, als Racheengel. Seine Selbstachtung, den letzten Funken Menschlichkeit, den er sich in diesem monströsen Inferno zu bewahren bemüht, knüpft er an die Entscheidung, nicht willentlich vom Fleisch eines Menschen zu essen. Das Töten, so räsonniert er, gehört zur Mechanik des Krieges, das Gewehr mit dem «kaiserlichen Chrysanthemenwappen» ist schuld. Die Verweigerung des aktiven Kannibalismus ist die letzte ihm verbliebene Freiheit, die ihn folglich auch sein Leben gekostet hätte, hätten nicht andere für ihn gehandelt und wäre er nicht durch seine Ohnmacht, den Schlag auf den Hinterkopf, der «so bestimmt gewesen» war, davor bewahrt worden, endgültig ins Nichts zu fallen. Für das geteilte Ich des Soldaten, der sich bis zuletzt einen Abstand zu sich selbst, eine innere moralische Instanz wahrt, hat der Autor ein treffendes Bild in den unterschiedlichen Händen gefunden, deren zarte linke die rechte kontrolliert.

Tamura ist ein Intellektueller, den nichts mit seinen Kameraden mehr verbindet. Die derben Gespräche, in denen die festgefügte Gesellschaftsordnung in der Heimat nur noch als Schemen aufscheint und neue Bindungen karikaturhaft davon künden, daß hier der Mensch des Menschen Wolf geworden ist, betonen nur seine Verlassenheit. Am glücklichsten ist er, wenn er sich allein inmitten der anthropomorphisierten Natur bewegt. Die Ironie, mit der Tamura gleich zu Beginn seine Situation charakterisiert, ist mehr als die bloße Verachtung eines «blödsinnigen Krieges» – «Mit diesen sechs Kartoffeln erschöpfte sich die Fürsorge meines Vaterlandes für mich …». Auch daß er sich in Friedenszeiten als Patient einer Nervenheilanstalt wiederfindet, kennzeichnet ihn laut Maruya Saiichi als einen japanischen Intellektuellen. Das Werk sei folglich auch als Gesellschaftsroman zu lesen.

Im 37. von insgesamt 39 Kapiteln erfahren wir als Leser erstmals, daß der Held seine Kriegserlebnisse aus dem Abstand von sechs Jahren in einer Nervenheilanstalt auf Aufforderung seines Arztes zu Papier bringt. Doch die therapeutische Maßnahme, die private Erinnerungsarbeit, wird durch den Arzt selbst als öffentliche Form bestätigt, indem er dem Patienten lobend bescheinigt, seine Memoiren läsen sich «wie ein Roman». Die ironische Pointe der neuen Perspektivierung liegt in der Umkehrung: Nun erscheint Tamura die japanische Landschaft als Abbild der Philippinen, die Krankenwärter verhalten sich bösartig wie ehemals die Sanitäter im Krieg, und die Gesellschaft jenseits der Anstaltsmauern ist schon wieder damit beschäftigt, den Krieg zu propagieren. (Wir schreiben, wohlgemerkt, das Jahr 1951; der Koreakrieg ist in vollem Gange.) Die «Schriften eines Toten» schließlich sind der Versuch des Individuums, die Amnesie endgültig zu überwinden und sich über der Vereinigung mit den Toten den metaphysischen Fragen zu stellen, ausgelöst durch das Fanal der «Feuer im Grasland», die sich nun bis in die Musashino-Ebene erstrecken.

Dem Autor Ōoka ist oft eine besondere Nähe zur europäischen Literatur, im Falle des vorliegenden Romans etwa zu Dostojewski, nachgesagt worden. Sie ergibt sich schon aus seinem Bildungshintergrund, denn er studierte französische Literatur an der Universität Kyōto und befaßte sich u. a. intensiv mit Stendhal, von dem er bereits 1936–37 mit einem Kollegen eine siebenbändige Werkausgabe herausbrachte. Außerdem übersetzte er während des Krieges französische Studien über diesen Autor, und 1948 erschien seine Übersetzung des ersten Bandes der *Kartause von Parma*. Im Jahre 1953 verbrachte er auf Einladung der Rockefellerstiftung einen Forschungsaufenthalt an der Yale-Universität, und zeitweilig lehrte er französische Literatur an der Meiji-Universität in Tōkyō.

Ōoka Shōhei, dessen schriftstellerisches Schaffen ein breites thematisches Spektrum in vielen Gattungen abdeckt, hat sich auch später noch literarisch und essayistisch mit dem Krieg befaßt. So erschienen 1971 seine «Aufzeichnungen zum Krieg auf Leyte» *(Reite senki)*, eine Rekonstruktion der Ereignisse auf der Basis zahlloser Tagebücher und Soldatenbriefe, Militärberichte und historischer Analysen. Als ihm 1971 die seltene Ehre einer Aufnahme in die japanische Akademie der Künste zuteil werden sollte, lehnte er diese Auszeichnung, die u. a. mit einer lebenslangen Monatsrente auf Staatskosten verbunden ist, ab, ein spektakulärer Akt, der in der japanischen Öffentlichkeit großes Aufsehen erregte und vielfach auf Unverständnis stieß. Er begründete dies damals in der Zeitung *Tōkyō shinbun* vom 28. November 1971 so: «Ich war früher Kriegsgefangener, deswegen verspüre ich keinerlei Neigung, eine nationale Ehrung entgegenzunehmen. Ich war in Gefangenschaft. Das ist ein Schandfleck auf meinem Lebenslauf, denn damals hieß es ja staatlicherseits: Kämpft! Laßt euch unter keinen Umständen gefangennehmen! Wie peinlich wäre es da, wenn ich nun Akademiemitglied würde, Geld vom Staat erhielte und vor den Kaiser treten müßte!»

Aus der bitteren Ironie dieser Worte sprechen die intellektuelle Redlichkeit und die menschliche Integrität dieses Autors, der bis zu seinem Tode im Jahre 1988 zu Recht zu den bedeutendsten Köpfen des geistigen Lebens im Japan der Nachkriegsära zählte.

Ōoka Shōhei: *Feuer im Grasland. Roman.* Aus dem Japanischen von G. S. Dombrady und Oscar Benl. Mit einem Nachwort von Irmela Hijiya-Kirschnereit. Frankfurt/M., Leipzig: Insel Verlag 1994.

Traurigkeit und Groteske

Nosaka Akiyuki: Das Grab der Leuchtkäfer. Zwei Erzählungen

Der verzweifelte Kampf ums Überleben eines vierzehnjährigen Jungen und seiner vierjährigen Schwester am Ende des Krieges ist Thema der berühmten, 1967 erschienenen und zum Zeichentrickfilm und Comic verarbeiteten Erzählung «Das Grab der Leuchtkäfer», eine zutiefst anrührende Geschichte von Verlassenheit und Trost im Grauen der Luftangriffe, wo die Kinder die Lichter der Kamikaze-Flieger als Glühwürmchen deuten. Mit seiner satirischen Erzählung «Algen aus Amerika» schlägt der Autor Nosaka, Jahrgang 1930, einen ganz und gar anderen Ton an. Ein amerikanisches Rentnerehepaar besucht Anfang der 60er Jahre Tōkyō und läßt sich von dem Japaner Toshio das neue Japan vorführen. In Szenen voller sarkastischer Komik, mit Gefühlen von Beklemmung und Ohnmacht, erinnert dieser sich gleichzeitig an die Schwarzmarktzeit.

Als in den frühen Morgenstunden des 1. Januar 1989, eine Woche vor dem Tod des Kaisers Hirohito, ein japanischer Fernsehsender eine Diskussion mit prominenten Gästen über die Zukunft der Nation ausstrahlte, war unter den Teilnehmern auch der Autor Nosaka Akiyuki. In dem Gespräch, das sich etwa sechs Stunden lang hinzog, ging es auch um die japanische Monarchie und die Verantwortung des Kaisers für den letzten Krieg, eine Frage, die heftig, überaus kontrovers und lautstark diskutiert wurde. Da meldete sich in eine kurze Gesprächspause hinein Nosaka mit der schlichten Feststellung: «Sie wissen ja, meine Schwester ist damals verhungert», und einen Augenblick lang herrschte in der Runde betroffenes Schweigen. Gegen das Gewicht dieser Aussage, mit der Nosaka seine Position indirekt, aber eindeutig zu erkennen gab, ließ sich so schnell kein Argument finden.

Die Begebenheit zeugt von der großen Bekanntheit seiner Erzählung «Das Grab der Leuchtkäfer», von der japanische Leser wissen, daß sie auf Erlebnissen des Autors basiert. Der damals Vierzehnjährige hatte beim Luftangriff auf Kōbe am 5. Juni 1945 seine Adoptivmutter verloren und mußte sich als Kriegswaise allein mit seiner eineinviertel Jahre alten Schwester durchschlagen, die bald an Unterernährung starb. Und so wird diese Erzählung oft als Requiem des Autors für seine tote Schwester gelesen, und mancher Interpret führt Nosakas literarische Motivation auf das Schuldbewußtsein des Überlebenden, sein schlechtes Gewissen gegenüber den im Krieg verstorbenen nächsten Angehörigen zurück, eine Deutung, die sich auf des Autors eigene Aussagen stützen kann.

Doch die Wirkung dieses Werks läßt sich gewiß nicht auf autobiographische Authentizität allein zurückführen. Der Erzählgestus ist sachlich, aber gleichzeitig geprägt von zahlreichen, aus der Perspektive der kindlichen Hauptfigur unmittelbar wahrgenommenen Details. Hinzu kommt der eigentümlich lyrische Charakter gerade solcher Szenen, die von größter existentieller Not und tiefer Verlassenheit und Trauer geprägt sind. Nicht unwesentlich trägt zu dieser Wirkung das immer wiederkehrende Bild der Glühwürmchen bei, ein literarisches Inventar, das in der japanischen Kulturgeschichte eine ehrwürdige Tradition hat – man denke nur an das berühmte Glühwürmchenkapitel in Japans großem Klassiker, der *Geschichte vom Prinzen Genji,* verfaßt von der Hofdame Murasaki Shikibu im frühen 11. Jahrhundert. Die Schreibung des Titels weist übrigens eine Besonderheit auf: Für «Glühwürmchen» wird hier nicht das übliche, im Text durchweg gebrauchte Schriftzeichen verwendet, sondern eine Zeichenverbindung in der Bedeutung «vom Himmel fallendes Feuer» – im Deutschen mit «Leuchtkäfer» wiedergegeben –, die auch auf die nächtlichen Luftangriffe unmittelbar verweist. In dieser Zeichenverbindung sind beide Erlebnispole der Geschichte – das Grauen und der Trost der sanften Gelassenheit – aufgehoben.

Auch für japanische Leser ist die sprachliche Gestaltung des Textes auffällig, jene zuweilen über mehrere Seiten reichenden Satzgebilde, der fließende, atemlose Stil, der die Dynamik des dargestellten Geschehens nachbildet. Dabei sind diese Sätze von äußerster Ökonomie, da Nosaka die grammatischen Möglichkeiten des Japanischen, das gern auf Satzteile wie Subjekt oder auch Verb verzichtet, voll ausschöpft. Japanische Leser mag sein Stil an den großen «Realisten» der frühen Edo-Zeit (1603–1867), den Erzähler Ibara Saikaku (1642–1693) erinnern, dessen Genredichtung ebenfalls von einem eigentümlich hastenden Erzählduktus geprägt ist, wie er sich aus der wort- und anspielungsreichen Dichte des Textes mit seltenen Satzpausen und dem Ineinandergleiten von Kommentar und Personenrede ergibt. Wie Saikaku bedient sich auch Nosaka unterschiedlicher Sprachstile und -ebenen, und so wie dessen Literatur untrennbar mit der städtischen Kultur des westjapanischen Wirtschaftszentrums um Ōsaka verbunden ist, so atmen auch Nosakas Werke Lokalität, Mentalität und Dialekt des heute Kansai genannten Gebietes. Dies wird in der auf scharfen Kontrasten aufbauenden zweiten Erzählung sogar noch deutlicher.

In «Algen aus Amerika» ist der Erzählton weniger ernst als in «Das Grab der Leuchtkäfer»; der Ōsaka-Dialekt, in dem Toshios Gedanken und Empfindungen wiedergegeben werden, hat einen legeren und manchmal schnodderigen Klang, der eine humorvolle, satirische Erzählhaltung begründet. Das Ineinandergleiten von Vergangenheit und Gegenwart, die so planvolle wie plakative Gegenüberstellung von Charakteren und Episoden verdeutlichen die grotesken Konsequenzen der erzwungenen «zweiten Landesöffnung», wie die Zeit der amerikanischen Besatzung von vielen Japanern gesehen wird, die sie mit der ersten Öffnung des Landes in der zweiten Hälfte des 19. Jahrhunderts vergleichen. Doch diesmal, so lautet die Meinung, sei diese Öffnung auf Grund des direkten Drucks von außen ungleich radikaler gewesen.

Wie rasch die Umorientierung Japans nach dem Krieg vonstatten ging, wird klar, wenn man bedenkt, daß bereits am 15. September 1945, also noch vor der in der Erzählung beschriebenen Ankunft der Besatzer, ein *Handbuch der japanisch-amerikanischen Konversation* erschienen war, das sich zu einem beispiellosen Bestseller entwickeln sollte. Mit 3,6 Millionen verkauften Exemplaren hielt es bis zum Jahr 1981 den absoluten Bestsellerrekord in der von der Zeitung *Mainichi shinbun* seit 1946 regelmäßig veröffentlichten Liste der populärsten Bücher. Dies also ist der reale Hintergrund für «Algen aus Amerika», die Geschichte der gemischten Gefühle, in der sich viele japanische Leser wiedererkennen, als sei ihnen ein Spiegel vorgehalten worden – ein Spiegel jener Haßliebe zur westlichen Kultur und Zivilisation und jener «Ami-Allergie», die das Verhältnis Japans zur Außenwelt bis heute bestimmt.

Nosaka Akiyuki, der 1967 für «Algen aus Amerika» und «Das Grab der Leuchtkäfer» mit dem Naoki-Preis ausgezeichnet wurde, steht nach wie vor im Ruf eines *enfant terrible* des literarischen Establishments. Zu seinen vielfältigen Aktivitäten, mit denen er schon in den sechziger Jahren die Öffentlichkeit schockierte oder amüsierte, gehören Auftritte als Chansonnier in Nachtclubs mit selbstverfaßten Texten, die Herausgabe einer humoristisch-schlüpfrigen Zeitschrift, die mit dem Abdruck einer kurzen erotischen Erzählung des modernen Klassikers Nagai Kafū in die Schlagzeilen geriet – was einen aufsehenerregenden Pornographieprozeß über mehrere Instanzen hin zur Folge hatte –, Nosakas erfolglose Unterhauskandidatur im Wahlbezirk des in den Lockheed-Skandal verwickelten Ex-Premierministers Tanaka Kakuei, für die der Autor seinen Sitz im Oberhaus abgegeben hatte, und sein Engagement in Fragen der Umwelt und der Bürgerrechte. Er wolle gut unterhalten, mehr nicht, behauptet Nosaka und veröffentlicht weiterhin vorwiegend erotisch-satirische Texte, die zunächst in Zeitschriften erscheinen, über die seriöse Literaten und Kritiker die Nase rümpfen. So kommt es, daß er trotz großer Popularität und allseits zugestandener stilistischer Brillanz von der Kritik gern mit Formeln bedacht wird wie jener vom Autor, der aufbrach, Pornographie zu verfassen und dabei mit der Wahrheit hoher Literatur in Berührung kam (Ōkubo Tsuneo).

Nosaka steht eher in der Tradition der pittoresken Erzählprosa, als deren edozeitlicher Repräsentant Saikaku gelten kann und in die sich auch Tanizaki Jun'ichirō einordnen läßt, als in der vom japanischen Naturalismus ausgehenden Schule der Innerlichkeit und autobiographischen Authentizität. Doch hinter der bis ins Blasphemische reichenden Satire und der Freude am Schock verbirgt sich stets genaue Wahrnehmung und unausgesprochener Ernst, und es ist diese Mischung, welche die besondere Qualität von Nosakas Werk ausmacht. Mishima Yukio schätzte ihn sehr, bezeichnete den Jüngeren anläßlich des Erscheinens seines ersten Romans 1963 als literarische Entdeckung und wies auf die ungewöhnlich kraftvolle Sprache seiner Prosa hin. Wer hätte gedacht, so Mishima, daß jemand, der sich als oberflächlicher Playboy aufspielt, so meisterhaft erzählt?

Akiyuki Nosaka: *Das Grab der Leuchtkäfer. Zwei Erzählungen.* Aus dem Japanischen und mit einer Nachbemerkung von Irmela Hijiya-Kirschnereit. Reinbek: Rowohlt 1990, 1992.

Schlüsselszenen

Saegusa Kazuko: Der Sommer an jenem Tag. Roman

> Die Kapitulation als Zeitenwende im Bewußtsein des modernen Japan wird bei Saegusa Kazuko (1929–2003) in ihrem Roman aus der Sicht einer sechzehnjährigen Schülerin geschildert. Die Erlebnisse des Mädchens Takako in den zehn Tagen, nachdem der Kaiser am 15. August 1945 im Rundfunk die Niederlage verkündet hat, führen den Zusammenbruch einer Ordnung vor, die die Ich-Erzählerin nun erst relativieren lernt. Japanische Leser haben dieses 1987 erschienene Werk als ungewöhnlich authentische Nachzeichnung des Lebensgefühls der Kriegsgeneration empfunden.

Der Sommer 1945 in Japan. Wollte man eine einzelne Schlüsselszene zur modernen japanischen Geschichte benennen, so könnte es nur diese sein: die traumatische Erfahrung des 15. August 1945, als der Kaiser über Rundfunk die Kapitulation verkündete, in nahezu unverständlichen, aber von allen instinktiv begriffenen Worten. Es ist der Höhepunkt von «Japans längstem Tag», wie der Titel einer von Historikern zusammengestellten Dokumentation lautet, und markiert eine Zeitenwende im Bewußtsein des modernen Japan. Gesenkten Hauptes, innerlich fassungslos ob der kaum zu ermessenden Tragweite der vernommenen Nachricht, nimmt die Nation den Befehl des Kaisers entgegen, «das Unerträgliche zu ertragen» und zu «erdulden, was man nicht erdulden kann». Aus unzähligen Bilddokumenten, zeitgenössischen Aufzeichnungen sowie aus literarischen und filmischen Darstellungen ist diese Szenerie zu einem festen Bild geronnen, das jedem Japaner heute, selbst den damals noch nicht geborenen, scharf umrissen vor dem inneren Auge steht, weit konkreter wohl als jede andere Episode des vorangegangenen Krieges.

Mit diesem historischen Moment, der auch in Japan vielfach als Stunde Null begriffen wird, setzt der Roman ein, der die folgenden zehn Tage aus der Sicht eines sechzehnjährigen Mädchens schildert. Was bewirkt diese Perspektive? Das Mädchen Takako, Schülerin in einem Internat in Westjapan am Rande einer namenlosen Provinzstadt, seit Monaten in der Kriegsproduktion eingesetzt, weiß nur wenig von der Welt. Fast so alt wie der fünfzehnjährige Krieg, den ihr Land in Asien und seit Dezember 1941 auch gegen die Vereinigten Staaten von Amerika führt, kennt sie gar keinen anderen Zustand als diesen, in dem sie groß geworden ist. Die Botschaft von der besonderen Sendung des eigenen Volkes, in einem Heiligen Krieg die Völker Asiens zu einer großostasiatischen Wohlstandssphäre unter der Herrschaft des Tennō zu vereinen, hat sie schon mit der Muttermilch aufgenommen. Zweifel hat es für sie in ihrer immer enger und karger werdenden Welt kaum gegeben. Und nun das Fanal – die leibhaftige Stimme des Tennō, dessen Ankündigung einer Ära des «großen Friedens für alle kommenden Generationen» die ihre am tiefsten trifft.

Wie verändert diese Ankündigung ihren Alltag, und wie stellen sich die Mädchen in der immer noch geschlossenen Welt ihrer Schule auf die radikale Verunsicherung und die beginnende Umwertung all dessen, das ihren Glauben und ihr Vertrauen beansprucht hatte, ein? Noch nicht erwachsen, unfähig, die nur bruchstückhaft, aus Zeitungsberichten oder aus zugeflüsterten Gerüchten an ihr Ohr dringenden Ereignisse zu deuten, aber mit einer in ihrem Alter vielleicht besonders ausgeprägten Sensibilität gegenüber Verlogenheit und Heuchelei und wacher Aufmerksamkeit registrieren Takako und ihre Mitschülerinnen in zunächst recht unscheinbaren Veränderungen ihres weitgehend automatisierten Tagesablaufs den Wandel. Die Unsicherheit der Behörden und ehemaligen Autoritätspersonen, die innere Lähmung der Bevölkerung und der dann ausbrechende, um so heftigere Kampf ums Überleben, Denunziantentum und moralische Verwirrung – dies alles mag dem deutschen Leser, der die eigene Geschichte Revue passieren läßt, vertraut erscheinen. Wie es in Japan damals aussah und wie sich die Niederlage im Bewußtsein der Menschen abzeichnete, darüber gibt dieser Roman hautnah Auskunft. Gerade die naive Unmittelbarkeit der geschilderten Erfahrung, das Unprätentiös-Schlichte der Darstellung verleiht ihr in japanischen Augen eine Glaubwürdigkeit und Authentizität, die das Werk vor anderen auszeichnet, die sich mit demselben Stoff befassen. Immerhin bedurfte es eines Abstands von mehr als vier Jahrzehnten, um die Ereignisse in dieser romanhaften Form – das Buch erschien 1987, nachdem das Werk zuvor in der Zeitschrift *Gunzō* in mehreren Folgen abgedruckt worden war – wiedererstehen zu lassen. Zu Recht weist die Autorin selbst darauf hin, daß bereits unmittelbar nach dem Krieg zahllose Werke Soldatenschicksale oder die Geschichte von Überlebenden im moralischen Chaos der Nachkriegszeit zum Gegenstand nahmen, doch stand diese literarische Produktion noch ganz im Zeichen der psychischen Verarbeitung der Ereignisse, in denen man sich ausnahmslos als Opfer erfuhr. Saegusa wählt die weibliche Perspektive einer nicht unmittelbar in das Kriegsgeschehen schuldhaft verstrickten, aber gleichwohl beteiligten Figur. Sie bemüht nicht die «Gnade der weiblichen Geburt», aber sie macht durch das unzureichende Verstehen ihrer Figur hindurch deutlich, was es hieß, als junge Frau im Japan des Jahres 1945 Opfer und Täter zugleich zu sein. Ihr Werk steht in einer Reihe jüngster literarischer Publikationen der späten achtziger Jahre, in denen ein neuer Anlauf zur Auseinandersetzung mit der tabuisierten eigenen Geschichte versucht wird.

Daß das Geschehen über weite Strecken nur mittelbar, durch den Filter von offiziellen Nachrichten oder aufgelesenen Gerüchten ins Blickfeld gerät, auch dies gehört zu der von der Autorin bewußt gewählten Perspektive. Durch die Augen der in ihrer Situation zur Passivität und Rezeptivität verurteilten Mädchen gesehen, erscheinen die Ereignisse jedoch wie in einem Brennglas. Der Atombombenabwurf auf Hiroshima, der Selbstmord eines Ministers, diese Ereignisse werden uns in der offiziellen Sprache jener Zeit und in den tastenden, noch immer vom Wortschatz der Militärpropaganda geprägten Deutungsversuchen der Schülerinnen vorgeführt.

Vielleicht überrascht es den Leser, daß das nach Erfahrungen dürstende, lernbegierige Mädchen Takako sich in dieser Phase der fundamentalen Verunsicherung, eines künstlich aufrechterhaltenen Schwebezustands ausgerechnet der klassischen japanischen Literatur zuwendet. Gewiß ist dies auch eine Flucht aus der Orientierungslosigkeit, und realistisch gesehen, war die Beschäftigung mit kulturellem Erbe aus ferner Zeit eine der wenigen unverfänglichen Entlastungshandlungen, die angesichts der strengen politischen Zensur gestattet waren. Bezeichnenderweise greift sie zur *Geschichte vom Prinzen Genji,* jenem monumentalen Liebesroman der Hofdame Murasaki aus dem frühen elften Jahrhundert, der die literarische Tradition und Ästhetik Japans wie kein anderes Werk geprägt hat. Lebensfülle und Glanz durften in einer Zeit spartanischer Einschränkung und ständiger Beschwörung der Opferbereitschaft allenfalls aus großer historischer Ferne die Phantasie beflügeln. Selbst die moderne Version dieses Klassikers aus der Feder des berühmten Autors Tanizaki Jun'ichirō, der auch eine moderne Übersetzung angefertigt hatte, war ja in jener Zeit als moralschädigend verboten worden, und noch waren die alten Direktiven nicht aufgehoben. Das Mädchen, das sich in der nach wie vor geltenden Isolation des Internats der Lektüre hingibt, gleicht den Hofdamen aus dem Werk, das sie liest, die sich durch Geschichtenerzählen das Leben in ihre enge, streng regulierte Welt hereinholen.

Ob sich die Autorin dies bewußt machte oder nicht – sie bildet darin auch einen typischen Gestus japanischer Intellektueller ab. Im Jahre 1947 etwa schrieb Kawabata Yasunari, der spätere Nobelpreisträger, wie folgt über jene Zeit:

> «Während des Krieges, im Zug von und nach Tōkyō und während der Verdunkelungsphasen auf dem Bett liegend, las ich *Die Geschichte vom Prinzen Genji* ...
> Ich war beim dreiundzwanzigsten Kapitel, etwa in der Mitte dieses langen Werks, als Japan kapitulierte. Es waren denkwürdige Umstände, doch hat mich die Lektüre tief berührt. Manchmal war ich selbst erstaunt darüber, wie sehr mich die *Geschichte* bei den Zugfahrten fesselte. Merkwürdig war zum einen der Gegensatz zwischen mir und dem Zug, vollgepackt mit den Habseligkeiten von Flüchtenden oder Ausgebombten, wie er sich in ständiger Gefahr erneuter Bombardements durch die verkohlten Trümmerfelder quälte; aber mehr noch war ich erstaunt über die Harmonie zwischen mir und einem tausend Jahre alten Werk.»

Auf einer anderen Ebene gleichsam literarisch vermittelt erscheinen auch andere exemplarische Situationen, und es mag sogar sein, daß uns dies aus dem Abstand einer fremden Kultur eher bewußt wird. Die zu Beginn des Werks eindringlich geschilderte Schlüsselszene scheint sich mit allen wichtigen Ingredienzen etwa in einer Tagebuchaufzeichnung des Autors Takami Jun (1907–1965) zu spiegeln:

> «Die Uhr ging auf zwölf zu. Ich ging zum Radio ...
> Zwölf Uhr, das Zeitzeichen. Die Nationalhymne ertönt.
> Verkündigung der kaiserlichen Botschaft.
> So ist nun also der Krieg zu Ende.
> Wieder die Nationalhymne. Dann Kabinettsankündigungen. Erläuterungen zum augenblicklichen Zustand. – Wir haben also doch verloren. Im Kampf unterlegen. Die Sonne brennt hernieder.
> Die Augen schmerzen vor Helligkeit.
> Unter der glutheißen Sonne vom verlorenen Krieg erfahren.
> Die Zikaden schreien. Kein Laut sonst. Stille.»

Ähnlich dem Kriegsende in Deutschland, wo der 8. Mai ein heißer Frühsommertag war, so ist auch der 15. August 1945 in Japan unauslöschlich mit der Erinnerung an einen heißen Sommer verwoben, ja er nimmt in der historischen Erinnerung der Nation fast die Position eines Kollektivsymbols ein. Das legen schon die Titel zahlreicher Werke wie auch dieses Romans nahe, in denen sich das Stichwort «Sommer» findet. Sei es das wohl berühmteste Werk der sogenannten Atombombenliteratur, die 1945 entstandene Erzählung «Sommerblumen» von Hara Tamiki oder Shimao Toshios autobiographische Erzählung «In jenem Sommer um diese Zeit», sei es Kōno Taekos Sammlung von Erzählungen zum Krieg und Kriegsende unter dem Titel *Der ferne Sommer* oder Kaga Otohikos zweiteiliger Roman *Der Sommer ohne Wiederkehr* (der Titel der deutschen Übersetzung lautet allerdings *Die Hand des Riesen*) oder sei es eine Dokumentation mit Schülertagebüchern aus dem Krieg mit dem Titel *Der kalte Sommer* – sie alle evozieren jene Tage, die von Verzweiflung wie Hoffnung, Befreiungsgefühl und Bangen zugleich durchzogen sind.

Beim Erscheinen dieses Romans rühmte die japanische Kritik die Authentizität und Detailgenauigkeit der Darstellung. Manch ein Kritiker bekannte, sich als Angehöriger der gleichen Generation ganz und gar in der Schilderung wiedergefunden zu haben, und gestand seine Faszination, mit der er Zeile für Zeile seine eigene Geschichte nacherlebte, ein Prozeß, in dem auch lange Vergessenes wieder an die Oberfläche trat. Doch Saegusas Absicht lag keinesfalls nur im Dokumentarischen, obgleich schon dies zu den wichtigen und nur selten mit dieser Überzeugungskraft dargebotenen Leistungen des Romans zählt, wie der Kritiker Okuno Takeo vermerkt. Daß Ausschnitte daraus in die neueste Version japanischer Oberschullesebücher aufgenommen wurden, bezeugt gleichfalls die besondere Wertschätzung, die das Werk genießt.

Es geht um mehr als um die Verarbeitung einer persönlichen Erfahrung, auch wenn jedem japanischen Leser aufgefallen sein muß, daß die Hauptfigur zum geschilderten Zeitpunkt das gleiche Lebensalter aufweist wie die Autorin. Diese hatte sich bereits in ihrem allerersten publizierten Roman von 1972 – «Blutiger August» – mit der Kriegsthematik auseinandergesetzt. Doch wie sie selbst in ihrem Nachwort bekennt, wandte sie sich, übrigens seit jeher philosophisch interessiert, zunächst anderen literarischen Themen, daneben aber auch diesem Stoff in Gestalt griechischer Tragödien zu, um einen neuen Zugang zu finden. Daß ihre Sicht sehr wohl aufklärerisch und kritisch getönt ist, mag angesichts der verhaltenen, schlichten Schilderung beim Lesen vielleicht bisweilen in Vergessenheit geraten. Aber der Blickwinkel der sechzehnjährigen Takako ist nicht identisch mit dem der achtundfünfzigjährigen Autorin. Nicht von ungefähr zitiert sie als unmittelbaren Anlaß für die Konzeption ihres Romans ja auch eine Szene aus einem Bericht einer vermutlich an Malaria leidenden Krankenschwester auf den Philippinen, die die Verrohung der japanischen Soldaten und die Scheinheiligkeit nationaler Ideale schmerzlich am eigenen Leib zu spüren bekommt.

Der zeitliche wie der geistige Abstand zum historischen Geschehen ermöglicht die literarische Gestaltung, die Unmittelbarkeit und Wahrhaftigkeit, von der ein anderer Kritiker, Sugano Akimasa, spricht. Nicht nur wird hier in exemplarischer Weise ein entscheidender Augenblick im Leben eines ganzen Volkes rekonstruiert, es wird die Kluft zwischen Glauben und geheimen, dem Ich verborgen gebliebenen Wünschen beleuchtet, und dies, so möchte man meinen, entspricht einem genuin literarischen Interesse.

Saegusa Kazuko: *Der Sommer an jenem Tag. Roman.* Eingeleitet und aus dem Japanischen von Irmela Hijiya-Kirschnereit. Frankfurt/M.: Insel Verlag 1990.

Heillose Gegenwart

Ishimure Michiko:
Paradies im Meer der Qualen – Unsere Minamata-Krankheit

Ein Paradies mit kleinen, an ruhigen Buchten gelegenen Fischerdörfern, in denen Kamelien und Oleander blühen, die glitzernde See ein Schlaraffenland voller Brassen, Meeräschen und Muscheln, verwandelt sich in eine brodelnde Hölle. Die See wird zur todbringenden Zerstörerin. Diejenigen, die sie nicht mordet, macht ihr Fluch zu von Krämpfen geschüttelten, blinden und tauben Schatten. Ishimure Michiko, Jahrgang 1927, legte 1969 ihre literarische Reportage über die Quecksilbervergiftung ihrer Heimat vor, ein mutiges Projekt, das Japan aufrüttelte. Lyrische Passagen, balladenartige Einschübe, romanhaft-biographische Schilderungen wechseln sich mit authentischen Sitzungsprotokollen und medizinischen Berichten ab und ergeben ein modernes Epos von Leiden, Kampf, Niederlagen und Siegen der Bauern- und Fischerkultur gegen ihre Feinde.

Welch ein Stoff! Wie kann man eine Umweltkatastrophe, noch dazu von solch tragischem Ausmaß, in Literatur überführen! Und wer würde dies denn lesen wollen?

Daß die Tragödie von Minamata seit den späten sechziger Jahren nicht nur landesweit in Japan, sondern auf der ganzen Welt zu einem Begriff wurde, dazu hat dieses Stück Literatur nicht unwesentlich beigetragen, auch wenn es bis zur vollständigen Übertragung und Publikation des Werks in einer westlichen Sprache noch mehr als zwanzig Jahre dauern sollte. Zwar hatte es bereits 1956 einen ersten offiziellen medizinischen Bericht über die durch Quecksilbervergiftung ausgelöste «unheimliche Krankheit» an das Gesundheitsministerium in Tōkyō gegeben, und die lokale Presse nahm sich der Problematik zunehmend, wenn auch nicht immer im Sinne der Opfer, an, doch dauerte es viele Jahre, bis der Verursacher der industriellen Meeresverseuchung, das Industrieunternehmen Chisso in Minamata, auch einen ursächlichen Zusammenhang mit der Erkrankung zahlreicher Anwohner der Region zugab, die mit Methylquecksilber verseuchte Fische und andere Meerestiere zu sich genommen hatten. Etwa ein- bis zweihunderttausend Menschen waren Schätzungen zufolge der Verseuchung ausgesetzt.

Doch wie kann sich das Leiden Gehör verschaffen, wenn weder medizinische Gutachten noch Berichte über die vom Wahnsinn befallenen Katzen der Region und ihr Aussterben oder über den wirtschaftlichen Ruin der Fischer, denen massenhaftes Fischsterben ihre Lebensgrundlage entzieht, die Behörden zum Eingreifen veranlassen? Wenn weder couragierte einzelne noch der Zusammenschluß der Opfer zu einer Interessengemeinschaft wenig mehr erreichen, als daß Parlamentsabgeordnete aus Tōkyō anreisen oder daß der Firmenchef ausgesuchte Opfer und ihre Familien persönlich aufsucht, um ihnen sein Beileid auszusprechen, ohne daß jedoch die Verantwortung für die Katastrophe eindeutig und mit allen erforderlichen Konsequenzen angesprochen worden wäre? Wie kann es gelingen, das Problem entgegen allem Widerstand in der Region selbst, die um ihre wirtschaftliche Existenzgrundlage fürchtet und die Kranken und ihre Familien als geldgierige Querulanten diffamiert, entgegen allen Drohungen und Einschüchterungen, zu einer nationalen Angelegenheit zu machen, deren überregionale, ja, weltweite Bedeutung niemand mehr wegzureden vermag? Es bedarf dazu offenbar auch der Aufrüttelung jener breiten Masse nicht unmittelbar Betroffener, die erst durch einen überzeugenden Appell an Herz und Verstand zu erkennen beginnen, daß sie ebenso elementar betroffen sind. Dieser Appell erfolgte in Gestalt eines literarischen Werks, der Romancollage *Paradies im Meer der Qualen*. Uns in Deutschland sollte angesichts der zunächst unerwarteten und eingedenk der Fülle vorhandener Informationen mit Verwunderung quittierten Aufklärungswirkung der Fernsehserie *Holocaust* oder des Films *Schindlers Liste* diese Potenz fiktionalen Erzählens am wenigsten überraschen.

In Japan wurde die Wirkung des Buchs mit jener von Harriett Beecher Stowes *Onkel Toms Hütte* verglichen, *dem* amerikanischen Romanbestseller des 19. Jahrhunderts, der durch die eindringliche Schilderung der Lebensumstände schwarzer Sklaven maßgeblich zum Protest gegen die Verhältnisse in den amerikanischen Südstaaten und die Gleichgültigkeit des Nordens Mitte des 19. Jahrhunderts beigetragen haben soll, bis mit dem Sezessionskrieg 1861 die Sklaverei endgültig verboten wurde. Ist es ein Zufall, daß Werke dieser Art von Frauen verfaßt wurden? (In Japan selbst gibt es übrigens noch ein weiteres bekanntes Beispiel dieser Art – den Roman *Die Entrückten* der Autorin Ariyoshi Sawako, ein bis dato beispielloser Bestseller aus dem Jahre 1972, der eine breite öffentliche Debatte über die unzureichende Versorgung der Bevölkerung im Alter und bei Senilität auslöste und offenbar eine Initialzündung für die darauf erfolgten gesetzgeberischen Maßnahmen bildete.) Doch wir befinden uns noch im Jahre 1969.

Die Reaktionen auf Ishimures Buch, das schnell zum Bestseller avancierte, waren vielfältig. Die Literaturkritik und einige Schriftstellerkollegen sprachen vom wichtigsten Werk in der literarischen Welt Japans seit dem Zweiten Weltkrieg. Nicht wenige Leser zogen Konsequenzen, die einen Einschnitt in ihr Leben bedeuteten: Sie gaben ihren

Beruf auf oder brachen das Studium ab, um den Patienten und ihren Familien in Minamata beizustehen. Das Buch hat mittlerweile Dutzende von Neuauflagen erlebt – 17 in der gebundenen und 40 in der Taschenbuchausgabe – und wurde insgesamt über 400 000mal verkauft. Teile davon wurden in den Lehrplan für den Literaturunterricht an Gymnasien aufgenommen. Fernseh- und Kinobearbeitungen hat es ebenso angeregt wie musikalische Kompositionen auf traditionellen Instrumenten und Blues-Balladen.

Ishimure Michiko lehnte die japanischen Preise, die ihr für ihr aufsehenerregendes Romanwerk zugesprochen wurden – den Kumamoto Nichinichi Kulturpreis (1969) sowie den Ōya Sōichi-Preis für Sachliteratur (1970) – mit der Begründung ab, sie könne keine Ehrungen annehmen, solange der Kampf der Minamata-Opfer um Anerkennung noch nicht abgeschlossen sei. Dagegen nahm sie 1973 den philippinischen Ramon Magsaysay-Preis an. Wie aber kann, um nochmals zu den Eingangsfragen zurückzukehren, ein solches Buch eine Leserschaft für sich gewinnen, das ein derart deprimierendes Bild der Gegenwart entwirft? Oder ist es vielleicht gar die Faszination des Unheils von apokalyptischem Ausmaß – die Katzen sterben zuerst, vom Himmel fallen tote Vögel, und über dem Meer liegt ein bestialischer Gestank –, die einen geheimen Sog entwickelt? Aber es gibt auch das Gegenteil – die prachtvolle Natur, erfülltes Leben, Humor, Geborgenheit und Daseinsglück in *Paradies im Meer der Qualen.* Ishimure klagt nicht nur an – sie erzählt vom Leben vieler einzelner in einer traditionsverwurzelten Gemeinschaft, von ihrer Geschichte und der Landschaft, die sie prägte. Erst dies versetzt uns als Leser in die Lage, das Ausmaß der Veränderungen in der gesamten Region, aber auch im alltäglichen Umfeld jedes einzelnen wahrzunehmen. Um die Schicksalsergebenheit, ja die Gelassenheit gegenüber ihrem grausamen Leiden bei vielen Patienten zu begreifen, ihren Stolz in der Weigerung, finanzielle Unterstützung oder gar Entschädigung einzufordern oder medizinische Hilfe anzunehmen, müssen wir ihr Lebensgefühl, ihre Religiosität und ihre starke Verbundenheit mit der Natur und der Gemeinschaft gleichsam nachempfinden. Doch Ishimure geht darüber hinaus: Sie beleuchtet das Geschehen aus einer Vielzahl von Perspektiven – vom ersten offiziellen Krankheitsbericht des Betriebsarztes über Pressenotizen und Resolutionen montiert sie Dokumente und individuelle Lebensgeschichten wie Bausteine zu einer epischen Collage, die uns die Dynamik des Geschehens und seine Vielschichtigkeit vergegenwärtigt.

Sie selbst hält sich dabei vollkommen im Hintergrund. Wir nehmen sie nur als aufmerksame Zeugin des Geschehens und als hartnäckige Rechercheurin im Interesse der Opfer wahr. An einer Stelle im Roman vergleicht sie sich mit einem *kuroko,* dem sogenannten «Schwarzen Gesellen», einem Bühnengehilfen im traditionellen Kabuki-Theater, dessen schwarze Vermummung ihn bei seinen Aktionen auf offener Bühne während des Schauspiels symbolisch unsichtbar macht.

Doch es ist keinesfalls so, als erschöpfe sich die Rolle der Autorin im bloßen Montieren von Dokumenten. Im Gegenteil, es spricht wohl eher für ihre erzählerische Raffinesse, daß nicht wenige japanische Leser glaubten, es handele sich bei den in so individuellem Tonfall aufgezeichneten Geschichten von Yuki oder dem alten Ezuno um Gesprächsprotokolle. Die im charakteristischen Dialekt der Region gehaltenen Schilderungen sind jedoch literarische Schöpfungen der Autorin, die ihre Authentizität der Vertrautheit mit dem Leben der Betroffenen und dem außergewöhnlichen Einfühlungsvermögen von Ishimure Michiko verdanken. Sie sieht sich selbst als Medium derer, die zu eigener Artikulation nicht mehr in der Lage sind. Der im japanischen Original so charakteristische, dabei je nach Erzählerfigur individuell gefärbte Klang der Schilderungen steigert sich bisweilen bis zum rhythmisierten Epos. Die Vielfalt der Stillagen einschließlich vormoderner Sprachformen ist in der Übersetzung allerdings kaum reproduzierbar.

An dieser Stelle sei eine Erläuterung zur deutschen Übersetzung eingefügt. Sie basiert auf der eingangs erwähnten englischsprachigen Fassung von Livia Monnet, die in mehrjährigem engem Kontakt mit der Autorin den Text für westliche Leser erschloß, wozu natürlich auch die Entschlüsselung der lokalen Dialektismen vor Ort gehörte. Ein derart aufwendiges Verfahren in absehbarer Zeit noch einmal für eine ausschließlich auf dem japanischen Original fußende deutsche Version einzufordern, hätte wohl bedeutet, auf die Übersetzung ganz zu verzichten. Statt dessen hat nun die Japanologin Ursula Gräfe Livia Monnets Vorarbeiten nutzen können. Auch die Anmerkungen im Text gehen allesamt auf Monnets teilweise noch ausführlichere Annotationen zurück. Sie hat im übrigen auch eine Dissertation an der Universität Wien sowie weitere Arbeiten über Ishimure Michiko verfaßt, die in der Literaturliste am Ende dieses Buches aufgeführt sind. Nicht zuletzt sei ihr auch für aktuelles Material zum Minamata-Fall gedankt.

Danach belief sich im April 1994 die Zahl der behördlich anerkannten Krankheitsfälle mit Entschädigungsanspruch auf 2946, davon 1417 mit letalem Ausgang. Im Oktober 1989 waren es jedoch schon 2913, das heißt, daß in den dazwischenliegenden viereinhalb Jahren nicht mehr als 33 Fälle positiv beschieden wurden. Abgelehnt wurde dagegen 14 483mal, 398 Fälle, darunter 118 von mittlerweile Verstorbenen, befinden sich noch im Bearbeitungsverfahren, während 1326 Patienten, von denen wiederum 351 inzwischen schon verstorben sind, noch auf Bearbeitung ihres Falls warten. Seit dem ersten, 1969 von 29 Familien angestrengten Gerichtsverfahren gegen die Firma Chisso, das diese in erster Instanz zu Entschädigungszahlungen an einzelne Patienten in Höhe von 16 bis 18 Millionen Yen – seinerzeit etwa 160- bis 180 000 DM – verurteilte, sind dieses und weitere Verfahren gegen die Firma, die Präfektur und den japanischen Staat durch mehrere Instanzen gegangen. Vor Gericht haben sich somit bis Mai 1994 2238 Personen die Anerkennung als Minamata-Geschädigte erstritten. Vergleicht man übrigens die Gesamtzahl der Anträge auf offizielle Anerkennung als Minamata-Geschädigte, so fällt auf, daß sie allein zwischen 1989 und 1994 um mehr als 6000 gesunken ist. Da wir in keinem Fall von einer Heilung ausgehen können, bedeutet diese Reduktion wohl nichts anderes, als daß alle diese Personen ihren Antrag zurückgezogen haben. Über die möglichen Gründe hierfür erfahren wir einiges im Buch selbst.

Die Krankheit war übrigens in den sechziger Jahren auch noch in der Region von Niigata am Japanischen Meer aufgetreten, wo ein Werk des Unternehmens Shōwa Denkō, ähnlich wie die Chisso-Fabrik an der Shiranui-See, anorganische Quecksilberverbindungen in den Fluß leitete. Verseuchungen durch Quecksilber sind zwar auch noch aus anderen Regionen Japans und der Welt bekannt, doch nirgendwo erreichten sie bisher wohl die Dimensionen der Tragödie von Minamata. Doch wer weiß, ob die gewaltigen Quecksilber-Mengen, die die Goldschürfer ständig in den Amazonas ableiten, nicht in Bälde eine Katastrophe von ähnlichem Ausmaß hervorrufen werden.

Ich selbst erfuhr erstmals während meines Studiums in Japan 1970 von dem Buch, doch es sollte noch mehr als zehn Jahre dauern, bis ich 1982 die Autorin mit einem japanischen Stipendium, um das ich mich jahrelang vergeblich beworben hatte, in Minamata besuchen konnte. Das lange Gespräch, das ich mit ihr führen durfte, ist mir in unvergeßlicher Erinnerung. Schon die Bahnreise entlang der idyllischen Küste hatte mich tief beeindruckt, denn unwillkürlich kontrastierte ich die berauschende Schönheit der Landschaft mit den unsäglichen Leiden der Bewohner dieser Region, so daß sich mir der Titel *Paradies im Meer der Qualen* mit sinnlicher Kraft vergegenständlichte. – Fraglos enthält der Titel jedoch noch andere Dimensionen, die durch die Assoziation mit *jōdo,* dem «Paradies des Reinen Landes», erzeugt werden. Es ist dem metaphorischen Vokabular der Schriften von Hōnen (1133–1212,), dem Gründer der Schule des Reinen Landes (Jōdoshū), und Shinran (1173–1262), dem Urheber der Lehre des Wahren Landes (Jōdo shinshū) entnommen. Diese Formen der pietistischen amidistischen Bewegung, die aus China stammt, waren die beliebtesten Religionen im Gebiet von Minamata und Amakusa. Und schließlich setzen japanische Interpreten die beiden antagonistischen Pole des Titels in dem Sinne in eins, daß sie die tragische Hochherzigkeit, ja den verzeihenden Großmut als Bodhisattva-Natur gerade jener von Ishimure Michiko porträtierten Gestalten deuten, deren Qualen von außerordentlichem Maße sind.

Wer auf dem Bahnhof der Kleinstadt Minamata steht, ahnt sogleich die überragende Bedeutung des Chisso-Unternehmens für die gesamte Region, denn ein riesiger grauer Gebäudekomplex dominiert das Stadtbild, das ansonsten ganz von ärmlichen, niedrigen Wohnhäusern geprägt wird. Ein wenig beklommen betrete ich die Stadt, denn unwillkürlich erwarte ich, daß sie gezeichnet ist von der Katastrophe, doch die spielt sich ganz im Verborgenen, im Innern der Häuser unter Ausschluß der Öffentlichkeit ab. Kein Zeichen, das auf die Tragödien verweist, die sich hier abspielten und noch andauern. Mit großer Erleichterung sehe ich eine Katze über den Weg huschen – es gibt sie also wieder.

Ishimure wohnt am Rande der Stadt, in der Nähe des Meeres am Fuße eines grün bewachsenen Hügels, inmitten eines leicht verwilderten kleinen Gartens. Das alte Holzhaus liegt ganz im Schatten, drinnen ist es an diesem strahlenden Frühlingstag feuchtkalt. Durch den grünen Fliegendraht wirkt der Garten wie eine ferne, idyllische Welt. Der Wind streicht durchs offene Fenster. Ishimure scheint die Kälte gewohnt zu sein – schließlich hat sie ihren Arbeitsplatz in einem Tempel in Kumamoto, der nahegelegenen Provinzhauptstadt, und Tempel werden bekanntlich nie beheizt. Sie ist sehr klein und zierlich und wirkt viel jünger als sechsundfünfzig. Unser Gespräch entwickelt sich erst ganz allmählich. Voller Aufmerksamkeit hört sie mir zu. Ihre Sprache ist überaus weiblich und höflich.

Unser Gespräch kreist um Frauen und Schreiben, denn Ishimure hat sich seit ihrem großen Bucherfolg Ende der sechziger Jahre als Autorin einen Namen gemacht. Das Thema Minamata hat sie in einer auf ursprünglich vier Teile angelegten Romanfolge weiter vertieft, von der Band zwei und drei mittlerweile vorliegen. Doch obgleich ihr Image nach wie vor fast völlig durch das 1969 erschienene *Paradies im Meer der Qualen* bestimmt wird, beschränkt sich Ishimure in ihrem literarischen Werk keinesfalls nur auf die Umweltthematik. Autobiographisches, Volksbrauchtum und Sagen, Sozial- und Kulturgeschichte der Region flicht sie zu lyrischen Epen von suggestiver Eindringlichkeit ineinander, und mit einem von der Literaturkritik hochgerühmten Roman, der ihre eigene Familiengeschichte zum Gegenstand nimmt und für den sie 1993 mit dem Murasaki Shikibu-Literaturpreis ausgezeichnet wurde, hat sie erst kürzlich ihren literarischen Rang bestätigt. Auch als Haiku-Dichterin ist die 1927 geborene Ishimure hervorgetreten. Dennoch – für viele in Japan ist sie vor allem die Autorin kraftvoller Dokumentarliteratur, das Medium, die Schamanin, durch die die toten und gequälten Seelen wie auch die mißhandelte Natur zu den Menschen sprechen. Dieses Sendungsbewußtsein, den Willen aufzuklären und zu kämpfen, streitet Ishimure keinesfalls ab. Doch sie besteht darauf, daß es dazu für sie nur eine Form gab – die Literatur.

Von den Drohungen und Anfeindungen, denen sie während all der Jahre ausgesetzt war, spricht sie nur zögernd. Was in ihrem Buch den Angehörigen und einigen beherzten Aktivisten im Kampf um die

Anerkennung der Minamata-Leiden widerfährt, hat sie offenbar in konzentrierter Form selbst durchlebt. Der Widerstand gegen ihr Engagement war selbst in ihrer eigenen Familie gewaltig, und sie mußte *Paradies im Meer der Qualen* heimlich während der Nacht zu Papier bringen. Die Arbeit im Dunklen kostete sie fast ihr Augenlicht. Auch nachdem sie ihren Text zunächst in einer mit Gleichgesinnten gegründeten Zeitschrift in Teilen und schließlich in Buchform bei einem großen Tōkyōter Verlag veröffentlichen konnte und dieser im ganzen Land diskutiert wurde, weigerte man sich in ihrer Umgebung, davon überhaupt Notiz zu nehmen. Droh- und Schmähbriefe erreichten sie nicht nur von Rechtsradikalen und Handlangern des Unternehmens Chisso, sondern auch von Nachbarn und all den braven Bürgern der Stadt, die um den Ruf ihrer Region bangten. In einer ländlichen Gegend wie dieser, ihrer Heimat, war sie nicht nur der Verachtung all derer ausgesetzt, die, traditionsgemäß manuelle Arbeit, den sichtbaren körperlichen Einsatz zum alleinigen Maßstab für den Wert einer Person erhoben. Nachdem die Früchte ihrer jahrelangen verborgenen Bemühungen offenbar geworden waren, wurde sie zur Nestbeschmutzerin und in ihrer eigenen Familie und Verwandtschaft zum *onikko,* zur «Mißgeburt» oder zur «Quertreiberin», erklärt. Für Ishimure galt es standzuhalten. Sie entschloß sich zu bleiben, obwohl, wie sie erklärt, der Drang japanischer Schriftsteller, die Provinz zu verlassen und sich in der Metropole Tōkyō anzusiedeln, seit den frühen Tagen der Moderne ungebrochen ist. Doch sie will sich trotz aller Nachteile nicht von ihrer Umgebung trennen, obgleich sie zugibt, daß ihr das Bleiben nicht immer leichtfällt. Zu den subtilen Schikanen, denen sie im Alltag ausgesetzt ist, gehören auch die Schwierigkeiten beim Beschaffen von Material für ihre Arbeit – der Buchhändler am Ort ist nicht nur angewiesen worden, ihre Werke nicht bereitzuhalten, sondern die Bestellungen, die sie bei ihm aufzugeben versucht, werden häufig nicht ausgeführt, wenn bekannt wird, von wem sie ausgehen.

Für Ishimure Michiko ist Minamata ein Symbol für das verlorene Gleichgewicht zwischen Mensch und Natur und für die geistige Krise im modernen Japan. Sie meidet radikale Töne und will nicht als politische Aktivistin mißverstanden werden. Mit dem Untertitel *Unsere Minamata-Krankheit* verweist sie hingegen darauf, daß sich in den konkreten Qualen das Leiden einer heillosen Gegenwart kristallisiert.

Ishimure Michiko, die stille, starke Frau mit dem ungebrochenen Mut der Fürsprecherin für Opfer, die ihr von Menschenhand verursachtes Leiden nur allzu häufig mit fatalistischer Gelassenheit hinzunehmen gelernt haben, ist überzeugt, daß nur durch Literatur, in jener einzigartigen Synthese von Innen- und Außenschau, Epik und Lyrik, *fact* und *fiction,* die das Ishimuresche Œuvre kennzeichnet, eine Annäherung an die Tragödie möglich wird. Die Rückreise führt mich durch eine Abendlandschaft am Meer von visionärer Schönheit.

In den 26 Jahren seit seinem Erscheinen hat dieses Buch nichts von seiner Aktualität und auch nichts von seiner expressiven Kraft verloren. Daß es nun auch in deutscher Sprache vorliegt, erfüllt mich mit Freude und Genugtuung.

Ishimure Michiko: *Paradies im Meer der Qualen. Unsere Minamata-Krankheit.* Ins Deutsche übertragen von Ursula Gräfe. Einführung von Irmela Hijiya-Kirschnereit. Frankfurt/M.: Insel Verlag 1995.

Reisen in Raum und Zeit

Schönheit, Gefahr und Verlust

Elegische Heimreise.
Ein japanisches Tagebuch aus dem Jahre 935 von Ki no Tsurayuki

Das Tosa-Tagebuch des Dichters und Beamten Ki no Tsurayuki (gest. 946) von der Heimreise aus der Provinz Tosa auf der Insel Shikoku, wo er als Gouverneur tätig war, zurück in die Landeshauptstadt Heiankyō, das spätere Kyōto, zählt zu den hervorragendsten Zeugnissen der frühen japanischen Literatur. Schon hier zeigen sich sehr «japanische» Eigenschaften: das Ineinander von Prosa und Lyrik, der Wechsel zwischen Schönem und Komischem und ein eigentümliches Changieren zwischen Weiblichem und Männlichem.

Was ist eigentlich so bemerkenswert an diesem unscheinbaren Werk, einem Tagebuch, das aller Wahrscheinlichkeit nach keines ist, und einer Reiseschilderung, die sich weder mit der Landschaft noch mit den Besonderheiten der besuchten Orte befaßt? Weder ist die Reise besonders ereignisreich, noch ist der Reisende prominent. Weder ist die Gegend berühmt noch der Anlaß sonderlich dramatisch. Und doch, das Tosa-Tagebuch, jene Aufzeichnungen des Dichters und Beamten Ki no Tsurayuki (gest. 946) von der Heimreise aus der Provinz Tosa auf der Südinsel Shikoku, wo er in den Jahren 930 bis 934 das Amt des Gouverneurs innehatte, zurück in die Landeshauptstadt Heiankyō, das spätere Kyōto, zählt zu den hervorragendsten Zeugnissen der frühen japanischen Literatur, und es hat gleich mehrere Genres, die in der Folgezeit zur Blüte kamen und die den weltliterarischen Kosmos bereichern, mitbegründet.

Berühmt ist Ki no Tsurayuki, der Autor, vor allem als Lyriker und Mitkompilator des *Kokin wakashū,* jener klassischen Sammlung japanischer Gedichte «aus alter und neuer Zeit», die auf kaiserlichen Befehl im Jahre 905 in zwanzig Bänden zusammengestellt wurde. Nicht nur die Anordnung der Gedichte nach Themen wie Jahreszeiten, Gratulation, Abschied, Reise, Liebe und Trauer, sondern auch die ästhetische Orientierung, die kunstvolle Pointierung und die raffinierten Anspielungstechniken haben diese Sammlung und darin die *waka* – die «japanischen» im Gegensatz zu den auch verbreiteten «chinesischen»

Gedichten – zum Muster für Generationen werden lassen. Es ist auch Tsurayukis Vorwort, das als eine Art Kernpoetik zum überzeitlichen Inbegriff japanischer Dichtkunst avancierte und das bis auf den heutigen Tag jedem, der in Japan dichtet, Amateur wie Berufslyriker, zur persönlichen Beglaubigung gereicht. Die Dichtung, so heißt es darin, sei ihrem Wesen nach ureigenster Ausdruck menschlichen Gefühls.

Unsterblich ist Tsurayuki, der bis zu seinem Tod im Regierungsdienst stand, zunächst – nach seiner Rückkehr in die Hauptstadt, als Vorsteher der Kanzlei für Buddhisten und Randvölker und später der Kanzlei für Holzbau – auch durch das Tosa-Tagebuch geworden, dessen Titel man im Sinne von «Aufzeichnungen einer Reise von Tosa in die Hauptstadt» oder auch als «Aufzeichnungen über den Gouverneur von Tosa» deuten kann.

Echter Reisebericht? Fingiertes Tagebuch?

Wie hat man sich nun die Entstehung dieser Aufzeichnungen vorzustellen? Der Beamte Tsurayuki schildert seine Reise aus dem Dienstort Tosa in die Hauptstadt in Form chronologischer Tagebuchnotizen und suggeriert damit Authentizität und Unmittelbarkeit des Erlebens, auch wenn wir mit Sicherheit davon auszugehen haben, daß er die Erlebnisse erst nach seiner Ankunft zu Papier brachte. Wie sehr er darauf bedacht ist, seinem Text den Anschein der Echtheit zu geben, zeigt ein Eintrag wie der für den 6. Tag im ersten Monat: «Wie gestern.» Nichts Berichtenswertes also, aber der unausgesprochenen Tagebuch-Regel, daß jeder Tag zu dokumentieren sei, wird Genüge getan.

Mag sein, daß Tsurayuki sich auf Notizen von der Reise stützte, doch die Schilderung nach Abschluß des Geschehens erlaubt eine bewußtere erzählerische Gestaltung. Mehr noch, er schreibt aus der Perspektive einer fiktiven Mitreisenden, was ihm zusätzliche narrative Freiheiten verschafft. Zwar kannte man seinerzeit Privatjournale von Adligen, die üblicherweise das Leben am Hof zum Thema hatten, und es gab auch Berichte von Reisen und Expeditionen, etwa wenn ein Mönch wie Ennin sich im Jahre 838 auf eine mehrjährige Fahrt nach China begab. Doch beide genannten Textformen wurden in *kanbun,* das heißt auf chinesisch, der Schriftsprache der gebildeten Männerwelt und beherrschenden Literatursprache, verfaßt, was ihnen einen eher steifen und amtlichen Charakter verlieh. So bedurfte es einer Hilfskonstruktion, der Maskerade als Frau, um einen neuen Erzählton zu finden, denn den Frauen war der Gebrauch der japanischen Sprache in der Schreibung der Hiragana-Silbenschrift vorbehalten, die folglich auch als «Frauenschrift» *(onnade)* galt. Das Tosa-Tagebuch ist das erste Beispiel einer rein japanisch geschriebenen Kunstprosa, und es bildet gewissermaßen den

Ausgangspunkt für die großartige Blüte der mit ihm ins Leben gerufenen Gattungen des Reisetagebuchs *(kikōbun)* und der Memoirenliteratur in der Form chronologischer Aufzeichnungen *(nikki bungaku),* die sich in der Heian-Zeit (794–1185) entfaltete und die eine ununterbrochene Tradition bis in die Gegenwart bildet.

Reiseschilderungen sind beispielsweise fester Bestandteil epischer und dramatischer Literatur. Sie begegnen uns als Einlagen in Nō-Spielen und dem Kabuki, und sie geben die Basis und den Rahmen für die bekanntesten Dichtungen ab, man denke nur an Bashōs Wandertagebuch aus dem Jahre 1694 *Oku no hosomichi (Auf schmalen Pfaden durchs Hinterland).* Die Memoirenliteratur wiederum wird japanischerseits oft als Herzstück, als zentrales Terrain einheimischer Schreibtradition betrachtet. So gelten die berühmten Frauentagebücher der Heian-Zeit mit ihren reichen Schilderungen des höfischen und privaten Lebens, ihren einfühlsamen und atmosphärisch dichten Beschreibungen zwischenmenschlicher Beziehungen, ihren essayistischen Reflexionen und bisweilen zeitkritischen Untertönen als Gipfel literarischen Schreibens, eine Tradition, auf die sich selbst noch die moderne einheimische Bekenntnisliteratur des sogenannten Ich-Romans, des *shishōsetsu,* gern beruft. Auf diese Tradition gründet sich das hier durchaus im positiven Sinne verstandene Diktum, die japanische Literatur trage als Ganzes weibliche Züge.

Soviel zur literarhistorischen Bedeutung dieses Texts. Doch im Tosa-Tagebuch nur einen Vorläufer oder Wegbereiter zu sehen hieße, seinen ihm eigenen literarischen Reiz und seinen durchaus revolutionären Charakter zu verkennen.

Prosa und Lyrik

Als japanisches Charakteristikum gilt auch das Ineinander von Prosa und Lyrik, das wir selbst in dramatischen Gattungen häufig vorfinden. In das Tosa-Tagebuch sind sechsundfünfzig Gedichte eingewebt, die vermutlich in der Mehrzahl von Tsurayuki selbst stammen, auch wenn sie im Text dem «Schiffsherrn», dem Gouverneur, einer «gewissen Person», einem Kind, einer alten Dame und anderen zugeschrieben werden. Die gesamte Reisegruppe einschließlich der Matrosen kommt in Gedichten und Liedern zu Worte. Die Gedichte strukturieren das Werk auf markante Weise: Sie bilden rhythmisierte Verdichtungen, erzählerische und emotionale Höhepunkte, werden aber auch kontrapunktisch eingesetzt. So kann man sich keineswegs darauf verlassen, daß die *waka* nur gesteigerte Emotion und Sentimentalität zu transportieren haben, denn auf ein anrührend tief empfundenes Gedicht kann durchaus ein komisches folgen, an dem sich ein ungeschickter Mitreisender versucht und das denn auch einen ironischen Kommentar des Erzählers in Frauengestalt nach sich zieht wie bei dem Gedicht, das ein Mann – «sein Name, wie war er doch? Gleich fällt er mir ein!» – auf die stürmische See ausbringt: «Vorn am Bug / die weißen Wogen / übertönen / soll mein Abschiedsjammer / noch viel lauter!», worauf es heißt: «Da wird er aber sehr laut jammern müssen!» An diesem Beispiel wird zudem deutlich, wie sehr das Dichten nicht nur in Hofkreisen mit seinen Gedichtwettbewerben *(utaawase)*, sondern auch in viel alltäglicheren Situationen eine gesellige Angelegenheit und Anlaß zur Kommunikation ist, denn auch die aus Sicht des Erzählers unangemessene Reaktion der Mitreisenden auf diesen poetischen Mißgriff wird registriert. Wenn dann aber ausgerechnet ein Kind, nachdem der unbegabte Poet die Runde schon verlassen hat, noch ein Antwortgedicht zum besten gibt, so wird es wohl dem Leser überlassen, die Ironie der Situation gebührend auszukosten!

Durch diesen mit treffenden Kommentaren gewürzten Wechsel zwischen dem Erhabenen und dem Banalen, dem Schönen und dem Komischen erhält das so kompakte Werk seine kurzweilige, ganz und gar unterhaltsame und witzig-poetische Gestalt. Die Fahrt wird in den lyrischen Versuchen der Mitreisenden gespiegelt, die manchmal treffender, manchmal danebenliegender Kommentar zu dem sind, was der Erzähler für berichtenswert hält. Da dichten kleine Mädchen, und bekannte *waka* werden zum Ausgangspunkt für weitere poetische Auslassungen, schon allein, um sich die Zeit auf der Reise zu vertreiben. Und immer wird, bisweilen sehr pointiert, bisweilen verdeckt, ein Kommentar geliefert, der aus diesem Reisebericht jenseits der Schilderung der Seelandschaft, der Unbilden der Witterung, der Gefahren durch Seeräuber und der Freude über die Ankunft eine Poetik erstehen läßt, mit der uns Ki no Tsurayuki seine Auffassung von Dichtung nahebringt.

Die japanische Dichtung, von der es in seinem Vorwort zum *Kokin wakashū* heißt, sie bewege «mühelos Himmel und Erde», rühre «die unsichtbaren Götter und Dämonen zu Mitleid», versüße die «Bande zwischen Mann und Frau» und bringe «Trost den wilden Herzen der Krieger», das *waka* also im Vergleich mit dem chinesischen Gedicht wird nun zum ebenbürtigen Ausdrucksmittel. Das kontinentale Vorbild wird in Ehren gehalten, aber das Einheimische als das Unmittelbare und Zugängliche soll zu seinem Recht kommen, und – wunderbare Einsicht – die Dichtung verbindet ungeachtet der anderen Sprache die Herzen! Denn so heißt es am 20. Tag des ersten Monats in Erinnerung an den nach China gereisten Abe no Nakamaro, der beim Abschied aus der Fremde ein japanisches Gedicht zum besten gab, dessen Sinn sich den Einheimischen erst erschloß, als man es in chinesischen Zeichen niederschrieb: «Mögen auch in China und in diesem Lande die Worte anders klingen – das Licht des Mondes ist das gleiche, und so werden wohl auch die Herzen der Menschen die gleichen sein!»

Das Weibliche und das Männliche

So wie China im Bewußtsein des Schreibenden stets als Antipode und als kulturelles Vorbild, als Bezugspunkt der Bildung und als die mitgedachte Fremde gegenwärtig ist, so wird das Tosa-Tagebuch noch durch eine weitere Dichotomie geprägt, die schon im ersten Satz aufscheint: das Männliche und das Weibliche. Ein Erzähler, der seinen Lesern gleich zu Beginn augenzwinkernd mitteilt: «Sogenannte Tagebücher zu schreiben sei Männersache, so heißt es, aber ich meine, warum soll eine Frau es nicht auch einmal versuchen?», spielt auf eine Tradition an, um sie im gleichen Atemzug umzukippen und etwas Neues vorzustellen. Denn die von Adligen der Heian-Zeit in chinesischer Sprache verfaßten Privatjournale über Ereignisse des Hoflebens sind nicht zu vergleichen mit dem, was von nun an den Stoff und den Stil der japanischen Memoiren- bzw. Tagebuchliteratur ausmachen wird: Das Persönliche und Individuelle jenseits von Zeremoniell und Ritus, die feinsinnige Beobachtung des alltäglichen Lebens mit seinen Schmerzen und Freuden und das auf Imponiergehabe und Rangbewußtsein verzichtende Offenlegen der eigenen seelischen Befindlichkeit ist es, das dieses Schreiben kennzeichnet. Und diese Eigenschaften, so sah es Tsurayuki und so leuchtet es zweifellos auch uns Heutigen ein, verbinden sich mit Weiblichkeit oder genauer, mit dem Lebensgefühl und den Ausdrucksmöglichkeiten der gebildeten Frauen der damaligen Zeit. In eine weibliche Persona zu schlüpfen, ermöglichte dem männlichen Autor das Auskosten neuer, den Männern aufgrund der Konvention und des ihnen vorgegebenen Schreibstils versagten Freiheit.

Die Frauen, zumal diejenigen am Hofe, waren zwar von der unmittelbaren Partizipation an der Macht ausgeschlossen, um so intensiver jedoch konnten sie sich in den Künsten und im Literarischen betätigen und eine Kreativität entfalten, die sich in mancherlei Hinsicht über die engen Grenzen des Männlich-Etablierten hinwegzusetzen wußte. Das beginnt mit der Schrift, der bereits erwähnten «Frauen(hand)schrift» *(onnade)*, einer aus der chinesischen Schrift entwickelten vereinfachten Schreibung, die der heutigen Hiragana-Silbenschrift entspricht und die Grundlage für die ebenfalls vorwiegend von Frauen verfaßten kanonisierten Werke der klassischen japanischen Literatur der Heian-Zeit bildete. Die vorgebliche Weiblichkeit der Erzählfigur erlaubt es dem Autor, intimer, individueller und origineller zu sein, als es ein Männerjournal jener Zeit je hätte sein können.

Interessanterweise schimmert durch den in weiblicher Manier verfaßten Text jedoch von Anfang an auch das Männliche hindurch. Ohnehin ist für die Leser, die damaligen wie die heutigen, das Wissen um die männliche Autorschaft nicht einfach auszublenden. Es bildet vielmehr den Hintergrund für eine gewisse Spannung bei der Lektüre und Erwartung an den Text. Im Sprachlichen sind es Stilmittel wie Antithese und Parallelismus, die auf den Einfluß der chinesischen Schriftsprache zurückgehen dürften und die sich so in den von Frauen verfaßten Werken nicht finden. Es gibt typische Sinismen, die sich in der Übersetzung natürlich verlieren, die aber auf eine männliche Handschrift verweisen.

Oft aber schieben sich die Perspektiven der weiblichen Mitreisenden und die des Provinzgouverneurs übereinander, besonders eindrucksvoll in der Szene am Ende des Werks, als die Reisenden bei ihrer Ankunft in der Heimat die frühere Wohnstätte verfallen und verlassen vorfinden und die Erinnerung an das in Tosa begrabene Töchterchen übermächtig wird.

Bereits in der sprachlichen Form schwankt der Text zwischen männlichen und weiblichen Redeweisen, und grammatisch gesehen müßten wir das erste Gedicht wohl der Erzählerin, das zweite dagegen dem Hauptreisenden, dem heimgekehrten Provinzgouverneur, zuschreiben. Japanische Kommentatoren und Übersetzer in andere Sprachen haben dieses Dilemma unterschiedlich gedeutet. Viele lösen es wie unser Übersetzer, der beide *waka,* das vorletzte wie das letzte, dem trauernden Vater zuschreibt. So wie hier aber überlagern sich die Perspektiven, sie greifen ineinander und künden davon, daß Weibliches und Männliches keine unüberbrückbaren Gegensätze, sondern allenfalls relative Positionen auf einem Kontinuum bilden, ohne daß das eine geringer geachtet wäre als das andere. Diese unaufhörlich und oftmals unmerklich wechselnden Perspektiven und die damit verbundene Offenheit gegenüber den Geschlechtern machen das eigentlich Revolutionäre und den besonderen Reiz des Tosa-Tagebuchs aus.

Überrascht registrieren wir, wie frisch und unmittelbar dieser Text über die Distanz von Jahrhunderten und Kulturgrenzen hinweg uns anzusprechen vermag. Die menschlichen, allzu menschlichen Emotionen und Eitelkeiten bestätigen, daß nicht nur der Mond, sondern auch die Herzen der Menschen tatsächlich die gleichen zu sein scheinen.

Mit der gelungenen deutschen Übersetzung dieses Kleinods hat es übrigens eine besondere Bewandtnis, denn im Frühjahr 1998 erreichte mich ein Brief von Hans Martin Olbricht, dem Sohn des damals bereits achtundachtzigjährigen Übersetzers, mit dem Manuskript und der Bitte, ob sich für dieses Werk nicht eine Veröffentlichungsmöglichkeit finden ließe. Für Peter Olbricht war dieses Werk der erste japanische Text, an dem er unter Clemens Scharschmidt in Berlin Japanisch lernte. Die Übersetzung, an der Olbricht, dem Vernehmen nach, auf der Basis von sechs japanischen Textausgaben zwischen 1933 und 1953 feilte und die vereinzelt auch später noch Nachbearbeitungen erfuhr, atmet den Ernst und die Begeisterung für dieses klassische Werk. Es geschieht wahrlich nicht alle Tage, daß einem ein mit solcher Beharrlichkeit, Liebe und Kompetenz übertragener Text vorgelegt wird, und so begann mein Bemühen um eine Publikation, die Hans Martin Olbricht leider nicht mehr erleben durfte. Um so mehr freue ich mich, daß das Tosa-Tagebuch nun endlich einem breiteren Leserkreis zugänglich gemacht wird.

Ki no Tsurayuki: *Elegische Heimreise. Ein japanisches Tagebuch aus dem Jahre 935*. Aus dem altjapanischen Originaltext übersetzt von Peter Olbricht. Mit einem Nachwort von Irmela Hijiya-Kirschnereit. Frankfurt/M., Leipzig: Insel Verlag 2001.

Erlebnishunger

Katō Shūichi: Schafsgesänge – Begegnungen mit Europa

Der Arzt, Schriftsteller, Philosoph, Kunst- und Literaturhistoriker Katō Shūichi (geb. 1919) verkörpert das kritische Gewissen des heutigen Japan. Wie es dazu kam, welche Wege er ging, davon handeln seine 1968 publizierten Memoiren, in denen er auf seine fünfzehnjährige Wanderschaft von 1945 bis 1960 zurückblickt: von der Medizin zur Literatur und Kunst, von Japan nach Europa. In beiden Kulturen zu Hause zu sein und den distanzierten Blick dennoch nicht zu verlieren, darin liegt das Geheimnis seiner großen Toleranz.

«Das Leben des Menschen», schreibt Paul Valéry, «ist zwischen zwei literarische Gattungen eingebettet. Am Anfang schreibt man seine Wünsche, am Ende seine Memoiren.»

Als Katō Shūichi im Jahre 1968 seine *Schafsgesänge* in Buchform veröffentlichte, stand er, eigenem Empfinden nach, in der Mitte seines Lebens. In dieser Etappe ging es ihm nicht etwa um sentimentale Rückschau, sondern, wie es im kurzen Nachwort zum ersten Teil heißt, um die Erkenntnis, daß sich in dem, was er sei, im wesentlichen ein Durchschnittsjapaner zu erkennen gebe.

«Mittelgroß und von durchschnittlicher Statur, weder wohlhabend noch arm. Sprache und Bildung halb japanisch, halb westlich geprägt, religiös weder dem Shintō noch dem Buddhismus verpflichtet, ohne politische Ambitionen und hinsichtlich ethischer Werte Relativist. Einigermaßen frei von rassischen Vorurteilen. Den Künsten gegenüber sehr aufgeschlossen, ohne jedoch selbst zum Pinsel zu greifen oder ein Instrument zu spielen. – Wie, unter welchen Bedingungen, entsteht ein solcher Japaner? Dies wollte ich am Beispiel meiner eigenen Person erkunden.»

Inzwischen hat dieses Werk, das in einer zweibändigen Taschenbuchausgabe im Verlag Iwanami erschien, an die vierzig Nachdrucke erlebt. Doch es ist nicht etwa das Durchschnittliche an diesem Leben, das die Leser in seinen Bann zieht, sondern, wie es im Klappentext heißt, das «ganz und gar nicht Durchschnittliche» dieser starken Persönlichkeit, die im Jahr des Schafes geboren wurde, im rauhen Klima von Krieg und Faschismus geistige Eigenständigkeit entfaltete und sich auch in der Folgezeit nie dem Zeitgeist anbequemte. Katō Shūichi ist zweifellos nichts weniger als durchschnittlich – ein ungewöhnlich vielseitiger Gelehrter, ein engagierter Lehrer und temperamentvoller Publizist, ein liberaler, weltoffener und kritischer Intellektueller, ein Japaner, der in vielen Ländern zu Hause ist, ohne dabei seine Herkunft und kulturelle Verwurzelung zu leugnen.

Nach dem zwölfteiligen Tierzyklus des chinesischen Kalenders, der auch in Japan Anwendung findet, war 1919 das Jahr des Schafes. Personen dieses Jahrgangs wird ein starker Charakter, aber auch ein besonders sanftes, versöhnliches Wesen nachgesagt. Letzteres, so meint der Autor, könnte durchaus auf ihn zutreffen. Eine ironische Pointe hat er dennoch eingebaut, denn auch in Japan gilt das Schaf als ein Herdentier, folgsam und fügsam, und, wie es in einem japanischen Standardlexikon heißt, «von feigem Charakter». Die *Schafsgesänge* handeln, wie gesagt, vom Werdegang eines Menschen, den der Autor als «Durchschnittsjapaner» verstanden wissen möchte …

Seine Herkunft, seine Kindheit und die Studienjahre schildert Katō im ersten Band. Er stammt aus einer Familie, die ursprünglich zur wohlhabenden Oberschicht zählte, Vermögen und Grundbesitz jedoch nach und nach verlor. Immerhin hatte der Großvater seinem Sohn, der an der Kaiserlichen Universität Tōkyō Medizin studierte, so viel vermacht, daß dieser sich in Tōkyō niederlassen und eine eigene Praxis eröffnen konnte. Shūichi kam als ältester Sohn zur Welt. Zwar entdeckte er schon früh seine Liebe zur Literatur – nicht zuletzt, weil er als kränkliches Kind oft das Bett hüten mußte –, doch stand für ihn außer Zweifel, daß er seinen Lebensunterhalt nur aufgrund eines praktisch anwendbaren Studiums würde bestreiten können, und so entschied er sich für die Medizin. 1939, mit zwanzig Jahren, absolvierte er den naturwissenschaftlichen Zweig des renommierten Ersten Gymnasiums und schrieb sich an der Alma Mater seines Vaters, der späteren Universität Tōkyō, ein. Es waren düstere Jahre für Japan, beherrscht vom stickigen Klima des Militarismus, und Katō fühlte sich als Kriegsgegner auch in seiner Fakultät als absoluter Außenseiter. 1942 gründete er mit Nakamura Shin'ichirō (Jahrgang 1918) und Fukunaga Takehiko (1918–1979) – beide in der Folgezeit bekannte und geschätzte Dichter und Schriftsteller – die Gruppe Matinée Poétique, und schon die Wahl dieses Namens in Anlehnung an Jacques Copeaus Pariser Lesungen war ein «volksfeindlicher» Akt. Die Gruppe experimentierte in einer Art neoklassischem Stil mit festen lyrischen Formen und Reimen und setzte sich mit europäischer Dichtung wie Valérys *Eupalinos,* Rilkes *Duineser Elegien* oder Stefan Georges *Algabal* auseinander. Die drei jungen Männer hatten Glück, denn keiner von ihnen wurde zum Militär eingezogen. Sie verbrachten die Sommerwochen während der Kriegsjahre in den Bergen bei Karuizawa, lasen fremdsprachige Literatur im Original und entwickelten ihre Ansichten über eine Kultur mit universalen Werten und wahrer Kreativität, die sich abseits der provinziellen Enge der offiziellen Kulturpropaganda in der Auseinandersetzung mit dem abendländischen Fremden zu entfalten habe. Gleichzeitig aber absolvierte Katō nach Abschluß seines Medizinstudiums 1943 ein klinisches Praktikum.

Mit der Kriegsniederlage 1945 sah sich Japan zugleich besiegt, befreit und besetzt. In der fundamentalen geistigen Orientierungskrise der unmittelbaren Nachkriegszeit blühte das Publikationswesen, das durch strenge Zensurmaßnahmen und Materialknappheit gegen Kriegsende nahezu zum Erliegen gekommen war, schlagartig wieder auf. Im Konzert der Stimmen, die sich in den nun wieder neu erscheinenden oder den neu gegründeten Zeitschriften zu Wort melden, fiel den Mitgliedern der Matinée Poétique eine gewisse Sonderrolle zu, denn sie zählten weder zu der Gruppe der Vorkriegs-Marxisten, von denen viele unter allgemeinem Druck und nach Polizeiverhören und Gefängnisaufenthalten zum Japanertum «konvertiert» waren – so die gängige Sprachregelung –, noch gehörten sie zum Gros der etablierten Schriftsteller und ambitionierten Publizisten, die sich den Forderungen des immer umfassender agierenden Propagandaapparates nolens volens angepaßt und sich auf der Welle des kriegsbejahenden Patriotismus hatten mittreiben lassen. Katō und seine Freunde bezogen ihre Glaubwürdigkeit aus dem Ernst und der Überzeugung, mit der sie sich, ohne doktrinären Eifer, für eine gesellschaftlich engagierte und sich nicht hinter angeblich japanischer Einmaligkeit verschanzende Literatur und Kunst aussprachen. Der sogenannte *shishōsetsu*, wörtlich: Ich-Roman, ein für die moderne japanische Literatur dieses Jahrhunderts charakteristisches autobiographisches Genre, etwa wurde von ihnen als zu privatistisch, als zu sehr dem – oftmals belanglosen – persönlichen Erleben impressionistisch verhaftet abgelehnt.

Doch es ging Katō damals wie heute keinesfalls vornehmlich um Literatur. In der Literatur manifestiert sich für ihn stets ein bestimmtes Verhältnis zur Welt, das es zu reflektieren gilt. Immer setzt er die Dinge, die ihn beschäftigen, in Beziehung zu übergeordneten Rahmen und universalen Fragestellungen und versieht sie dadurch mit einer Perspektive, die seine Schriften von dem auch gegenwärtig eher typischen Stil japanischer essayistischer und expositorischer Texte abhebt. Deren Qualität wird mit Vorliebe am Eindruck von Unmittelbarkeit des Einfalls und Eleganz der assoziativen Verknüpfung gemessen, wobei die Ausgangsfrage oder auch das Erkenntnisziel dem Blick auf Nimmerwiedersehen entschwinden darf, solange die vor uns entfaltete sprachliche Landschaft uns zu fesseln vermag. Nicht so Katō: Wer seine Bücher und Essays über japanische und europäische Literatur, über Kunst, Musik, Film und Architektur, über Geschichte, Zeitgeschehen und Politik liest, hat dabei stets die Persönlichkeit vor Augen, die sich und uns mit unbestechlicher

Strenge die Fragen vorgibt, welche sich bei Betrachtung der Gegenstände stellen und auf deren Beantwortung sich sein Text einläßt.

Noch befinden wir uns allerdings im denkwürdigen Jahr des Kriegsendes, und hier setzt der zweite Band der *Schafsgesänge* ein. Hat uns Katō im ersten Band seiner Erinnerungen mit seiner familiären Umgebung, mit der Atmosphäre und mit ersten prägenden Erlebnissen in Schule und Universität vertraut gemacht, so tritt uns im hier vorliegenden zweiten Band ein ausgebildeter Arzt entgegen, in dessen Lebensweg vom Kriegsende bis zu Beginn der sechziger Jahre sich zugleich wichtige Stationen der japanischen Nachkriegsgeschichte ablesen lassen. Der erste Band endet mit der Erleichterung und hoffnungsfrohen Aufbruchsstimmung, die die Kapitulationserklärung des Tenno am 15. August 1945 in ihm auslöste: «Ich war damals voller Hoffnung. Nie mehr war ich so optimistisch, was die Zukunft Japans angeht, und so sehr von dem Mut beseelt, selbst etwas dazu beizutragen, wie in jenen Tagen. Da ich noch nichts begonnen hatte, konnte mein hochfahrender Mut noch nicht brechen. Und da ich Japan nicht kannte, konnte ich auch schwerlich pessimistisch sein. Noch hatten Mitglieder aus dem Kriegskabinett von General Tōjō die Geschicke Japans nach dem Krieg nicht wieder in ihre Hand genommen, so daß es Anlaß zur Hoffnung gab. Woran es mangelte, war Nahrung. Doch der Mensch lebt ja nicht vom Brot allein.»

Nun also der Aufbruch in eine neue Zeit, an deren Beginn Katō als Mitglied eines amerikanisch-japanischen Ärzteteams das Grauen von Hiroshima aus nächster Nähe kennenlernt. Zugleich ergibt sich dabei jedoch auch eine erste Gelegenheit, westliche Ausländer, nämlich seine amerikanischen Kollegen, im Alltag zu erleben. Katō läßt uns in seinen Erinnerungen die Erfahrung der Fremdheit recht hautnah nachvollziehen, vor allem im Kapitel «Zweiter Aufbruch», als er sich, im Flugzeug nach Paris sitzend, bewußt macht, daß die Welt, die er zu betreten sich anschickt, nicht nur sprachlich, sondern in so gut wie jeder Hinsicht grundlegend anders ist als alles, was ihm bisher vertraut war.

Wahrscheinlich liegt in dieser Ehrlichkeit vor sich selbst und in dem unerschrockenen Willen, die beunruhigende Fremde auszuhalten und in der eigenen Erfahrung zu verarbeiten, das Geheimnis von Katōs intellektueller Produktivität und Strahlkraft. Nun gehörte er im Jahre 1951, als er 32jährig mit einem Stipendium der französischen Regierung erstmals nach Europa reiste, noch zu einer äußerst kleinen Zahl Auserwählter, die nach dem Krieg eigene Erfahrungen im Ausland sammeln konnten. Und zweifellos war die Fremdheit zwischen Europa und Japan damals wesentlich greifbarer als heute, sie teilte sich womöglich unmittelbar physisch mit. Dennoch haben das Vordringen der technischen Zivilisation in alle Winkel der Welt, die Ähnlichkeit der Lebensverhältnisse und gesellschaftlichen Organisationsformen in den hochindustrialisierten Ländern die kulturelle Fremdheit ja nicht zum Schwinden gebracht, sondern allenfalls oberflächlich überdeckt. Katōs Rezept lautet auch heute noch, sich der Situation zu stellen und die innere Spannung anzuerkennen, die die Verunsicherung durch das Fremde in uns auslöst. Während viele seiner Landsleute es vorziehen, die Fremdheit entweder rundweg zu leugnen oder sich nach ersten Schockerlebnissen in die wohlgepolsterten Innenräume einer vermeintlich vertrauten japanischen oder ostasiatischen Kultursphäre zurückzuziehen, beharrt Katō darauf, daß eine noch genauere Wahrnehmung der Kluft, eine noch tiefere Vertrautheit mit dem Fremden unabdingbar ist.

In seinen Erinnerungen wächst den Begegnungen mit Europa eine zentrale Funktion im persönlichen Reifungsprozeß zu, und besonders, wenn er Kontakte mit Landsleuten in der Fremde schildert, leuchten schlaglichtartig verschiedene Formen und Stadien der Auseinandersetzung mit dem Fremden auf. Mal fällt Katō die Rolle des Dolmetschers und Vermittlers zu, mal beobachtet er, mit Sympathie oder innerem Abstand, Schwellen, die er bereits überschritten hat. So werden wir Leser Zeugen, wie sich der junge Katō «Europa» Domäne für Domäne geistig und emotional erschließt. Man darf annehmen, daß diese frühe Einübung in die Auseinandersetzung mit dem Fremden exemplarischen Charakters ist, so daß die hier entfalteten Modi sich auch in späteren Lebensphasen und in der Begegnung mit anderen Kulturen werden wiederfinden lassen. Dies jedenfalls bestätigt auch des Autors Fazit, der die *Schafsgesänge* als Nachzeichnung seiner Lehr- und Wanderjahre begreift, als Bestandsaufnahme seiner *éducation sentimentale.* In den reichlich dreißig Jahren, die seither vergangen sind, habe er sich, wie er in einem Interview gesteht, nicht mehr wesentlich verändert.

Die Begegnung mit der fremden Kultur war, so dürfen wir vermuten, gewiß ein wesentlicher Auslöser für Katōs systematische Auseinandersetzung mit der japanischen Tradition und Geschichte, die er seither als freischaffender Publizist betreibt. Von zahlreichen Universitäten des In- und Auslands hat Katō Angebote auf eine feste Professur bekommen, doch obwohl er viele Einladungen annahm, bestand er stets auf einer zeitlichen Begrenzung seiner Verpflichtung, um seine innere und äußere Unabhängigkeit zu wahren. Als Galionsfigur des intellektuellen Establishments fühlt er sich nicht wohl; lieber ist ihm ein Standort an der Peripherie, sofern seine Bekanntheit dies überhaupt noch zuläßt.

Wer ihn als akademischen Lehrer erlebt hat – er hat u. a. von 1960 bis 1969 an der Universität von British Columbia, von 1974 bis 1976 in Yale, in Genf, Cambridge, Venedig, am Colégio de Mexico, in Princeton, in Tōkyō, in Peking, in München und zweimal, 1969 und 1992, an der Freien Universität Berlin japanische Kulturgeschichte gelehrt –, kann von seiner intellektuellen Begeisterungsfähigkeit und seinem pädagogischen Ernst nur tief beeindruckt sein. Dabei treibt ihn ein geistiger

Erlebnishunger, der auch aus seinen zahlreichen Büchern und Essays, den Zeitungskolumnen und den öffentlichen Vorträgen und Reden spricht. Ob er sich zur Frage von Japans Kriegsverantwortung oder zur Erziehungsreform, zur Schulbuchzensur oder zum japanischen Gleichstellungsgesetz von Mann und Frau, zum fünfzigsten Jahrestag von Hiroshima und Nagasaki oder zur Frage der Universalität der Menschenrechte äußert – Katō ist kein gemütlicher Festredner, sondern ein engagierter, konsequent liberaler Kritiker der Gegenwart, der mit unbequemen Wahrheiten nicht hinter dem Berg hält. Immer wieder führt er seiner Gesellschaft ihre provinzielle Verschlossenheit vor Augen. Allem ersten Augenschein zum Trotz ist Japan in den 90er Jahren nämlich keinesfalls weltoffener geworden, und auch der Anschluß an das Internet hat keinen qualitativen Wandel bewirkt. Japan kreist um sich selbst und ist sich auch im proklamierten Zeitalter der Globalisierung selbst genug.

Die besondere Rolle, die Katō damit in Japan zufällt, ergänzt aus der Außensicht erst das Bild dieses Landes, das eben auch Intellektuelle von seinem Schlag hervorgebracht hat. Der mehrsprachige Katō, dessen Abhandlungen zur Geschichte der japanischen Literatur von den Anfängen bis in die Gegenwart oder zur Kulturgeschichte seines Landes in zahlreichen europäischsprachigen Ausgaben vorliegen und dessen Gesammelte Werke, deren zweite Folge soeben im Erscheinen begriffen ist, 24 Bände umfassen, lebt seinen Landsleuten ein selbstbewußtes Weltbürgertum vor.

Als Gelehrter stellt Katō eine Herausforderung für die japanische Kulturwissenschaft dar, denn er überspringt mit Leichtigkeit die Zäune und Gräben in und zwischen den etablierten akademischen Schulen. Er hält sich nicht an die Regel, daß man als Spezialist nur eine einzelne historische Epoche betrachten sollte, und begeht den Frevel, kultur- und epochenübergreifend nach strukturellen Gemeinsamkeiten Ausschau zu halten. Die Suche nach einer universalen Sprache habe ihn motiviert, seine Geschichte der japanischen Literatur zu schreiben, bekennt der Autor, und hierin liegt zweifellos auch ein Grund für die internationale Ausstrahlung, die sein Schaffen besitzt. In diesem Sinne dürfte Katō einer der besten intellektuellen Botschafter sein, die sein Land in diesem Jahrhundert hervorgebracht hat.

Maruyama Masao, der 1996 verstorbene große Politikwissenschaftler, hat es 1980 einmal so formuliert: «Es müßte mehr Katō Shūichis geben.» Dem ist nichts hinzuzufügen.

Katō Shūichi: *Schafsgesänge: Begegnungen mit Europa.* Aus dem Japanischen übertragen von Steffi Richter und Saito Eiko. Mit einem Nachwort von Irmela Hijiya-Kirschnereit. Frankfurt/M., Leipzig: Insel Verlag 1997.

«Das Große, Finstere»

Ōba Minako: Tanze, Schneck, tanz. Erinnerungen

> Die berühmte Autorin Ōba Minako (1930–2007) zeichnet mit diesem ungewöhnlichen Werk, einer Folge von kurzen, fast beiläufig erzählten Skizzen, die Geschichte des modernen Japan nach, wie sie sich in der Geschichte ihrer Familie spiegelt, und versucht in der Rückschau eine Annäherung an die Menschen, in deren Mitte sie aufwuchs und deren Lebensentwürfe, geheime Träume und Enttäuschungen auch ihr eigenes Leben mitbestimmten.

«Vielleicht ist der Mensch ein Wesen, das nicht einmal sich selbst versteht», lesen wir in Ōba Minakos *Träume fischen,* ihrem ersten ins Deutsche übersetzten Roman. Doch gerade um das Verstehen scheint es im vorliegenden Werk zu gehen, um eine Annäherung an die eigene Geschichte auf dem Wege über die Erkundung der Lebensschicksale jener Menschen, in deren Mitte Ōba Minako aufwuchs und deren Lebensentwürfe, geheime Träume und Enttäuschungen auch ihr eigenes Leben mitbestimmten.

Die Perspektive dieser Erkundung ergibt sich aus dem Gegenstand, denn nur den kleineren Teil der Entwicklungen und Ereignisse in der Geschichte ihrer Familie seit dem späten 19. Jahrhundert hat die 1930 geborene Autorin selbst miterlebt. Also ist sie auf Berichte und Erzählungen, auf Briefe und vereinzelte Dokumente aus ihrer Familie und deren Umkreis angewiesen, und sie entwickelt ihre Darstellung sehr bewußt aus den Schilderungen anderer heraus. Ihre Haltung unterscheidet sich grundlegend von der eines allwissenden Erzählers – sie tastet sich fragend über die eigene Erinnerung, die Geschichten und Kommentare der anderen und die behutsame Rekonstruktion «objektiver» Gegebenheiten an die Personen und das Geschehen heran. Folglich begegnen wir so häufig den Wahrheitsanspruch einschränkenden, Distanz behauptenden Wendungen wie «es heißt», «man sagt», «offenbar», «man erzählt sich» oder «anscheinend», «wie ich hörte». Gewißheit wird nur selten vermittelt. Vielmehr bleiben viele Fragen offen, auch solche, die die Erzählerin selbst stellt. Was dachten die Großeltern wirklich über den Krieg? Was war der Grund für Großvater Shōsakus Scheitern in der Beamtenlaufbahn? Weitere Fragen drängen sich uns auf: Weshalb wünschte sich Takiko eigentlich, daß ihr Mann nach ihrem Tod ihre jüngere Schwester heiratete? Was empfand Ōbas Vater, der Militäroberarzt, im Krieg? – Vieles bleibt im Dunkeln. Wir können es nicht wissen, mehr noch, das «Große, Finstere», von dem in einem Kapitel die Rede ist, entzieht sich jedem Versuch, es auszusprechen.

Das tastende, fragende Vorgehen bewirkt, daß einzelne Figuren oder Ereignisse wiederholt aufgegriffen und beleuchtet werden. Wiederholungen ergeben sich aber auch aus der besonderen Publikationsform dieses Werks. *Tanze, Schneck, tanz* wurde über einen Zeitraum von drei Jahren, von Januar 1982 bis November 1984, in einzelnen Folgen von unterschiedlicher Länge, die mit den Kapiteln des vorliegenden Buchs identisch sind, in einer Zeitschrift publiziert und anschließend erst als Buch herausgebracht. Diese Publikationsform ist in Japan sehr verbreitet, ja man kann sagen, daß Romane oder längere Erzählwerke, die nicht zuvor stückweise in Zeitschriften veröffentlicht wurden, eher die Ausnahme darstellen, was übrigens noch dadurch bestätigt wird, daß die heutzutage für unseren Kulturkreis übliche Publikationsweise *en bloc* beim Erscheinen eines japanischen Romans in jenen, wie gesagt, ungleich selteneren Fällen hervorhebend vermerkt wird. Fortsetzungswerke wie das vorliegende sind also die Regel.

Natürlich wäre es möglich, den Text vor Erscheinen der Buchausgabe noch einmal zu überarbeiten, doch dies geschieht nicht oft. Japanische Autoren wie Leser stoßen sich offenbar nicht an Wiederholungen und Überschneidungen, sondern sie erkennen darin die ursprüngliche Organisationsform des Textes wieder, der zuvor in Form von einzelnen, relativ selbständigen Erzähleinheiten vorlag. Auch die als Romane bezeichneten längeren Erzählwerke des Nobelpreisträgers Kawabata Yasunari sind übrigens durchweg so entstanden. Kawabata weigerte sich sogar, Unstimmigkeiten im *plot* und im Zeitgerüst in den einzelnen Teilen, den «Kapiteln» seiner Werke für die Buchform auszuräumen, obgleich er bisweilen von Lesern darauf hingewiesen wurde. Immerhin scheint das japanische Publikum Redundanzen, ja selbst innere Widersprüche in der Handlungsführung an einem realistisch konzipierten Werk nicht als Negativum zu verbuchen, was darauf hindeutet, daß andere Seiten des Textes im Mittelpunkt der Aufmerksamkeit stehen.

Doch was macht nun den Reiz dieses Werks aus? Da ist zum einen die Leichtigkeit, mit der die Autorin als Ich-Erzählerin ihres Textes verschiedene Erzählgenres miteinander verflicht und unmerklich zwischen Autobiographie oder Memoirenstil, Familienchronik und einer japanischen Form des Essays hin und hergleitet und bei aller scheinbaren Beiläufigkeit dennoch das Erzählganze stets im Blick behält. Hinzu kommt, daß sie mit dieser assoziativen Erzählweise ihrem Stoff über ihren zutiefst persönlichen Zugriff allgemeine Seiten abgewinnt, so daß wir zugleich fast so etwas wie eine in wesentlichen Zügen skizzierte Sozial- und Kulturgeschichte des modernen Japan vor Augen haben.

Gewiß, die Ereignisse der «großen» Geschichte bleiben im Hintergrund, sie nehmen allenfalls ansatzweise Konturen an, wenn hier und da ein historisches Geschehen, etwa revolutionäre Unruhen in den Provinzen im Zusammenhang mit der Meiji-Restauration oder Figuren der Geschichte wie die Gründer berühmter Bildungsinstitutionen, Politiker oder ein kaiserlicher Prinz den Lebensweg von Ōbas Familie streifen. Viel unmittelbarer und elementarer aber teilt sich uns der geschichtliche Wandel aus dem alltäglichen Leben der Figuren mit. Von der Generation der Großväter und Großmütter an atmet ihr Leben die politische und soziale Umbruchsituation, die alle Bereiche des Lebens erfaßt. – Die bittere Armut und absolute Abhängigkeit der Pachtbauern auf dem Lande, das soziale Hierarchiegefälle und der Kontrast von Stadt und Land werden ebenso nachvollziehbar wie die Rivalität der Provinzen und das unterschiedliche Prestige von Dialekten. Wir erfahren etwas über die Optionen, die Karrieremöglichkeiten der Gründergeneration im Regierungsbeamtentum in der Hauptstadt, was allerdings die Zugehörigkeit zur richtigen politischen Clique voraussetzt, oder als Unternehmer in der Provinz mit den aufregenden Aussichten, in den Auslandshandel einzusteigen.

Die Formen des Scheiterns sind vielfältiger als der Erfolg, doch auch im Leben der Frauen macht sich, wenn auch mit gewissem Verzug, sozialer Wandel bemerkbar. Wir erfahren von «neuen Frauen» bereits in der Großmüttergeneration, und Shōsaku, der sich erfolgreich weigert, die ihm von der Familie ausgesuchte Ehefrau anzunehmen, entscheidet sich später in Tōkyō für den noch seltenen Typus einer «parkettsicheren» Frau, was ihn jedoch nicht davon abhält, nach traditioneller Manier weiterhin in seiner Umgebung den generösen Frauenheld zu spielen und seine Familie dadurch in ernste finanzielle Schwierigkeiten zu bringen. Sein Karriereknick und sein Scheitern in gesellschaftlicher Hinsicht hängen, wie die Erzählerin mehrfach vermerkt, ursächlich damit zusammen, daß er seine Ehefrau als Partnerin nicht ernst nahm. Offenbar vermochte er darin nicht über seinen vormodern-patriarchalischen Schatten zu springen.

Ōbas Mutter, die eigensinnige Mutsuko, verkörpert als kapriziöses *modern girl,* eine Art *femme fatale* der zwanziger und frühen dreißiger Jahre in Tōkyō, den Zeitgeist auf ihre Weise.

Was jedoch an all den weiblichen wie auch den männlichen Figuren am meisten fesselt, ist ihre ausgeprägte Individualität, mit der sie den ihnen gesetzten Rahmen, die mehr oder weniger eng definierten Rollen sehr unterschiedlich ausfüllen. Ob sie sich, wie Großmutter Kisa, aus der Position der moralischen Überlegenheit heraus betont weiblich-unterwürfig geben oder zu Temperamentsausbrüchen neigen wie Mitsu, die ältere Schwester von Ōbas Vater Saburō, die «hysterisch», aber auch «hysterisch lieb» erscheint, ob sie, wie die schönen Schwestern von Ōbas

Mutter, auch verheiratet noch ständig wetteifern, wer die schönste sei; ob sie, wie Großvater Chūji, sich für Jahre davonschleichen und als Hafenarbeiter den Traum von einem freieren Leben in Amerika leben oder ob sie im Alter ihren Protest nur noch durch Schweigsamkeit artikulieren – sie werden in unserer Phantasie lebendig mit all ihren Hoffnungen und ihren menschlichen Schwächen. Doch mehr noch, wir erleben eine erstaunliche Bandbreite an Ausdrucksformen und Möglichkeiten der Beziehung zwischen Männern und Frauen, Eltern und Kindern, wie wir sie kaum erwartet hätten, würden wir uns nur an den schematisierten Darstellungen zur japanischen Geschichte und Gesellschaft orientieren. Wir erfahren Familiengeschichte als fragiles Gebäude aus Ambition und Beharren, aus Emotion und Konvention, wurzelnd in Lokalität und sozialem Wandel. Und am Ende der Lektüre stellt sich das Gefühl ein, einer Reihe von überaus charakteristischen, lebendigen Personen begegnet zu sein.

Ōbas ungewöhnlicher Erzählstil, ihre Schnitt- und Überblendungstechnik, ihr häufiger Perspektivenwechsel und das Assoziative, das gleichsam die Erinnerung im wirklichen Leben nachbildet, rührt auch von jener japanischen Essaygattung her, die in den Text eingebettet ist.

Zuihitsu heißt dieses seit dem 10. Jahrhundert bis auf den heutigen Tag in Japan sehr beliebte Genre, zu deutsch «freier Pinsel» oder «dem Pinsel folgen», womit der lockere, unbefangene Charakter dieser Stegreifnotizen umschrieben ist, die man am besten als Miszellen bezeichnet. Das früheste Denkmal dieser Gattung, das berühmte *Kopfkissenbuch* der Hofdame Sei Shōnagon von der Wende vom 10. zum 11. Jahrhundert, besteht aus Aufzählungen, Gedanken, Erinnerungen, Notizen, Skizzen, Anekdoten und Biographischem, und es ist sicher kein Zufall, daß Ōba in ihrem Text auch auf dieses klassische Werk anspielt. Auch sie nutzt die gestalterische Freiheit des Genres, das aus der emotionalen Bewegung oder einer kontemplativen Grundhaltung heraus scheinbar absichtslos von einem Thema zum anderen gleitet, Erinnerung und Erzählgegenwart zusammenführt und auf den ersten Blick ungewöhnliche Assoziationsketten bildet, die oftmals von einzelnen Gegenständen ihren Ausgang nehmen. Welche metaphorische, metonymische oder symbolische Bedeutung den Rüben, der Rodin-Statue des «Mannes mit der zerbrochenen Nase» oder dem Raunen der Berge zukommt, erschließt sich dem Leser im Nachvollzug der mäandernden Gedanken- und Gefühlsbewegung des Texts, seiner vielfach gebrochenen und durch literarische Anspielungen angereicherten Erinnerungsarbeit.

Für die deutsche Fassung wurde das Werk auf Vorschlag der Autorin und im Einvernehmen mit ihr um etwa ein Drittel gekürzt. Es entfielen auf diese Weise jene Kapitel und Passagen, in denen der Miszellen-Charakter besonders stark ausgeprägt ist und die nicht unmittelbar mit der Geschichte der eigenen Familie in Verbindung stehen. So ist zum

Beispiel ein frühes Kapitel des Werks dem existentialistischen Autor der Nachkriegszeit Sakaguchi Ango gewidmet, und ein anderes kreist um Lokalsagen des Tsukuba-Bergs aus der Heimat ihres Vaters. In all diesen eher essayistischen Teilen baut der Text auf eine breite Verständnis- und Wissensbasis, die die Autorin mit ihren japanischen Lesern verbindet. Nichtjapanischen Lesern dagegen müßte dieses Vorwissen, müßten diese Assoziationswerte und nostalgischen Signale zuerst erläutert werden, bevor sie sie nachvollziehen könnten. Autorin wie Übersetzerin sind jedoch überzeugt, daß die Essenz des Werks in der Konzentration auf die Familienchronik, gefiltert durch die «Tanzschneckbewegungen» der Ich-Erzählerin, aufgehoben ist.

Im übrigen bleibt die Charakteristik dieser Erzählweise auch angesichts der Kürzungen gewahrt, denn auch wenn die Autorin ihrem japanischen Publikum manche Hintergrundinformation zur Geschichte der Nation bereitstellt, setzt sie anderes Wissen, etwa die Kenntnis ihrer eigenen Biographie, stillschweigend voraus. Möglich wird dies aufgrund ihrer Prominenz als einer der bekanntesten Schriftstellerinnen der Gegenwart, vor allem aber aufgrund des großen Interesses an der Biographie, welches ein japanisches Publikum traditionellerweise seinen Autoren entgegenbringt. Liefern wir daher die wichtigsten Daten an dieser Stelle nach, auf die zum Teil im Werk selbst angespielt wird:

Am 11. November 1930 als Tochter eines in der kaiserlichen Marine tätigen Militärarztes und seiner Frau Mutsuko in Tōkyō geboren, ist Ōba Minakos Kindheit von häufigen Ortswechseln gekennzeichnet. In der Endphase des Kriegs lebt die Familie in der Nähe von Hiroshima, wo der Vater seinen Dienst versieht. Nach der Atombombenkatastrophe wird Minako mit ihrer Klasse zu Hilfsdiensten in das Grauen von Hiroshima abkommandiert, eine Phase in ihrem Leben, die sie im vorliegenden Werk jedoch überspringt. In Erzählwerken wie dem zweimal erwähnten «Urashima-Kraut» von 1978 befaßt sie sich in fiktionalisierter Form mit dem Geschehen.

Nach Kriegsende zieht die Familie nach Niigata in die Heimatstadt der Mutter. Wegen ihres aufmüpfigen Betragens muß Minako aber auch hier noch die Schule wechseln. Mit 19 Jahren schreibt sie sich zum Studium der englischen Literatur an der privaten Tsuda-Frauenhochschule in Tōkyō ein und lernt im gleichen Jahr Ōba Toshio, ihren zukünftigen Ehemann, kennen. Im Alter von 23 Jahren wird sie Lehrerin, gibt jedoch aus gesundheitlichen Gründen die Stelle nach etwa einem Jahr wieder auf. 1955 heiratet sie, ein Jahr später wird die Tochter Yū geboren. Die Versetzung ihres Mannes nach Sitka in Alaska im Jahre 1959 bietet ihr die Gelegenheit zu extensiven Reisen und zu Studien an den Universitäten von Wisconsin und Seattle. Von Alaska aus schickt sie auch jenes in der nahezu völligen Isolation von der literarischen Welt Japans entstandene Werk, die Erzählung *Drei Krabben,* als Wettbewerbsbeitrag in die Heimat, mit dem sie 1968 den renommierten Akutagawa-Preis gewinnt. Seither hat sie in geradezu atemberaubender Produktivität, die sie selbst auf das immer noch nicht abgearbeitete «Polster» an literarischen Skizzen und Entwürfen aus ihrer Zeit in Alaska zurückführt, in ununterbrochener Folge Erzählungen, Romane, Essays, Theaterstücke, Reiseberichte und Drehbücher verfaßt, die mit den bedeutendsten Preisen des Landes ausgezeichnet wurden.

Seit 1970 lebt sie wieder in Japan. Häufige Reisen führen sie in alle Teile Japans wie auch auf alle Kontinente. Neben ihrer Kollegin Kōno Taeko ist sie seit 1987 die erste Frau in der Jury des Akutagawa-Preises, jener wohl öffentlichkeitswirksamsten Auszeichnung ihres Landes, zumal der Literatur dort nach wie vor ein wichtiger Stellenwert zukommt. Sie ist Vizepräsidentin des japanischen PEN-Zentrums und Sprecherin des Verbandes japanischer Schriftstellerinnen, und ihr wurde überraschend früh die Ehre einer Aufnahme in die japanische Akademie der Künste zuteil. 1991 erschien eine zehnbändige Gesamtausgabe ihres Werks im Verlag Kōdansha, die mittlerweile schon durch weitere Bände zu ergänzen wäre.

Tanze, Schneck, tanz ist eines ihrer weniger bekannten, aber von ihr selbst wie auch von Schriftstellerkollegen, etwa der erwähnten Kōno Taeko, besonders geschätzten Werke. Kōno zählt es zu ihren Lieblingsbüchern aus Ōbas breitem Œuvre. Die besondere Intimität des Gegenstands und die Freimütigkeit, mit der Ōba auch die Schwächen der ihr sehr nahestehenden Personen preisgibt, verleihen dem Werk einen sehr besonderen Charakter. Es ist eine komplizierte Mischung aus Betroffenheit und Distanzierung, es sind Scham, liebevolle Zuwendung und das Bekenntnis der Zugehörigkeit, in denen wir der menschlichen Qualität dieser Literatur begegnen und in der jede kulturelle Fremdheit schwindet.

In stärker fiktionalisierter Form hat Ōba die Geschichte ihrer Familie übrigens noch einmal zum Thema eines Werks gemacht. Der 1993 erschienene, übrigens auch zuvor in einer Zeitschrift in einzelnen Folgen veröffentlichte Roman «Zweihundert Jahre» *(Nihyakunen)* entwirft die Chronik über sechs Generationen bis ins einundzwanzigste Jahrhundert, die Zeit, wenn Ōbas Enkelin erwachsen wird.

Wiederholt betont die Autorin, daß sie als Schriftstellerin aus der Geschichte und den Geschichten der sie umgebenden Personen lebt, die sie als Medium in Literatur verwandelt. Und so dürfen wir annehmen, daß dieses Buch alles zugleich ist – eine Hommage an die eigene Familie und die kulturellen Wurzeln, eine Skizze zur Geschichte des modernen Japan aus denkbar intimstem Blickwinkel und die Bestandsaufnahme einer berühmten japanischen Autorin, die sich über ihren eigenen Werdegang literarisch Rechenschaft ablegt.

Ōba Minako: *Tanze, Schneck, tanz. Erinnerungen.* Aus dem Japanischen übertragen und mit einem Nachwort versehen von Irmela Hijiya-Kirschnereit. Frankfurt/ M., Leipzig: Insel Verlag 1995.

Innenansichten

Das Drama des begabten Kindes

Dazai Osamu:
Gezeichnet. Roman

«Ich habe ein schändliches Leben geführt. Was *menschlich* leben heißt, weiß ich nicht.» Mit diesen Worten beginnen die Aufzeichnungen eines Unglücklichen über sein chaotisches Leben zwischen mehreren Frauen, Alkoholexzessen und Nervenheilanstalten.
Dazai Osamu (1909–1948) war schon zu Lebzeiten ein Mythos und Idol seiner und der nachfolgenden Generationen. Sein autobiographisch inspirierter, postum 1948 erschienener Roman gehört zu den meistgelesenen japanischen Büchern des Jahrhunderts.

Der erste Akt der Tragödie Menschenleben beginnt damit, daß es Eltern und Kinder gibt. Akutagawa Ryūnosuke

Den Lesern dieses Buches dürfte es ähnlich gehen wie dem nur als Schatten auftretenden Ich-Erzähler zu Beginn und am Ende der Erzählung: Er gerät, kaum daß er die Bilder von «ihm» gesehen und in den Notizheften zu blättern begonnen hat, in den Sog der Geschichte jenes Ōba Yōzō, der darin sein «schändliches Leben» ausbreitet. *Gezeichnet* ist mehr als ein moderner Klassiker, es ist eins der meistgelesenen japanischen Bücher dieses Jahrhunderts. Die Faszination, die von diesem Roman ausgeht, erklärt sich indessen wohl nicht allein aus den Übereinstimmungen mit der bewegten bis dramatischen Vita des Autors. Künstlerisch überzeugender hätte man diese Geschichte eines verzweifelten Lebens wohl kaum gestalten können, und es ist ohne Zweifel das Genie des Schriftstellers Dazai Osamu, das uns in dieser kongenialen Übertragung seiner japanischen Version einer *conditio inhumana* unmittelbar anspricht.

Wer war dieser Autor, der das Erscheinen dieses Werks erst gar nicht mehr abwartete, sondern der nach der Ablieferung des letzten Teils an den Verlag mit einer Geliebten in den Tod ging, doch erst Tage später, am 19. Juni 1948, seinem 39. Geburtstag, im Tamagawa-Kanal in Tōkyō gefunden wurde?

Dazai Osamu, mit bürgerlichem Namen Tsushima Shūji, wurde 1909 als zehntes Kind einer wohlhabenden, alteingesessenen Familie in der nordwestjapanischen Provinz geboren. Die Tsushimas zählten zu den mächtigsten Großgrundbesitzern der Präfektur Aomori, und der Vater Gen'emon war lange Jahre Abgeordneter im Parlament in Tōkyō. Shūji sieht sich als Kind in dem großen Haushalt wenig beachtet und geliebt und in eine Außenseiterrolle gedrängt. Eine engere emotionale Bindung scheint er allenfalls zu seinem jungen Kindermädchen Take entwickelt zu haben. Nur als Familienclown meint er die Aufmerksamkeit der anderen auf sich ziehen zu können. So wächst der notorische Possenreißer heran, doch er entdeckt schon bald die Literatur als Betätigungsfeld für sich. Er liest Tag und Nacht und schreibt mit 13 seine ersten Erzählungen. Mit Schulfreunden gründet er 1925 die literarischen Zeitschriften «Sternbild» und «Fata morgana». 1927 tritt er in die Literaturabteilung der Hochschule in Hirosaki ein. Der Freitod des von ihm zeitlebens verehrten Akutagawa Ryūnosuke im Juli des Jahres trifft ihn wie die gesamte literarische Öffentlichkeit, die darin das Scheitern eines liberalen, weltoffenen Intellektuellen zu sehen geneigt ist.

Im Herbst desselben Jahres verliebt er sich in die junge Geisha Hatsuyo und gerät durch Freunde in den Dunstkreis der Kommunistischen Partei. Im Jahr darauf unternimmt er mit Schlaftabletten einen ersten Selbstmordversuch. Und so beginnt ein Strudel an emotional aufwühlenden Ereignissen. Mit 20 belegt er an der Kaiserlichen Universität Tōkyō französische Literatur. Hatsuyo flieht aus ihrem Geisha-Kontrakt zu Shūji nach Tōkyō, doch dessen ältester Bruder, der seit dem Tod des Vaters 1923 als Familienoberhaupt fungiert, holt sie zurück nach Aomori. Shūji wird aus dem Familienregister gestrichen und fährt mit Shimeko, einem Serviermädchen, ans Meer, um dort zu sterben. Shimeko kommt um, er überlebt und erholt sich in einem Kurort, wo er anschließend Hatsuyo im Beisein seiner Mutter heiratet.

Wegen seiner Verbindungen zu linken Kreisen, die er mit regelmäßigen Geldbeträgen unterstützt, wird er wiederholt von der Polizei verhört. Eine Lungentuberkulose macht ihm zu schaffen, und er muß immer wieder das Bett hüten. Doch 1933, das Jahr, in dem er erstmals den Schriftstellernamen Dazai Osamu benutzt, bringt ihn literarisch voran; unter anderem entsteht die Erzählung «Erinnerungen», die erste große literarische Selbsterkundung, die im Kern bereits all jene Figuren und Konstellationen sowie Schlüsselszenen aus seiner Kindheit und Jugend bis hin zu einzelnen Formulierungen enthält, die er in zahlreichen späteren Werken, zuweilen als wörtliche Zitate, dann wieder in charakteristischen Transformationen, bis hin zu seinem letzten Roman *Gezeichnet* wiederaufgreift.

Sein literarisches Talent findet zunehmend Anerkennung, auch wenn er für den ersten Akutagawa-Preis, der 1935 vergeben wird, nur nominiert, nicht aber mit ihm ausgezeichnet wurde. Daß ihn die Kaiserliche Universität wegen Nichtzahlung der Studiengebühren exmatrikuliert, trifft ihn nicht sonderlich, da er die Abschlußprüfung ohnehin nicht ablegen wird. Daß er dagegen die Aufnahmetests in die Redaktionsränge der Zeitung *Miyako shinbun* nicht besteht, hat einen Selbstmordversuch zur Folge.

Bei einem Krankenhausaufenthalt werden ihm starke Schmerzmittel verabreicht – der Beginn einer Sucht, die durch weitere Krankenhaus- und Sanatoriumsphasen nur mühsam überwunden wird. Im Oktober 1936 wird er in eine Nervenheilanstalt gebracht, in der er einen Monat verbringt. Im Anschluß daran entsteht die Erzählung mit dem englischen Titel HUMAN LOST, in der er in Form eines Tagebuchs seinen Seelenzustand während dieser Tage und Wochen schildert – Wut und Schmerz über den Verrat von Frau und Freunden, die ihn einliefern ließen, Sprachlosigkeit und Entsetzen über den Verlust der Menschlichkeit und Menschenwürde, der ihn wie seine Mitinsassen in der geschlossenen Anstalt getroffen hat. Später erst wird er erfahren, daß seine Frau ihn während dieser Zeit auch noch in einem anderen Sinn betrogen hat.

Die Idee zu dem Roman *Gezeichnet* entstand gleichfalls nach diesem traumatischen Ereignis. Die auch im Japanischen recht ungewöhnlich klingende Titelformulierung *Ningen shikkaku,* zu deutsch etwa «Als Mensch disqualifiziert», nimmt gleichsam das selbst schon halbwegs kryptische HUMAN LOST als Echo wieder auf. Er plane, so heißt es in einer Tagebuchaufzeichnung vom 13. November 1940, auf den Tag genau vier Jahre nach seiner Entlassung aus der Nervenheilanstalt, jene Ereignisse in fünf, sechs Jahren mit größerer Gelassenheit noch einmal aufzugreifen. Es sollte jedoch noch etwas länger dauern, denn erst im März 1948 nimmt er das Werk in Angriff.

Nachdem er von Hatsuyos Ehebruch erfahren hat, versuchen beide, sich in einem Kurort in den Bergen gemeinsam das Leben zu nehmen, was jedoch mißlingt. Also fahren sie nach Tōkyō zurück und trennen sich. Hatsuyo kehrt mit einer Abfindung nach Aomori heim, und Dazai verbringt die folgenden Monate hier und dort. Auf Vermittlung seines literarischen Freundes und Mentors Ibuse Masuji heiratet er 1939, im Alter von 29, erneut und verbringt die folgenden Jahre mit häufigen Reisen, auf die er seine Frau Michiko mitnimmt. Literarische Landschaftsportraits und Reisebilder haben ihn als Schriftsteller ebenso berühmt gemacht wie Volkssagen, Märchen und Essays.

1941 wird seine Tochter Sonoko geboren. Von der Schriftsteller-Mobilisierung wird er wegen seiner schwachen Lunge zurückgestellt, doch im Jahr darauf – am 8. Dezember 1941 japanischer Zeit hatte mit dem Angriff auf Pearl Harbor der Pazifische Krieg begonnen – wird er als Reservist requiriert und wiederholt zu Aufgaben in der örtlichen Verteidigung herangezogen. Wie fast alle Schriftsteller in jenen Tagen macht er die Erfahrung, daß Werke von der Zensur nicht für den Druck freigegeben werden. Der Krieg spitzt sich zu, und das Leben in Tōkyō wird für die Familie – inzwischen wurde der Sohn Masaki geboren – immer schwieriger. Nach einem Bombenangriff im April 1945, bei dem ihr Haus in Tōkyō zerstört wurde, zieht die Familie nach Kōfu aufs Land, doch auch dort fallen Bomben. Das Ende des Krieges wartet die Familie in Dazais Heimat ab.

Das letzte Kapitel von Dazais Leben nach der Rückkehr der Familie nach Tōkyō im November 1945 gestaltet sich, was seine Beziehungen zu Frauen angeht, zunehmend verworren. Er trifft sich wiederholt mit Ōta Shizuko, einer langjährigen Verehrerin, die schließlich ein Kind von ihm erwartet. Außerdem lernt er Yamazaki Tomie kennen, die gleichfalls seine Geliebte wird und in deren Wohnung er seine Manuskripte schreibt. Seine zweite eheliche Tochter Satoko wird geboren, und im November bringt Shizuko ein Mädchen zur Welt, dem er den Namen Haruko gibt. Inzwischen hat er seinen Roman *Die sinkende Sonne* abgeschlossen, und ein Verlag plant eine Gesamtausgabe seiner Werke. Sein Gesundheitszustand hingegen verschlechtert sich zunehmend, er spuckt Blut und nimmt versehentlich eine Überdosis Schlaftabletten. Dennoch entstehen in diesen Monaten auch so bekannte Erzählungen wie «Villons Frau», die von einem schwachen Hoffnungsschimmer durchzogene Geschichte des finanziellen und moralischen Bankrotts einer Familie, und der erwähnte Roman, ein eindringliches Portrait jener orientierungslos-verworrenen Nachkriegsjahre.

Im März 1948 fährt er mit Tomie in den Badeort Atami und beginnt mit der Niederschrift des Romans *Gezeichnet*. Gleichzeitig hat die Zeitung *Asahi shinbun* ihm einen Auftrag für einen Fortsetzungsroman gegeben, den er mit *Guddo bai* (Goodbye) betitelt und der unvollendet bleiben wird. Im Juni erscheint die erste Folge von *Gezeichnet* im Druck, doch die Buchausgabe des Werks, die Ende Juli herauskommt, erlebt Dazai nicht mehr. Am 21. Juni wird seine Urne im Zenrin-Tempel im Tōkyōter Stadtteil Mitaka beigesetzt.

Soweit die äußeren Daten dieses heftigen und selbstzerstörerischen und zugleich literarisch produktiven Lebens. Was Dazai in Japan zum Star, aber auch zu einem erstrangigen Schriftsteller machte, läßt sich im vorliegenden Werk eindrucksvoll studieren.

Zwar hat Dazai sein erzählerisches Talent auch an fiktionalen Erzählungen wie Märchen, Fabeln und Sagen gewetzt, die mittlerweile als Klassiker gehandelt werden, doch die Kreativität dieses Autors entfaltet sich vor allem im Rückgriff auf die eigene Biographie, in jenem sehr eigentümlichen einheimischen Erzählgenre, das zum Kernbereich der japanischen Literatur im zwanzigsten Jahrhundert zählt. Der sogenannte *shishōsetsu,* wörtlich «Ich-Roman», lebt aus dem engen, pseudointimen Bezug zwischen Autor und Lesern. Die Leser sind über das Privatleben des Autors mit allen Höhen und Tiefen recht gut informiert, aus literarischen wie nichtliterarischen Quellen, und verfolgen dessen Fortgang auf dem Papier wie im wirklichen Leben mit Sympathie und der Gewißheit eines geheimen Pakts mit dem Autor, der von diesem Wahrhaftigkeit und Aufrichtigkeit fordert. Doch in dem Maße, in dem Dazai seine Geschichte in immer wieder neuen Varianten literarisch gestaltet, gewinnt er auch an Souveränität im Umgang mit dem Stoff, und in *Gezeichnet* hat er dafür die vollkommenste Form gefunden: Der Erzähler ist hier ein nicht näher beschriebener Schriftsteller, der die Notizhefte von Ōba Yōzō, einer ihm unbekannten Person, Dazais literarischem *alter ego,* in ihrer ursprünglichen Form wiedergibt. Dies verbürgt einerseits die Unmittelbarkeit des Selbstausdrucks, und Ōba Yōzōs Aussagen werden im Erzählrahmen dazu noch gewissermaßen neutral bekräftigt und beglaubigt.

Auch für japanische Leser ist es jedoch keinesfalls bloßes voyeuristisches Interesse, das die Lektüre vorantreibt, zumal wir, wie gesagt, zwar viele Episoden auf Ereignisse im Leben des Autors zurückbeziehen könnten, doch in vielen Fällen kennen wir auch diese lediglich aus anderen literarischen Schilderungen. Die besondere Eindringlichkeit der Geschichte liegt in der Art, wie sie erzählt wird – sie macht nachvollziehbar, wie es sich anfühlt, in einer traditionellen Großfamilie in der Provinz aufzuwachsen und, hin- und hergerissen zwischen Hochmut und Selbsterniedrigung, voller Selbstzweifel und Mißtrauen gegenüber den Mitmenschen, deren Anerkennung und Liebe er doch so heftig begehrt, seinen Weg als Künstler – ironischerweise als «schlechter Comiczeichner für miese Heftchen» – in der Metropole zu finden. Der Autor erklärt und begründet nicht, er stellt die Ereignisse nur dar – im nostalgischen, aber ganz und gar nicht sentimentalen Rückblick, aus der Perspektive des einsamen, verschreckten Kindes, das, wie auch noch der Jugendliche und Erwachsene, um ein Selbstwertgefühl ringt. Seine Furcht vor dem «Selbstbewußtsein und der Roheit der Menschen» wird er sein Lebtag nicht los, seinen «scharfen, gezackten Trübsinn». Schon als kleines Kind durch die Erfahrung geprägt, daß Verstellung im Umgang mit den Mitmenschen an der Tagesordnung ist und Falschheit das sicherste Mittel, um sein Ziel zu erreichen, leidet er an seinem Schuldbewußtsein, das ihn wie «ein guter Kamerad, wie eine treue Ehefrau» begleitet. Stets folgt ihm der «Rabe der Erinnerung» und hackt die Wunden wieder auf, die Erinnerung an eigenes Versagen, an Scham und Schuld. Je mehr Kontakte er sucht, desto schmerzhafter wird seine Isolation, und die Gefühle anderer, gleich ob wohlwollend oder ablehnend, empfindet er als potentielle Bedrohung.

Dabei sind ihm die Menschen*frauen* «noch um ein Vielfaches rätselhafter als die -männer», «geheimnisvolle, getriebene Lebewesen», die allerdings viel für ihn übrig haben und zu denen er sich magisch hingezogen fühlt. Das entscheidende Ereignis in seinem Leben jedoch, dasjenige, das sein Haar vorzeitig ergrauen läßt und das ihn in tiefste Verzweiflung stürzt, hat ebenfalls mit einer Frau zu tun – es ist allerdings nicht die Trauer um den vermeintlichen Verrat seiner Frau Yoshiko, die in aller Unschuld einen Mann ins Haus ließ, der sich an ihr verging, sondern Verzweiflung über sein eigenes Versagen und die Qual, «daß Yoshikos *Vertrauen* besudelt worden war». *Gezeichnet* handelt von den Grenzen, der Unmöglichkeit der Liebe.

Was den Roman vor dem Abgleiten ins Sentimentale bewahrt, sind die erzählerische Meisterschaft und die Intellektualität seines Autors, sein Humor und seine unnachahmliche Ironie, etwa, wenn er seinen Helden die Kontakte mit der linken Bewegung und die Diskussionen bei den geheimen kommunistischen Versammlungen schildern läßt. Seine Belesenheit auch in westlicher Literatur wird ganz unaufdringlich, allerdings in markantem Zusammenhang, sichtbar, etwa im Bezug auf Dostojewski und im Zitat der *Rubaijat,* der Sinnsprüche des Omar Chaijam (auch: Khayyam, Hayyam), deren Übersetzung sich im wesentlichen auf die bekannten Übertragungen von Friedrich Rosen und Henry W. Nordmeyer stützt und die hier erstmals in einer Dazai-Übersetzung in eine westliche Sprache in voller Länge wiedergegeben werden. Dazai selbst zitiert wörtlich nach einer seltenen, 1947 von Horii Ryōho publizierten japanischen Übersetzung, die – obwohl sie, wie die deutschen Versionen von Nordmeyer, auf den berühmten Nachdichtungen Edward FitzGeralds fußt – so frei ist, daß eine einwandfreie Zuordnung der Gedichte nicht in allen Fällen möglich war. Den französischen Übersetzer Georges Renondeau *(La déchéance d'un homme,* 1962, Gallimard) hat dies zu der Anmerkung verleitet, die in dem Roman angeführten Vierzeiler seien keine Rubaijat, sondern stammten aus Dazais Feder. Tatsächlich zitiert Dazai peinlich genau. Dies gilt auch für das zuerst 1912 in der Sammlung *Les fêtes quotidiennes* erschienene Gedicht von Guy-Charles Cros (1879–1956), das Dazai im Auszug einer 1925 von Ueda Bin zusammengestellten und ins Japanische übersetzten Anthologie entnommen hat. (Diese Informationen verdanke ich dem Übersetzer Jürgen Stalph.)

Überrascht mögen westliche Leser von den wiederholten biblischen Bezügen sein, die sich auch in anderen Werken Dazais in großer Zahl finden lassen. Altes und Neues Testament waren für ihn ein faszinierendes Reservoir, eine unerschöpfliche Fundgrube an tiefgründigen Sprüchen und bewegenden Episoden, und immer wieder vergleicht er sich selbst mit Christus, seinem Leiden und seiner Opferrolle. Seine permanenten Schuldgefühle, die Überzeugung, «von Geburt an Ausgestoßener» und «gezeichnet» zu sein, lassen an das Konzept der Erbsünde denken. Auch in der literarischen Faszination, die das Christentum auf ihn ausübt, ohne daß er die Religion jedoch als persönliches Bekenntnis annimmt, hat er viel mit seinem Vorbild Akutagawa gemeinsam.

Nicht alle japanischen Leser und Kritiker goutierten Dazais *Ecce-homo*-Gestus; Größen des literarischen Establishments wie Shiga Naoya und Kawabata Yasunari bekrittelten seinen Lebenswandel oder machten abfällige – möglicherweise aber nicht einmal ernstgemeinte – Bemerkungen, die Dazai jedoch zutiefst verletzten. Er wiederum warf ihnen Scheinheiligkeit und dekadente «Salonkunst» vor. Das von Shiga beschworene «Familienglück» sei die «Quelle allen Übels», denn in dem vermeintlichen Bemühen um Aufrechterhaltung jenes «Glücks» fügten die Familienmitglieder einander oft größte Grausamkeiten zu.

Auch die arrivierten Autoren zeigten sich jedoch beeindruckt von Dazais erzählerischer Kraft, und für eine riesige und immer noch wachsende Lesergemeinde wurde Dazai zum Idol. Bezeichnend ist, daß ein Jahr nach Dazais Tod ein junger Schriftsteller an seinem Grab ebenfalls Selbstmord begeht. Die Wirkung seiner Literatur beschreibt der spätere Dazai-Forscher Okuno Takeo in Worten, die fast ein wenig zu pathetisch klingen, doch sie werden durch andere Zeugnisse bestätigt: Dazai, so heißt es dort, sei für die jungen Menschen der Nachkriegszeit der einzige Autor gewesen, der ihre Gefühle an ihrer Statt, das Lebensgefühl einer ganzen Generation und Epoche ausgedrückt habe. Es gab eine Zeit, in der sich viele junge Menschen so sehr mit dem Autor identifizierten, daß sie sich ihm «auf Tod und Leben verschrieben». Entsprechend groß war die Erwartung, als der Roman *Gezeichnet* angekündigt wurde, dessen erster Teil in einer literarischen Zeitschrift erschien. Dazai selbst steigerte die Spannung, indem er das Werk als Höhepunkt seines Schaffens ankündigte und hinzufügte, nie zuvor ein so offenes Selbstbekenntnis verfaßt zu haben.

Viele der damaligen Leser scheinen den Roman auch als Vorausdeutung auf den bevorstehenden Selbstmord des Autors gelesen zu haben, denn, so Okuno: «Und als man das ‹Vorwort› las mit jener merkwürdigen Atmosphäre, die man nur als vergilbten Nihilismus bezeichnen kann, jenes Vorwort, das mit den Worten beginnt: ‹Ich habe drei Photographien von ihm gesehen›, da fühlte man neben der Erwartung auf das Werk zugleich eine unglückliche Vorahnung im Hinblick auf die Person des Autors. Das Werk in dem Gefühl zu lesen, daß der Autor sein Buch als Vorankündigung seines Selbstmords verfaßt habe, löste in den Lesern sogar ein heimliches Gefühl der Mittäterschaft aus. Unglücklicherweise bewahrheitete sich diese Vorahnung.»

In der Tat enthält das Werk gezielte Verweise auf die Figur des Autors zur Zeit der Niederschrift, obwohl die Notizhefte selbst, wie es im Nachwort heißt, die Jahre bis etwa 1932 beschreiben. Die dritte Photographie, die «widerwärtigste» und unheimlichste, da sie an eine Totenmaske erinnert, zeigt Ōba Yōzō mit stellenweise ergrautem Haar, und das letzte Heft endet mit der Bemerkung: «Ich werde siebenundzwanzig dieses Jahr. Mein Haar ist grau, und die meisten halten mich für über vierzig.» Vierzig war der Autor nach japanischer Zählung zur Zeit, da er den Roman verfaßte und in den Tod ging.

Doch auch wir, die wir dieses Buch ohne nähere Kenntnis der Vita des Autors lesen, werden in seinen Bann gezogen. Es ist, als betrachteten wir lesend einen Mann, der sich selbst im Spiegel anschaut. Ōba Yōzō, Dazais literarisches *alter ego*, beschreibt mit Leidenschaft, Liebe und Erbarmen eine kalte Welt, die für ihn nur noch Angst bedeutet – Leere, Nicht-Handeln, Selbsterniedrigung und Schmerz.

Dazai ahnte oder besser, wußte, daß dieses Werk und daß sein autobiographisch inspiriertes Schaffen das Individuelle und die konkrete Lebenssituation weit hinter sich ließen. Auch wenn die Textur der familiären und weiteren sozialen Konstellationen durchfärbt ist vom spezifischen japanischen Kolorit – er hat seinem «Drama des begabten Kindes» archetypische Züge verliehen, das er auf eine Ebene hebt, auf der es nun, in der vollendeten deutschen Übersetzung, als weltliterarisches Vermächtnis nachvollziehbar wird.

Dazai Osamu: *Gezeichnet. Roman.* Aus dem Japanischen übertragen von Jürgen Stalph. Mit einer Nachbemerkung versehen von Irmela Hijiya-Kirschnereit. Frankfurt/M., Leipzig: Insel Verlag 1997.

Melancholie und Brutalität

Ōe Kenzaburō:
Stille Tage. Roman

> Ein Schriftsteller verbringt mit seiner Frau ein halbes Jahr an einer kalifornischen Universität, während die erwachsene Tochter mit dem älteren, geistig behinderten Bruder in Tōkyō zurückbleibt. Das *Familientagebuch* der jungen Mā-chan schildert in sechs Episoden die stillen, zugleich von Gewalt und einer Schreib- und Lebenskrise des Vaters überschatteten Tage. Dieser 1990 erschienene Roman des Nobelpreisträgers von 1994, Ōe Kenzaburō (Jahrgang 1935), gilt als eines seiner schönsten Bücher.

Mit dem Namen der zentralen Figur dieses Werks ist es wie mit fast allem in der Literatur des Ōe Kenzaburō – er ist vieldeutig. Der geistig behinderte junge Mann, der ältere Bruder der Erzählerin, hat seinen familiären Kosenamen von dem hypochondrischen Esel I-Ah aus Milnes berühmtem englischen Kinderbuch *Pu der Bär.* Doch der Klang Iiyō – nach Eeyore im englischen Original – erinnert zugleich an die japanische Alltagsformel «es ist gut», «alles in Ordnung», «ja, du darfst». Diesen Namen trägt die Figur übrigens schon seit den sechziger Jahren in den Werken dieses Autors, was nichts anderes heißt, als daß die Leser I-Ah und seine Familie über Jahrzehnte hinweg in zahlreichen Erfahrungen und Ereignissen, in Geschichten mit alternativen Ausgängen, in stetig wachsendem Alter begleiten konnten. Sofern es dieselben Leser sind, die 1964 die Verzweiflung eines jungen Vaters über die Geburt eines Sohnes mit einer Hirnanomalie in dem Roman *Eine persönliche Erfahrung* kennenlernten, werden sie sich an den heftigen Fluchtimpuls des Vaters erinnern, an den Konflikt, der der Entscheidung vorausging, den Sohn als ihm anvertrautes Leben anzunehmen. Doch auch die Möglichkeit des Sterbenlassens wird in einer im gleichen Jahr veröffentlichten Erzählung in Form einer Groteske durchgespielt. Hier erscheint das tote Baby als *Agui, das Himmelsmonster* in einem weißen Baumwollnachthemd, so groß wie ein Känguruh, zu allen Tageszeiten als Geist und verfolgt seinen Vater, der, am Rande des Wahnsinns, einen Vorwand zum Selbstmord sucht. I-Ah oder Mori, wie der retardierte Sohn in anderen Werken heißt – auch dieser Name mit der japanischen Bedeutung «Wald», der seinem Autor zufolge gleichzeitig das lateinische Wort für «Sterben» assoziieren soll, ein bewußt mehrdeutig angelegtes Signal –, wächst in den

Werken von einer «pflanzenhaften» Existenz zu einem Kind mit eingeschränkten, aber auf einer kreatürlichen Ebene besonderen Kommunikationsmöglichkeiten heran und bestimmt immer grundlegender die Weltsicht und das Lebensgefühl seines Vaters. Dieser Vater aber ringt nicht nur um die Zukunft, er kämpft auch mit seiner Vergangenheit. Er versucht, den rätselhaften Selbstmord seines Vaters zu begreifen, der die Kommunikation verweigerte, eines Vaters, der nicht redet, und er selbst ist zugleich Vater eines Sohnes, der nicht sprechen kann.

Dies also ist die Konstellation, sozusagen die Ursituation, in so gut wie allen großen Erzählwerken des Ōe Kenzaburō, seien es aus einem Guß verfaßte, zum Teil mehrbändige Romanwerke oder in Buchform erschienene Erzählungszyklen wie der vorliegende Band. In dem 1969 erschienenen Zyklus «Lehr' uns, wie wir unserem Wahnsinn entwachsen können» *(Warera no kyōki o ikinobiru michi o oshieyo)* etwa begegnen wir am Ende, in der Erzählung «Vater, wohin gehst du?», einem komischen, rührenden Paar – dem dicken Mann, einem vierunddreißigjährigen Schriftsteller, und seinem schwachsinnigen Sohn mit den uns bereits bekannten Namen I-Ah und Mori, die in einer innigen Symbiose leben.

«Einem ungewöhnlich korpulenten Mann», so beginnt dieser Text, «widerfuhr es im Winter des Jahres 196-, daß er drauf und dran war, in ein schmutziges Wasserbecken geworfen zu werden, in dem ein Eisbär schwamm, und darüber fast wahnsinnig wurde. Das bewirkte, daß er von einer alten Zwangsvorstellung loskam, doch kaum war er sie los, brachte eine erbärmliche Einsamkeit die an sich schon schlanke Seele dieses korpulenten Mannes zum Schrumpfen.»

Soweit die Exposition dieser Geschichte, die davon erzählt, wie der Vater seinen vierjährigen Sohn in den Zoo mitnimmt und, ganz in das Gespräch mit ihm vertieft, hinter das Eisbärgehege gerät, wo sich eine Gruppe von Gaunern durch ihn bespitzelt fühlt und ihn dafür über dem Eisbärkäfig baumeln läßt. Am Abend wird er völlig verstört auf einer Toilette aufgefunden, das Kind hat die Polizei in Gewahrsam genommen, und die Begebenheit macht ihm schließlich klar, daß das Kind vielleicht auch ohne ihn existieren kann. Genauso wichtig aber ist für ihn die Erkenntnis, daß die Probleme seines eigenen Vaters, der offenbar in geistiger Umnachtung in den Tod gegangen ist, nicht die seinen sind.

In dieser Geschichte werden so rührende wie extreme Formen der Selbstidentifikation des Vaters mit einem behinderten Kind vorgeführt, doch die unabweisbare Komik der Situation und ihrer Schilderung wirkt erleichternd und befreiend.

In anderen Werken aus den siebziger Jahren mit stark surrealem Einschlag kommt einem schwachsinnigen Kind die Rolle eines Mediums, eines Mittlers zwischen der bedrohten Natur und den ihr entfremdeten Menschen zu. In dem zweibändigen Romanwerk «Das Wasser geht mir bis an die Seele» (*Kōzui wa waga tamashii ni oyobi,* 1973), in dem sich eine atomare Katastrophe abzeichnet, ist das Kind absolutes Opfer und Außenseiter, doch zugleich letzter Heilbringer.

In den achtziger Jahren werden Ōes Erzählwerke wieder realistischer, und das Kind, das nun wieder I-Ah heißt, ist zu einem sanften jungen Mann herangewachsen, dessen Familie unverkennbar an die des Autors erinnert. Schon der Zyklus «Frauen, die dem Regenbaum lauschen» (*‹Rein tsuri› o kiku onnatachi,* 1980) läßt einen Schriftsteller Erlebnisse und Begegnungen von einer Amerikareise berichten, von der ihn ein alarmierender Anruf seiner Ehefrau nach Tōkyō zurückholt: Der Sohn reagiert auf die Trennung vom Vater mit hysterischen Anfällen. So mögen es jedenfalls die Leser des nächsten großen Zyklus «Erhebt Euch, Jünglinge der neuen Zeit» (*Atarashii hito yo, mezameyo,* 1983) deuten, in dem I-Ah in einer Folge von sieben Erzählungen, die jeweils eine Zeile aus Blakes *Prophezeiungen* zum Titel haben, im Mittelpunkt steht. Er ist nun neunzehnjährig, und seine Erlebniswelt kreist um Sexualität und Tod. Doch I-Ahs Verstörung spiegelt sich in der seines Vaters, der sich über seine tiefinnersten Gefühle Rechenschaft abzulegen bemüht: «Fünf Wochen lang habe ich nach der Geburt meines mißgestalteten Sohnes gehofft, daß er sterben würde ... Und keine noch so starke Läuterungskraft wird diese Befleckung je von meinem Leben waschen können, ja, ich glaube, bis zu meinem Tod wird mir dies anhaften.»

Verstört fragt sich nun auch der Leser, der den bisweilen feierlich gehobenen Ton des Werks, das ganz von Zitaten aus den visionären Dichtungen Blakes durchwirkt ist, und die vielen Hinweise auf frühere Romane und Erzählungen des Autors aufnimmt, wie weit Literatur und Leben hier ineinander übergehen. Die Grenze zwischen den literarischen I-Ah-Figuren und dem neunzehnjährigen Sohn des Schriftstellers, der mit seinen Eltern und zwei jüngeren Geschwistern in Tōkyō lebt, verwischt. Natürlich hat Ōe die große Katastrophe seines Lebens, die Geburt seines ersten Sohnes im Jahre 1963, der mit einer Gehirnhernie zur Welt kam, immer schon, wie andere Begebenheiten auch, zum Stoff seiner Literatur gemacht, doch die Direktheit, mit der er nun die Ereignisse aus seiner inzwischen öffentlich bekannten Biographie in seinen Werken preisgibt, verleiht seinem Schreiben eine neue Qualität. Er reiht sich damit in die Tradition des japanischen sogenannten Ich-Romans, des *shishōsetsu,* ein, des Genres, dem im Japan des zwanzigsten Jahrhunderts eine zentrale Rolle zukommt.

Dieses Genre, das, zu Beginn des Jahrhunderts aus dem japanischen Naturalismus hervorgegangen, unverstellte Selbstaussage, ja Selbstentblößung des Autors postuliert, hat ein besonderes Verhältnis des Leserpublikums zum Werk und seinem Autor zur Folge, eine Art geheimen Pakt, der dem Autor Aufrichtigkeit und die Überprüfbarkeit seiner Schilderung an zumindest vielen «kleinen wahren Fakten» abverlangt, wofür ihn die Leserschaft allerdings mit Sympathie und Mitgefühl belohnt. Mehr noch, je heikler die Geständnisse des Autors in seinem Werk, je unmittelbarer menschliche Schwächen und Verfehlungen preisgegeben werden, desto überzeugender ist in japanischen Augen der literarische Impuls und die künstlerische Aussagekraft. Zweifellos bezieht dieses Genre seine erstaunliche Vitalität auch heute noch aus der kathartischen Wirkung, die es als gleichsam öffentliche Institution für beide Seiten, Autoren wie Leser, besitzt. Dies mag zum Verständnis unserer Beobachtung dienen, daß die gestalterische Distanz bei der Verwendung autobiographischen Stoffs seit den achtziger Jahren im Schaffen Ōe Kenzaburōs offensichtlich bewußt minimiert wurde, was sich schon daran ablesen läßt, daß nun auch die Personen, etwa der behinderte Sohn Hikari, unter ihren realen Namen im Werk auftreten.

Natürlich ist Ōe ein Autor, der dies alles bewußt reflektiert und der seine Leser an diesem Prozeß kontinuierlich teilhaben läßt. Gegen Ende seines Romans «Brief an die alten Zeiten» *(Natsukashii toshi e no tegami)* aus dem Jahr 1987 etwa, der selbst bereits in der Ich-Form vom gegenwärtigen Leben des Autors und seinen Jugenderinnerungen, ausgelöst durch den Besuch seines Bruders Gi, handelt, entdeckt dieser im Arbeitszimmer des Erzählers einen neuen Romanentwurf, in dem es wieder um das eigene Leben gehen soll. Gi gibt dem Erzähler zu bedenken:

«Und jetzt verfaßt du in der Ich-Form einen Roman, der von deiner eigenen Familie handelt. So schreibst du also mit über vierzig Jahren deine eigene Geschichte – schaut her, so habe ich gelebt, so lebe ich. Wie der tragische Held bei Sōseki, den du einmal in einem Vortrag zitiert hast: ‹Behalten Sie dies im Gedächtnis: das war es, mein Leben›, so predigst du deinen Lesern ... Es ist vielleicht ganz natürlich, daß du jetzt mit über vierzig einen Roman schreibst, in dem das eigene Leben herausgestellt wird. Schließlich hast du ja schon die Hälfte davon hinter dir. Und dann die Geburt von Hikari, wie er die Behinderung meisterte und erwachsen wurde, und welche Schwierigkeiten das Erwachsenwerden mit sich bringt. Und dein Leben mit Oyū, das völlig in der Fürsorge für Hikari aufgeht, das läßt sich ohne weiteres mit dem Gefühl vom ‹finsteren Wald› verbinden. Daß du dies in deinem Werk zum Ausdruck bringen willst, das kann ich gut verstehen, wirklich.»

Dennoch bezweifelt Gi, ob der Erzähler wirklich das Recht habe, seine Familie auf diese Weise mit hineinzuziehen, und er überzeugt ihn schließlich, daß die Zeit dafür offenbar noch nicht reif sei. So vernichtet der Ich-Erzähler in dem Werk, das von ihm und seiner Familie handelt, den Romanentwurf, der letztlich denselben Stoff zum Gegenstand hat.

Wie unauflöslich Literatur und Leben des Ōe Kenzaburō einander durchdringen, zeigt sich aber auch daran, daß alle vorangegangenen Werke sich gleichsam als Ablagerungen in allen folgenden wiederfinden. Einzelne Motive oder Handlungselemente werden wiederaufgegriffen, fortgeführt oder abgeändert, oft genug mit überraschender Wirkung. Jahresringen gleich verrät ein Werk mit der Anzahl und Tiefenstaffelung seiner Rückgriffe auf Vorangegangenes seine Entstehungszeit. So steigt mit den Jahren der literarische Verdichtungsgrad, und die Werke beginnen sich ineinander zu spiegeln. Im «Brief an die alten Zeiten» werden alternative Fassungen und Ausgänge für die früheren Romane ausprobiert, so daß zwar der zeitliche Abstand sichtbar bleibt, die Distanz zwischen Literatur und realem Leben jedoch verwischt. In der Erzählung «Als ich wirklich jung war» aus dem gleichnamigen, 1992 erschienenen Zyklus *(Boku ga hontō ni wakakatta koro)* hingegen verschwimmen auch noch die Zeitebenen der Vergangenheit und Gegenwart ineinander.

Wenn der Autor seine Werke jedoch als solch komplexes Labyrinth von Selbstverweisungen und literarischen Zitaten vor allem aus der europäischen Literatur von Dante über Blake zu Malcolm Lowry oder Bachtin anlegt, so wird man ihm eine naive, unreflektierte Erzählweise kaum unterstellen können. Im Gegenteil, daß er im vorliegenden Band den *shishōsetsu*-Erzählgestus wiederaufgreift, durch das Mittel der perspektivischen Brechung, die Einführung der Tochter als Erzählerin, jedoch eine Distanz einbaut, muß als besonderer erzählerischer Schachzug gelten, zumal die Distanz ja eine doppelte ist, denn der im Hintergrund natürlich stets präsente Vater ist auch geographisch abwesend. Um so effektiver kann er letztlich auch den Blick der Leser auf sich lenken.

Stille Tage ist ein besonders intimes Werk, zugleich verschafft die besondere Perspektive dem Autor jedoch auch ein höheres Maß an Gelassenheit. Die oftmals schockierend schrillen Töne, die bedrückende Häufung von Unglück und Gewalt, die grellen Farben seiner überaus komplexen Erzählgebilde erscheinen hier gedämpft, gleichermaßen in Pastellfarben umgesetzt, und dies, obgleich der Titel auch eine ironische Komponente birgt, denn ereignislos und gefahrenarm sind diese Tage keineswegs. Im Gegenteil, schon mit der Eingangsszene wird das insgeheim befürchtete Auseinanderbrechen der Familiengemeinschaft zum Thema erhoben, und auch wenn die in Tōkyō zurückbleibenden Kinder sich um so enger aneinander gebunden fühlen, können sie der Gefährdung durch latente Gewalt und bedrohliche Sexualität doch nicht aus dem Wege gehen. An eine heile Welt hat Ōe jedoch nie geglaubt.

Idealisiert er den behinderten Sohn? An anderer Stelle, etwa in dem Roman *Verwandte des Lebens* (1989) läßt er die Mutter eines solchen Kindes in schockierender Direktheit die gefühlsduseligen Beschönigungen und sentimentalen Idealisierungen Behinderter kritisieren. Doch er beschreibt das familiäre Zusammenleben auch als Form einer Symbiose, in der jeder auf den anderen angewiesen ist. In «Erhebt Euch, Jünglinge der neuen Zeit» ist es I-Ah, der sich um seinen Vater sorgt, als feststeht, daß er die Woche über in das Wohnheim seiner Behindertenwerkstätte ziehen soll: «Papa, du kannst nicht schlafen? Kannst du denn schlafen, wenn ich weg bin? Schlaf doch bitte gesund und munter.» Die typische sanfte, überaus höfliche Sprechweise von Hikari läßt sich übrigens kaum im Deutschen wiedergeben.

Das Irritierende an der Literatur des Ōe Kenzaburō – daß sie beständig um die immergleiche Thematik kreist – ist zugleich das Fesselnde. Da scheint jemand mit größter Intensität sich sein Leben lang an einem persönlichen Programm abzuarbeiten: «Ich war stets von dem Wunsch besessen, das nicht Wiederholbare der Vergangenheit noch einmal zu wiederholen», heißt es in «Als ich wirklich jung war.» Der schwierige Dialog mit dem toten Vater und dem eigenen Sohn wird in unendliche literarische Variationen gekleidet. Dabei scheinen der Mensch Ōe und seine literarische *persona* mit einer Stimme zu sprechen. So hat er über Jahrzehnte hinweg ein höchst komplexes Kunstgebäude errichtet mit Verstrebungen in der Literatur vieler Epochen und Sprachen. Mit charakteristischer Prägnanz hat sein Kollege Mishima Yukio diesen literarischen Kosmos beschrieben als «eine seltene und höchst individuelle Mischung aus Trauer und Humor, Brutalität und Sanftheit, Zorn und Mutlosigkeit, Leidenschaft und Melancholie.»

Ōe Kenzaburō: *Stille Tage. Roman.* Aus dem Japanischen übertragen von Wolfgang E. Schlecht und Ursula Gräfe. Mit einem Nachwort von Irmela Hijiya-Kirschnereit. Frankfurt/M., Leipzig: Insel Verlag 1994.

Die Köstlichkeit der Qual

Mishima Yukio:
Liebesdurst. Roman

Etsuko wird nach dem Tod ihres Mannes in den Haushalt des Schwiegervaters aufgenommen und lebt dort als dessen Geliebte. Sie aber fühlt sich zum Gärtnerburschen hingezogen, doch der nimmt ihre Leidenschaft nicht wahr. So steigert sie sich in einen Wahn aus Liebesphantasien und Rachegedanken. Dieser 1950 erschienene Roman ist die Geschichte einer unerfüllten Leidenschaft, die in Destruktion endet. Mishima Yukio (1925–1970) zählt zu den bekanntesten und bedeutendsten Autoren des 20. Jahrhunderts. In diesem frühen Werk zieht Mishima bereits alle Register seiner Erzählkunst.

Wollte man den japanischen Schriftsteller mit dem höchsten internationalen Bekanntheitsgrad benennen, so fiele die Wahl wohl nach wie vor auf den Namen Mishima. Allem Anschein nach ist kein anderer japanischer Literat in so vielen Ländern so vielen Menschen aus unterschiedlichsten Schichten ein Begriff. Zweimal haben andere japanische Autoren, Kawabata und Ōe, den Literatur-Nobelpreis erhalten. Doch selbst nun, wo eine jüngere Generation mittlerweile mit einzelnen Werken weit höhere Auflagenzahlen erzielen mag, ist es immer noch Mishima, der das Bild der modernen japanischen Literatur in der Welt wie kein anderer prägt.

Mishima – das ist für viele zuallererst ein visueller Eindruck, Erinnerung an Bilder von einem Mann mit muskulösem Körper, der mit entschlossen-grimmigem Gesichtsausdruck, ein Samurai-Schwert in der Hand, in einem japanischen Zimmer oder fast nackt im Schnee posiert. Sein Gesicht in Großaufnahme, den strengen Blick frontal in die Kamera gerichtet, eine Rose im Mund, oder Mishima, an einen Baum gefesselt, den nur mit einem Leinentuch bekleideten Körper von Pfeilen durchbohrt, in kunstvoller fotografischer Nachbildung von Guido Renis Gemälde des Heiligen Sebastian. Weniger häufig sieht man Bilder aus früheren Lebensphasen des Autors, etwa von seiner Hochzeit mit Yōko, der Tochter des bekannten Malers Sugiyama Yasushi, beim Anschneiden der Hochzeitstorte, oder man sieht die beiden auf der Fähre nach Staten Island, im Hintergrund die im Vergleich zu heute noch recht niedrige Kulisse der Wolkenkratzer von New York des Jahres 1960. Mishima ist zu diesem Zeitpunkt ein in Japan bereits sehr angesehener Autor, und auch im Ausland ist er nicht mehr unbekannt: 1957 waren seine *Modernen Nō-Spiele* in New York, 1958 dann auch in Hamburg, Bremen, Kiel, Heidelberg, Saarbrücken und Göttingen erfolgreich aufgeführt worden. Etwa zur selben Zeit erschienen auch die ersten Übersetzungen seiner Romane in westlichen Sprachen. Seit den 1960er Jahren gehört Mishima zu den meistübersetzten und international bekanntesten Autoren seines Landes, mehrfach wurde er für den Nobelpreis vorgeschlagen. Sein Schaffen ist so umfangreich wie vielfältig, es umfaßt Kurzgeschichten, Erzählungen und Romane, Gedichte, Dramen, darunter moderne Versionen europäischer wie japanischer Klassiker, außerdem auch kulturkritische Essays und scharfsinnige literaturtheoretische Schriften. Dennoch hat es den Anschein, als gehöre auch heute noch ein gewisses Maß an Überwindung dazu, sich ernsthaft mit diesem wichtigen Autor des 20. Jahrhunderts zu befassen, denn es schieben sich irritierende Bilder des Autors vor sein Werk, jene unzweifelhaft von starkem Narzißmus kündenden martialischen oder von sadomasochistischer Erotik durchtränkten Fotografien, von denen eingangs die Rede war, oder auch jene Bilddokumente, die am 25. November 1970 um die Welt gingen, als der Dichter seinem Leben nach einem mißglückten Appell vor Soldaten der Selbstverteidigungsarmee, die traditionellen Tugenden zu wahren und den Tennō wieder in alte Rechte zu setzen, durch seinen spektakulären Freitod mit dem Schwert ein Ende setzte.

Zweifellos hat Mishima, dieser reflektierte und planvolle Mensch, das Bild inszeniert, das die Welt mit seinem Namen verbinden sollte, und dazu gehört beispielsweise auch, daß wir nur wenige Bilddokumente kennen, in denen er sich als Schriftsteller präsentiert. Viel eher war ihm ja daran gelegen, das von ihm verabscheute Image des weltfernen, blutarmen Schreiberlings durch das eines weltgewandten Großbürgers und vielseitigen Unterhalters zu ersetzen. Doch spätestens mit seinem vieldiskutierten Tod wurde er zum Opfer seiner eigenen Inszenierung, denn mehr als ein Jahrzehnt lang überschattete jenes von damaligen japanischen Ministerpräsidenten persönlich als Irrsinn gebrandmarkte Ereignis seinen Ruf und verstellte den Zugang zu seinem Werk.

Er hatte es selbst darauf angelegt, es zu einem Inhalt seiner «Philosophie» gemacht, und doch liegt gerade darin die Tragik des Autors Mishima, daß sein Leben und Werk in den Augen der Öffentlichkeit eine unauflösliche und gleichsam osmotische Verbindung eingegangen sind. So vermag seine Kunst die Biographie letztlich nicht zu transzendieren. Stets wird sie an ihr gemessen, bleibt sie auf verhängnisvolle, traurige Weise auf sie bezogen. Seine Lebensirrtümer – Intarsien seiner Kunst.

Seit Beginn der 1980er Jahre aber, so scheint es, löste sich langsam der Bann, die Erinnerung an das damalige Ereignis verblaßte, und die Konturen von Person und Werk treten aus größerer Entfernung um so klarer in den Blick. Mishima wird erneut zum Gegenstand literarhistorischer Betrachtung, man entdeckt ihn als postmodernes Phänomen, und er inspiriert Künstlerkollegen auf der ganzen Welt wie die Schriftsteller Marguérite Yourcenar, Nosaka Akiyuki, Ishihara Shintarō, Hans Eppendorfer und Hans-Ulrich Treichel, Filmregisseure wie Paul Schrader und Benoît Jacquot, die Komponisten Hans Werner Henze und Mayuzumi Toshirō, den Choreographen Maurice Béjart und viele andere, darunter auch bildende Künstler und Theaterregisseure, zu eigenen Interpretationen.

Die Inspiration jedoch, die von Mishima ausgeht, beschränkt sich keinesfalls, ja nicht einmal vornehmlich, auf seine schillernde Biographie und seinen bizarren Tod. Sein literarisches Werk ist es, das von jenen Künstlern wiederentdeckt und neu interpretiert wurde. Und eine neue Lektüre erlaubt auch das vorliegende Werk. Wir lernen den 1925 geborenen Mishima in *Liebesdurst* mit einem seiner frühen Erfolgsromane kennen. Der Krieg ist vorüber, die Publikationsbeschränkungen früherer Jahre, die seinem Bekanntwerden in breiten Leserschichten entgegenstanden, sind mittlerweile aufgehoben. Mishima, der schon an der Adelsschule Gakushūin erste Texte in der Schülerzeitschrift und 1944 sein erstes längeres Prosawerk in Buchform unter dem Titel *Hanazakari no mori* (Der Wald in voller Blüte) veröffentlicht hatte, zählt Ende der vierziger Jahre bereits zu den bekanntesten Autoren der Nachkriegsgeneration. Gleich belesen in europäischer Klassik wie in japanischen Prosa- und Dramengenres vieler Jahrhunderte, voller Bewunderung für Thomas Mann und Racine, Nietzsche und das klassische Griechenland, publiziert er nahezu gleichzeitig erzählerische Experimente in der Sprache des Nō-Theaters und fesselnde Erzählungen, die auf aktuellen Geschehnissen beruhen. Er schreibt Dramen im Nō- und zeitgenössisch-modernen Stil, provoziert mit Themen wie lesbischer Liebe und mit Unterhaltungsromanen für Frauenzeitschriften und verfaßt daneben Essays über die Technik des Romans, in denen er sich mit Joyce und Radiguet auseinandersetzt.

Mit dem Erscheinen seines autobiographischen Romans *Geständnis einer Maske* ist 1949 die Sensation perfekt. In Szenen von großer Suggestionskraft schildert er in diesem Werk, das mit einer Passage aus den *Brüdern Karamasov* überschrieben ist, Schlüsselerlebnisse aus dem Leben eines jungen Mannes, der sich allmählich seiner homoerotischen Veranlagung bewußt wird. Ein unerhört neuer Erzählton hat sich über Nacht in Japan etabliert: Kühn und zitatenreich, stilistisch brillant, ironisch und mit dem Hang zur Reflexion wie zum symbolistischen Erzählgestus. Und gleich darauf ist die nächste Sensation fällig – ein Roman, diesmal bewußt konträr zum Erfolgswerk des Vorjahres angelegt. *Liebesdurst* spielt nicht im großbürgerlich-elitären Tōkyōter Milieu, sondern in der westjapanischen Provinz. «Ōsaka, Metropole der einflußreichen Kaufleute, Strolche, Fabrikanten, Börsenmakler, Strichmädchen, Opiumschmuggler, Angestellten, ...», heißt es gleich auf der ersten Seite. Hauptfigur ist nicht ein verwöhnter Knabe mit literarischen Ambitionen, sondern eine junge Witwe, die sich nach außen hin damit abgefunden zu haben scheint, daß sie den Rest ihres ereignislosen Lebens als Mätresse ihres Schwiegervaters im Großhaushalt der Familie unter den Augen ihrer wachsamen Schwägerinnen und Schwager zubringt. Nach der Parodie auf den *shishōsetsu* genannten autobiographischen japanischen Bekenntnisroman ist nun ein Erzählwerk ganz anderen Charakters fällig, mit dem der Autor seine Wandlungsfähigkeit vorführt und sein soeben erst verkündetes Romanideal, Geschichten zu entwerfen, die gnadenlos nach Art eines Uhrwerks auf den Höhepunkt zusteuern.

Mit dem Kauf von zwei Paar Socken, dem banalsten Gegenstand, der sich denken läßt, nimmt die Geschichte ihren Lauf. Eine Alltagshandlung, die gleichwohl mit besonderem Aufwand, einer Zugfahrt in die Stadt, verbunden ist und bei der wir Etsuko im Menschengewimmel der Großstadt wie in einer filmischen Zoomszene, vom Dach eines Hochhauses herunter aufgenommen, zum erstenmal begegnen, dieser so gleichmütig wirkenden Frau, der die ihr fremde Stadt – sie selbst ist in Tōkyō aufgewachsen – eine unerklärliche Angst einflößt: «Oder war, wovor Etsuko in Wahrheit graute, womöglich gar nicht diese Stadt, sondern das Leben an sich? – Leben, dieses grenzenlose, abertausendfältige, üppig mit Treibgut beladene, launenhafte, gewalttätige und doch stets klare, durchsichtige, azurblaue Meer.»

Mit dieser prägnanten Eingangsszene ist der Ton gesetzt. Wir verfolgen Etsuko in ihrem bedrückend engen Lebensraum im Dorf am Rande der Großstadt in Szenerien mit Anklängen an Bilder aus neorealistischen italienischen Filmen, Nachkriegstristesse, oberflächlich idyllisiert durch das im Tages- und Jahreszeitenrhythmus regulierte Leben der Großfamilie mit dem hobbygärtnernden Patriarchen Sugimoto an der Spitze, umgeben von Kindern und Enkeln, die mit satirischer Schärfe gezeichnet sind. (Könnte es sein, daß Mishima hier sogar eine heimliche Karikatur von Tanizakis berühmtem, 1948 vollendeten Roman *Die Schwestern Makioka* untergebracht hat, der ebenfalls in dieser Region spielt?) Und mitten darin, doch von ihnen allen merkwürdig unberührt, Etsuko, die ein Tagebuch führt, um andere hinters Licht zu führen, mehr noch, «um das eigene Herz geschickt hinters Licht zu führen».

Etsuko, die sich nach dem starken Leben sehnt, lebt «wie eine in Gallerte gefallene Fliege» in der Erinnerung an Momente des Glücks in ihren Flitterwochen und in jenen von Verwesungsgeruch überwaberten Wochen, als sie ihren todkranken Mann hingebungsvoll pflegte, wohl wissend: «Er war niemals mein, auch als er noch lebte.» «Wie man die Krankheit Glück heilt», lautet der Titel einer 1949 erschienenen Erzählung Mishimas. Auch in *Liebesdurst* sind es die paradoxen Bilder und Wendungen, die Oxymora, die sich bei der Lektüre ins Gedächtnis der

Leser eingraben. «Diesem Trug will ich trauen ...», beschließt Etsuko, und «die Qual wie eine Köstlichkeit zu mir nehmen». Mishima modelliert Etsukos masochistisch-besessene Hingabe an den Mann, der ihr nichts als Gleichgültigkeit und leise Verachtung entgegenbrachte, in kräftigen Tönen: «Was für einen reichen, vielschichtigen, brünstigen und absonderlichen Genuß ihr dieses unerwartete, grausame Glück bedeutete, das Etsuko nun aufs neue beschieden war!» Doch Etsuko, die inmitten von Gestank und Tod lebt, «als sei sie geradezu versessen darauf», weint nicht über das Sterben des Mannes, sondern über den Abschied von der Hingabe, den sein Tod bedeutet.

Saburō, der Gärtnerjunge, der unbeholfene, nichtsahnende Naturbursche, wird zum Objekt von Etsukos heimlicher Sehnsucht. Sein muskulöser Körper, seine «entzückende Armut», seine «bestrickende Schamhaftigkeit» ziehen sie an, und wie in einer griechischen Tragödie nimmt das Unglück seinen Lauf. Mishima selbst spricht in seinem Essay von 1949 «Über die Romantechnik» davon, daß der Ablauf seines Idealromans einem Zugfahrplan gleiche. Die Überraschung, der Schrecken darüber, daß der für ein Uhr fünf angekündigte Zug auch wirklich auf die Sekunde genau eintrifft, diese Überraschung, welche durch die Pünktlichkeit verursacht wird, und keine andere sei sein Ziel. Das Werk als «ein großer erregender Zufall» setze voraus, daß seine innere Mechanik von jedem Zufall gereinigt sei.

Liebesdurst wird von der Spannung eines auf ein unabänderliches Unheil ausgerichteten Endes getragen. In den einzelnen Stadien der Geschichte sind es jedoch die scharf beobachteten Einzelszenen, visuell effektvoll aufbereitet und von beträchtlicher psychologischer Raffinesse, die den Leser fesseln. Etsuko, die sich beim Kochen vor «geistesabwesender Eifersucht» verbrennt und einen Teller zerbricht, Yakichi und Etsuko beim Abendessen, beide, vom qualmenden Holzkohlengrill eingeräuchert, in Gedanken vertieft, der Anblick des jungen Saburō beim Fegen des dunklen Tatami-Zimmers. Es sind die bekannten Mishimaschen Bilder, doch noch frisch und unverbraucht – die kathartische Sonnenlichtszene bei der Beerdigung, die sich später beim Anblick des Feuers über die Bilder vom archaisch-ekstatischen Dorffest schiebt, das glitzernde Sonnenlicht auf Schutt, Gerümpel, Müll und Scherben, das schon in *Geständnis einer Maske* wie in unzähligen anderen Werken bis hin zu seinem letzten Roman Nachkriegs-Nihilismus, Weltuntergangsszenerie und Apotheose in eins setzt. Und alles durchzogen von satirischen Seitenhieben auf das provinzielle Spießertum von Lokalpolitikern oder die pseudo-intellektuellen Verwandten, die Griechisch lesen und die Namen sämtlicher Personen aus russischen Romanen aufsagen können.

Er habe sich beim Schreiben dieses Romans zeitweilig an Mauriac orientiert, bekannte Mishima in einer jener vielen Selbstdeutungen, mit denen er seinen Kritikern stets zuvorgekommen ist. Besonders bewunderte er dessen Romane *L'Agneau* (Das Lamm, 1954) und *Thérèse Desqueyroux* (Die Tat der Therese Desqueyroux, 1927). Zwar spielt bei Mishima die religiöse Thematik, die für den Katholiken Mauriac von zentraler Bedeutung ist, keine Rolle, doch er ist, ähnlich wie der französische Nobelpreisträger des Jahres 1952 in seinem Roman über die kluge, leidenschaftliche Frau, die versuchte, ihren selbstzufriedenen Mann umzubringen, bestrebt zu zeigen, daß das Verbrechen eine Konsequenz des letztlich aussichtslosen Bemühens darstellt, «die unermeßlich gefrorene Oberfläche, in der hier alle Seelen gefangen sind» (Mauriac, *Therese),* zu durchstoßen. Ist Mishima also ein Mauriac-Epigone? Wohl sicherlich ebensowenig, wie er in seinem ersten Roman *Tōzoku* (Die Diebe) von 1948 ein Radiguet- oder in seiner Erzählung aus dem Jahr des Kriegsendes *Chūsei* (Das Mittelalter) ein Epigone europäischer Dekadenzliteratur ist, obgleich er selbst auf diese Einflüsse verwiesen hat. *Ao no jidai* (Die blaue Periode, 1950) sei inspiriert von Stendhal-Übertragungen, der Roman in zwei Teilen *Kinjiki* (Verbotene Liebe, 1953) sei «Stendhal, gewürzt mit Schwere im Stil von Ōgai», und *Der Tempelbrand,* sein Meisterwerk aus dem Jahre 1956, sei «Ōgai plus Thomas Mann», verkündet er. So richtet der Autor schon in den fünfziger Jahren den Blick kritischer Selbstdeutung auf das eigene Schaffen, konstatiert bei *Geständnis einer Maske* eine Mischung aus allen ihm verfügbaren Stilen und bilanziert Gewinn und Negativa seiner scheinbar chamäleonischen Anverwandlungskünste, alles nicht zuletzt in dem Bestreben, der Kritik mit ihrer ewig besserwisserischen Attitüde ein Schnippchen zu schlagen. Doch wäre er nicht der begabte, der genialische Mishima, wenn er sich nicht seiner Sache sicher fühlte. Denn dieser Autor ist von Anbeginn er selbst in seinem unverwechselbaren Stil, gleich welche Masken er sich zeitweilig zugelegt haben mag. Und *Liebesdurst* ist der Roman, der ihn bereits im Vollbesitz seiner Fähigkeiten als Romancier, doch frei von seinen späteren Manierismen zeigt, welche die prachtvoll angelegte, doch im Leerlauf kreisende Tetralogie *Das Meer der Fruchtbarkeit* aus den späten sechziger Jahren und viele weitere Werke prägen.

Gewiß ist Mishimas Bezugnahme auf westliche Autoren auch ein Versuch, sich der «Weltliteratur» einzuschreiben. Doch dies gelang ihm weniger wegen der Experimente seiner «Wanderjahre», wie er selbst die Zeit bis zu seiner ersten Auslandsreise in den frühen fünfziger Jahren nennt. Mishimas schöpferische Phantasie, sein gestalterischer Drang ließen ihn früh nach einer Synthese aus japanischen und abendländischen Elementen suchen, die er zu einer unverkennbaren eigenen Ästhetik verschmolz. Die unerhörte Präzision und Feinheit seiner Beobachtung, seine Virtuosität in der Gestaltung packender Narrationen, seine Feier des Lebens, des Todes und der Nacht, all dies sind Elemente eines ästhetischen Universums, dessen Originalität – und dessen Schattenseiten – zum künstlerischen Weltvermächtnis des zwanzigsten Jahrhunderts zählen.

Mishima Yukio: *Liebesdurst. Roman.* Aus dem Japanischen übertragen von Josef Bohaczek. Mit einem Nachwort versehen von Irmela Hijiya-Kirschnereit. Frankfurt/M., Leipzig: Insel Verlag 2000. Suhrkamp 2002.

Die Schamanin

Itō Hiromi:
Mutter töten. Gedichte und Prosa

Mit ihren kühnen, provokant wirkenden Dichtungen hat Itō Hiromi (Jahrgang 1955) die literarische Landschaft seit den frühen 1980er Jahren nachhaltig geprägt und zählt mittlerweile zu den wichtigsten Stimmen der Gegenwartsliteratur. Nicht als Desillusionierungsliteratur, Enttarnungspsychologie oder Wahrhaftigkeitspädagogik werden ihre schockierenden, lakonischen, grotesken und poetischen Texte über Mordphantasien, Abtreibung, Tod und Krankheit gelesen, sondern ihr gelingt das Kunststück, Skandalöses ernst und mit Humor, hintergründig und leichtgängig in genuine Lyrik zu verwandeln.

Bei Itō Hiromi hat man als erstes den Eindruck einer vitalen Person, die vitale Gedichte schreibt, doch dieser Eindruck wandelt sich dann bisweilen ins Radikale, sagt ihre prominente Kollegin Tomioka Taeko. Doch dies, so Tomioka, sei wahrscheinlich eine Inszenierung der Dichterin. Das nicht ganz Geheure an ihrer Dichtung rühre von ihrer «Gesundheit» her.

Ob ihre «Gesundheit» auch eine Voraussetzung dafür ist, daß sie, die als Lyrikerin in Japan einen Namen hat, von vielen als Schamanin, als Medium gesehen wird? Jedenfalls ist dies auch eine Rolle, in der Itō sich selbst sieht. Doch wer ist diese heftige Person, diese zierliche Frau, die einem so frisch und lebhaft gegenübertritt mit ihrer ansteckenden Begeisterungsfähigkeit, und der es gelang, mit ihrer Lyrik, die auch jüngere Kollegen schockierend fanden, vom literarisch-kulturellen Establishment und einer breiteren Leserschaft nicht nur wahr-, sondern auch ernstgenommen zu werden?

In Tōkyō 1955 geboren, schrieb sie seit ihrer Studienzeit Gedichte, und ihr erster Lyrikband erschien 1978. Öffentliche Anerkennung in Form literarischer Auszeichnungen ließ nicht lang auf sich warten. 1982 begleitete sie ihren Mann, einen Jiddisten, für ein Jahr nach Polen und unterrichtete an der Japanischen Schule in Warschau. Ihre Tochter Kanoko wird 1984, die zweite Tochter 1986 geboren. Als die Familie 1984 nach Kumamoto auf der Südinsel Kyūshū übersiedelt, hat sie erstmals das Gefühl, mitten in Asien zu leben, eine Erfahrung, die gewiß auch das Erlebnis der europäischen Fremde zum Hintergrund hat. Ihr japanisches Publikum ist mit ihren Lebensdaten gut vertraut, was durchaus einer verbreiteten literarischen Konvention des Landes entspricht, und so ist oft nicht mehr zu unterscheiden, ob das Wissen über die Person nicht einfach aus deren Literatur übernommen wurde. Doch auch wer mit literarischer Selbstentblößung vertraut ist, staunt über den Grad an Offenheit, mit dem hier die eigene Biographie zum Stoff künstlerischen Ausdrucks gemacht wird. Und dennoch ist ihre Literatur ungeachtet aller schockierenden Direktheit nie nur persönlich: Das Gedicht *Kanoko töten* etwa ist nicht allein eine lyrische Beschwörung der widerstreitenden Gefühle in selbsterlebter Schwangerschaft und Geburt, ein fröhlicher Kampf gegen alptraumhafte Szenarien. Denn der Name Kanoko, durch eine verfremdend-neutralisierende Schreibweise im Japanischen hervorgehoben, steht assoziationsreich für ein besonderes – «dieses Mädchen» *(kanojo/kono ko)* wie auch für alle weiblichen Kinder *(kanojo = sie)* oder gar für alle Kinder in «einem solchen Kind» *(kano ko)*.

Die vorliegende Auswahl enthält Texte aus verschiedenen Sammlungen, die zwischen 1980 und 1992 entstanden sind. Manche Gedichte sind auch in mehreren Textausgaben enthalten. In ihrem neuesten Werk *Kazoku āto* (Familienkunst, 1992) erprobt Itō die für sie neue Gattung des längeren lyrischen Essays. Daneben aber ist sie als Autorin humorvoller, zum Teil von ihr selbst illustrierter Artikel und Bücher über Ehe und Kindererziehung von entwaffnender Offenheit bekannt, die zahlreiche Auflagen und auch eine Verfilmung erlebten.

Am aufregendsten ist immer das, was als nächstes kommt, schreibt die eingangs zitierte Dichterin Tomioka, und sie stellt sich vor, Itōs «Gesundheit» werde sich übersteigern und selbstzerstörerisch gegen Alter und Tod detonieren: «Doch wenn sich dann der Rauch verzieht, sehen wir Itō, wie sie uns zuwinkt.»

Itō Hiromi: *Mutter töten. Gedichte und Prosa.* Ausgewählt und aus dem Japanischen übertragen von Irmela Hijiya-Kirschnereit. Salzburg: Residenz Verlag 1993.

Unterwerfung und kosmische Harmonie

Kōno Taeko:
Riskante Begierden. Roman

«Hinako heiratete Otaka Masataka im Frühling 1941. Damit nahm eine sonderbare Ehe ihren Anfang, auf die sie nicht im geringsten gefaßt gewesen war.» Vor dem Hintergrund des eskalierenden Kriegs entwickelt sich die Beziehung zwischen einem älteren Arzt und seiner jungen unerfahrenen Frau, die er zu seiner Herrin erzieht. Es ist die Suche nach einer anderen, freieren menschlichen Beziehung im Einklang mit der Umgebung.
Die Autorin Kōno Taeko (Jahrgang 1926) ist berühmt für die Doppelbödigkeit ihrer mit stilistischer Prägnanz und Dichte geschilderten Alltagssituationen.

Als der vorliegende Roman Ende 1990 in seiner japanischen Originalfassung erschien, pries ihn die einheimische Kritik einhellig als besonderes literarisches Ereignis. Auch Schriftstellerkollegen stimmten in die Bewunderung ein, und ein namhafter Philologe und Essayist ging sogar so weit, sich glücklich zu schätzen, das Erscheinen dieses Kunstwerks zu seinen Lebzeiten bezeugen zu dürfen.

Sieben Jahre lang hatte der Verlag das Werk bereits angekündigt, dessen Entstehung für japanische Verhältnisse ungewöhnlich viel Zeit in Anspruch nahm. 1991 wurde es mit dem renommierten Noma-Preis ausgezeichnet. So umgibt diesen jüngsten Roman der Kōno Taeko bereits so etwas wie ein besonderer Nimbus. Ist es das Aufsehenerregende an der Geschichte oder etwa die Besonderheit des Zeitraums, in dem sie spielt, die zum Ruf des Werkes beitrugen?

Hanna, die Deutsch-Japanerin, eine der so lebendig gezeichneten Nebenfiguren dieses Romans, versinnbildlicht den sorgfältig auf Kontraste und Umkehrungen hin komponierten Aufbau des Werks. Frühere Generationen aus dem Medizinerclan der Otakas hatten ihr Studium teilweise in Deutschland absolviert – soweit folgen sie dem traditionellen Muster europäisch-asiatischer Beziehungen. Doch die aus einer Liebschaft des Japaners mit einer Deutschen hervorgegangene und in ärmlichen Verhältnissen mutterlos aufwachsende Hanna wird von den Otakas, die diese «Familienschande, diese Schande für Japan» nicht auf sich sitzen lassen wollen, nach Japan geholt und, da ihr leiblicher Vater bereits eine eigene Familie gegründet hat, von den Großeltern aufgenommen. Hier kehren sich die quasi-kolonialen Verhältnisse offensichtlich um. Auch wenn ihre Schwiegertochter Hinako, deren Phantasie ihre ausländische Herkunft immer wieder beschäftigt, später erfährt, daß Hanna nicht, wie vermutet, aus Berlin, sondern aus Zürich stammt, so erinnert die in Japan erzogene und ihrer Muttersprache längst entwöhnte Mischlingsfrau mit dem «voll und prächtig gewellten» weißen Haar doch auch an jene überpersönlichen, schicksalhaften Beziehungen zwischen den Ländern, als Japan und Deutschland zu Achsenmächten wurden. Vom Frühling 1941, der Heirat Masatakas mit der nur halb so alten Hinako, bis zum Frühsommer 1945, von der Begeisterung japanischer Lehrer für Hitlers *Mein Kampf* bis zu den Berichten über den Fall von Berlin in den letzten Apriltagen spannt sich der Bogen der Geschichte, die, wie der erste Satz des Romans ankündigt, die Geschichte einer «sonderbaren Ehe» ist.

Bemerkenswert an dieser Ehe zwischen dem Internisten Masataka und Hinako, der Tochter und Erbin der Medizinerfamilie Sagara, ist die Selbstverständlichkeit, mit der die beiden zueinanderfinden, obgleich die Beziehung lange Zeit vom mysteriösen Selbstmord Kunios, Hinakos Adoptivbruder, der ihr zugleich als Ehemann zugedacht war, überschattet scheint.

Das subtil ausbalancierte Kräfteverhältnis zwischen beiden ist dieser ungewöhnlichen Beziehung überaus förderlich, und es scheint im unmittelbaren Familienkreis sogar Vorläufer zu finden. Zunächst amüsiert sich die junge Hinako über die gänzlich unkonventionellen Anredeformen, die sie bei ihren künftigen Schwiegereltern entdeckt. Daß Michitarō seine Frau Hanna nämlich mit der Vertrautheit und Achtung konnotierenden Formel *anta* anspricht, hebt das patriarchalisch geprägte Familien- und Gesellschaftsgefüge ebenso aus den Angeln wie die ungewöhnlich höfliche Anrede, die den Dienstboten im Hause zuteil wird. Da erscheint es nur konsequent, daß Masataka sich lange Zeit weigert, seine junge Frau anders als mit deren Vornamen anzureden, denn jede der fein nuancierten Formen auf der breiten Palette, die im Japanischen zwischen dem deutschen Du und dem Sie liegen, käme einer nach außen hin sichtbaren Festlegung ihres Verhältnisses gleich. Viel reizvoller ist dagegen das Täuschungsmanöver, mit dem Masataka nach außen hin den rechthaberisch-herrischen Ehemann markiert und Hinako vor dem Personal bloßstellt – und dies ausgerechnet auch noch in einer Angelegenheit, die den «demokratischeren» Umgang mit Dienstboten betrifft –, während beide insgeheim ob dieser Umkehrung der Machtverhältnisse in ihren intimen Beziehungen triumphieren. Kein Zweifel, daß Masataka seine junge Frau erst zum herrischen Werkzeug seiner Lust erzieht. Als Leser werden wir Zeugen dieser Lehrzeit, die mit Hinakos Initiation in der Hochzeitsnacht beginnt. Bevor jedoch das «geheime Abkommen» zwischen den beiden zustande kommt, muß Hinako mehr über die «Beschaffenheit» von Mann und Frau und den

Genuß des Unterworfenseins erfahren. Erst dann entfaltet sie einen seismographisch genauen Sinn für die Wünsche ihres «Opfers», dessen Lust sich ihr zunehmend mitteilt, so daß sie schließlich immer raffiniertere Szenarien der Bestrafung erfindet.

Hinakos spontaner Einfall zu Beginn ihrer Ehe, über den Vollzug des Aktes Buch zu führen – wozu ihr übrigens ein Album dient, das ihre Schülerinnen-Vergangenheit und das politische Zeitgeschehen zugleich raffiniert vergegenwärtigt –, basiert noch auf Unerfahrenheit und recht konventionellen Vorstellungen vom Verhältnis zwischen Mann und Frau. Irgendwann stellt sie diese Aufzeichnungen ein, nicht nur, weil es ihr zunehmend schwerer fällt zu entscheiden, was in diese Chronik aufzunehmen wäre. Ihr kommt dabei auch zu Bewußtsein, «daß es überhaupt keine Rolle spielte, wer dabei den männlichen und wer den weiblichen Part übernahm». Dieser Gedanke der «Austauschbarkeit von Mann und Frau» wie auch der der Entbehrlichkeit des Koitus ist Voraussetzung für die innige, geradezu osmotische Harmonie des Paares und setzt ihre Phantasie zu ungeahnten Höhenflügen frei.

Ironischerweise vollzieht sich diese Entwicklung parallel zur Eskalation des Krieges, der auch in das Leben unserer Figuren unmittelbar eingreift. Auf die winterliche Bombennacht folgt die Evakuierung ans Meer, und auch dies scheint zunächst ein Ort besonderer Gefährdung zu sein. Doch wie so oft in der Geschichte verbergen sich hier paradoxe Wendungen: Die Evakuierung, der Auszug aus der Alltagsumgebung, steigert noch die Intimität des Paares, und das Haus an der Küste von Kainami, das sie von nun an bewohnen, erscheint als der ideale Ort, eine Art *locus amoenus,* wie geschaffen für die Erlebnisse der Entgrenzung und kosmischen Harmonie, zu deren Schauplatz es im dritten Kapitel wird.

Glück ist in jenen Zeiten erhöhter öffentlicher Inanspruchnahme des einzelnen offenbar nur im ganz privaten Bereich möglich. Jedenfalls verwehrt Masataka von Anfang an jeden möglichen Zugriff auf den geschützten Binnenraum ihrer Zweierbeziehung, ja er schottet sie geradezu nach außen hin ab. Auch nach zwei Monaten Ehe hat er seine junge Frau nicht einmal in der Nachbarschaft eingeführt. Gemeinschaft erfüllt sich für sie nur noch im größeren Familienkreis, etwa anläßlich der übermütigen Spiele und Gesänge beim Neujahrsfest. Die unmittelbare Umgebung, die Nachbarschaftsvereinigung als Instrument der Kontrolle und zivilen Mobilisierung, erscheint mit mißgünstigen Gerüchten und immer neuen Forderungen zumindest ebenso feindlich wie der Kriegsgegner, ihre Bedrohung wird sogar noch direkter erfahren. Übrigens sind auch beide Elternpaare Opfer verleumderischen Klatsches, doch fungiert dieser als eine Art Schutzmauer für ihre offenbar als geradezu anormal geltende innere Harmonie. Masataka und Hinako entziehen sich, wo irgend möglich, ihren vaterländischen Pflichten; in unauffälliger Weise, die dennoch der wachsamen Umgebung nicht verborgen bleibt, verweigert sich das kinderlose Paar dem politisierten Alltag. Hinakos Abneigung gegen Kirschblüten, diesen Inbegriff traditioneller japanischer Ästhetik, wirkt um so konsequenter, als auch die von der Zensur zuvor geöffneten Briefe an ihre Adresse den Prüfstempel des Postministeriums des Großjapanischen Reiches «mit einer Umrandung aus Kirschblüten» tragen.

Die zunehmende materielle Einschränkung und Kargheit des Lebens in Kriegszeiten scheint ihnen dagegen weniger zuzusetzen, im Gegenteil, sie setzt bei Hinako kreative Kräfte frei. Die hartnäckige, ja geradezu pedantische Detailbesessenheit, mit der ihre Bemühungen um eine Bereicherung des Speisezettels oder die mühevolle, von ihr jedoch mit Genuß betriebene Beschaffung und Herrichtung des neuen Praxisschildes in Kainami ausgebreitet werden, mag bei unbefangen-vordergründigem Lesen irritieren, doch sie steckt voller Doppelbödigkeiten. Je unscheinbarer die geschilderte Verrichtung, desto raffinierter die geheimen Verschränkungen von Zeitgeschehen und privatem Schicksal, gespickt mit wohlplazierten Vorausdeutungen und Details von geschickt verborgenem Symbolgehalt.

Eines der paradoxen Geheimnisse der Geschichte liegt in der merkwürdigen Parallelität der Entwicklungen: Je gnadenloser der Krieg, desto grausamer Hinakos Züchtigungen, die jedoch einer immer vollkommeneren Hingabe der Liebenden gleichkommen. Und so, wie das Kriegsgeschehen unweigerlich der Katastrophe, dem Untergang entgegeneilt, strebt auch die Geschichte der Liebenden ihrer Erfüllung zu, die doch gleichbedeutend ist mit ihrer Aufhebung und Selbstauslöschung. Doch wenn auch der Tod schon seit Hinakos Schülerinnentagen stets im Alltag gegenwärtig war – und ihr besonderer, aus gemeinsamer freier Entscheidung (welch ein Luxus in diesen Zeiten!) erwachsener Tod als Liebesziel deutet sich schon bei ihrem ersten gemeinsamen Spaziergang am Hochzeitstag an –, so erhöht er doch nur die Lebensfreude im spielerischen und schöpferischen Umgang mit den wachsenden Einschränkungen im Alltag, aber auch in den intimen erotischen Beziehungen des Paares. Hinako, die ihrem zukünftigen Ehemann noch gestehen muß, daß sie keine Lebewesen mag, fühlt sich zunehmend zu den kleinen Tieren am Meer und im Garten des Hauses in Kainami hingezogen und teilt schließlich Masatakas zärtliche Identifikation, seinen warmherzigen Humor, mit dem er noch die kleinste Kreatur wahrnimmt. Der heitere Nachmittag, an dem eine fette Gartenschnecke auf regenfrischen Steinen ihre Fühler wie in einer Art filmischer *fisheye*-Aufnahme in den azurblauen Himmel reckt, «als winkte sie dem Himmel über der fernen Halbinsel zu», gibt in ihrer euphorischen Stimmung – die Schnecke hat sich ihres Häuschens fast entledigt – eine Vorahnung vom letzten Höhepunkt.

Bei den immer komplexeren Inszenierungen ihrer Liebesspiele fällt die geschickte Einbeziehung jener Umstände auf, die eigentlich nur Einschränkung und Erschwerung des Alltagslebens bedeuten müßten. Gemeint ist jene Szene, in der die verordnete Verdunkelung das Paar zum Spiel mit der glühenden Glocke animiert. Vorangegangen war dieser Episode übrigens das ebenfalls durch die Kriegsentbehrungen bedingte eiskalte Bad Masatakas, das Hinako erstmals von sich aus zu sadistischen Phantasien anregte. Nun also der Lichtkegel der abgedunkelten Lampe als Glocke, unter die sich der Mönch Anchin vor der liebestollen Kiyohime flüchtet. Der Sage nach verwandelt sie sich in eine große feuerspeiende Schlange, die die Glocke umschlingt und das Metall zum Schmelzen bringt, ein Stoff, der u. a. in dem berühmten Nō-Stück *Dōjōji* und dessen moderner Version von Mishima Yukio verarbeitet wurde. Die Glocke ist Künderin der Lehre, doch zum Gelingen des Glockengusses bedarf es oftmals eines Menschenopfers, und dämonische Mächte vermögen sie wieder zu schmelzen. Soweit der Hintergrund dieser Sage von Anchin und Kiyohime, deren symbolische Bezüge im Rahmen dieses Romans aufzuschlüsseln den Lesern überlassen bleibe.

Die letzte Inszenierung des Paares – die allerletzte Szene des Romans – überschreitet mit dem Pegasus-Spiel auch noch den Rahmen japanischer Mythen. So wie das Paar in der idyllischen Meereslandschaft – die Kampfflugzeuge verschwinden hinterm Horizont – zu einer kosmischen Harmonie mit allem Kreatürlichen findet, transgrediert es im letzten Akt auch die Grenzen der Person und die Grenze zwischen Leben und Tod. Mit Pegasus triumphiert die Phantasie über die Vergänglichkeit.

Kōno Taeko: *Riskante Begierden. Roman.* Aus dem Japanischen übertragen von Sabine Mangold und Hayasaki Yukari. Mit einem Nachwort von Irmela Hijiya-Kirschnereit. Frankfurt/M., Leipzig: Insel Verlag 1993. Suhrkamp 2002.

III. Buchbesprechungen

Klassisches

Als wär's des Mondes letztes Licht am frühen Morgen. 100 Gedichte von 100 Dichtern aus Japan

Das Hingehauchte, das Feine, das Unsagbare, damit assoziiert man in unserem Kulturkreis unwillkürlich die japanische Lyrik, und es war dies zugleich die Gattung, welche am frühesten für westliche Leser erschlossen wurde. In den fünfziger Jahren des zwanzigsten Jahrhunderts dann prägten hierzulande populäre Anthologien mit Titeln wie «Vollmond und Zikadenklänge» oder «Liebe, Tod und Vollmondnächte» vollends das Bild einer romantischen Tuschbild- und Mondsüchtigenwelt.

Der vorliegende Band mit «Hundert Gedichten von hundert Dichtern aus Japan» scheint diese Vorstellung zu bestätigen. Er enthält Tanka, Kurzgedichte zu je 31 Moren, aus dem 7. bis 13. Jahrhundert, verfaßt von Kaisern, Mönchen und Höflingen, darunter nicht wenige Frauen, die seit alters her zu den Dichtergrößen Japans zählen.

Gesammelt wurden sie im frühen dreizehnten Jahrhundert von einem der größten Poetologen seiner Zeit, Fujiwara no Teika, der dabei seinen persönlichen Geschmack – oder auch die Vorlieben seiner Zeit – walten ließ. Er wählte Gedichte aus, welche die Essenz der zu seiner Zeit schon im Untergang begriffenen höfischen Kultur verkörpern. Die Liebes- und Naturlyrik ist verhalten und melancholisch, ohne jede Überschwenglichkeit, still und konzentriert, dabei voller Anspielungen und sprachlicher Kunstmittel.

Was dieser Lyrik ihr besonderes Gewicht innerhalb der japanischen Literaturgeschichte verleiht, ist der Umstand, daß sie für alle darauffolgenden Generationen zum Muster wurde, dem es nachzueifern galt. Japanische Dichter strebten nicht das Neuartige, den Kontrast zum bereits Bekannten an, sondern ihre Meisterschaft zeigte sich in der geschickten Handhabung vorgefundener Formen in einer Tradition, die ohne größeren Bruch bis in die Gegenwart weiterlebt.

Viele der Gedichte sind folglich in Japan wie bei uns als exemplarische Konkretionen dessen bekannt, was man gern als «japanische Sensibilität» bezeichnet: «Duftige Kirschblüten! Liebliche Mitwisser meiner Qual! / Zeigt doch ein wenig Mitleid mit diesem Herzen – / denn nur ihr kennt ja mein großes Weh; / den andern allen muß ich's verschweigen, / daß ich elend bin.»

Dies ist eine der älteren Übertragungen, welche das Bild japanischer Lyrik bei uns formten. Vergleichen wir damit die neue Übersetzung von Jürgen Berndt aus der vorliegenden Sammlung: «Freu dich über mich / wie ich mich freue über dich / wilde Kirsche, du / Denn was Einsamkeit, das wissen / nur mein Herz und deine Blüten.»

Der Kontrast ist verblüffend, denn die zweite Version ist nicht nur halb so wortreich – womit sie dem Original eher entspricht –, sondern sie deutet die geforderte Emotion auch noch ins Positive. Das Gedicht wird inniger, weniger pathetisch als die reich ausgeschmückte erste Übersetzungsvariante.

Jürgen Berndts Übertragungen sind eindeutig moderner. Philologisch genau, wahren sie die Kürze und interpretieren den Text behutsam, wo seine intendierte Doppel- oder Vieldeutigkeit im Deutschen nicht wiederzugeben ist. Doch dieser erfahrene Übersetzer weiß auf dem knappen Raum auch noch die japanischen Wortspiele zu transponieren, im folgenden Beispiel etwa den Anklang an das Adjektiv «bitter, gramvoll» im Ortsnamen Uji. In wörtlicher Wiedergabe läse sich das Gedicht: «Meine Hütte ist im Südosten der Hauptstadt. So hause ich. Man sagt, die Welt sei ein Berg Uji.» Jürgen Berndt macht daraus: «Leb in der Klause / südöstlich der Hauptstadt / zufrieden und froh / Gräme mich gar nicht am Gramberg / wie manch einer wohl meint», womit er den leicht spöttischen Ton des Originals trefflich einfängt.

Ironie begegnet man ansonsten selten in dieser Anthologie, eher trifft man auf poetisch verdichtete Liebessehnsucht, auf Groll und Klagen Liebender oder aus der Hauptstadt Verbannter und auf Trauer über die Unbeständigkeit alles Irdischen. Charakteristisch für diese Dichtung ist nun, daß die Momentaufnahmen seelischer Befindlichkeit durchweg mit einem Naturbild gekoppelt werden: «Ein Zufall war es / Und ich fragte mich, bist du's / oder bist du's nicht / Doch da hatte sich der Mond / schon im Wolkenbett versteckt». Zu diesem Gedicht der berühmten Hofdame und Schriftstellerin Murasaki Shikibu merkt der Übersetzer an, es sei weder eindeutig als Liebesgedicht noch als Lied auf den frühen Herbstmond zu lesen.

Es sind diese Stimmungen und Bilder, die festen Sprachmuster und Anspielungsketten, die den literarischen Geschmack und das ästhetische Empfinden, ja sogar die Naturwahrnehmung der Japaner bis heute prägen.

Zur besonderen Verbreitung der vorliegenden Sammlung hat darüber hinaus auch ein alljährlich zum Neujahrsfest geübter Brauch beigetragen, nach dem man sich im Familien- und Freundeskreis mit dem Spiel der zweihundert «Gedichtkarten» vergnügt. Dabei geht es darum, zu den vom Spielleiter verlesenen Eingangsversen möglichst schnell die passende unter den hundert vor den Mitspielern ausgebreiteten Karten mit den jeweils letzten Gedichtzeilen ausfindig zu machen. Auf diese Weise memorierten Generationen von Japanern ihr «Hyakunin isshu».

Ein besonders schöner Kartensatz, der von dem Maler Ogata Kōrin (1658–1716) gestaltet wurde, diente als Vorlage für den ansprechend ausgestalteten Band. Er enthält, nach einer informativen Einleitung des Übersetzers, auf zwei gegenüberliegenden Seiten jeweils eine Farbabbildung des Kartenspiels – ein Dichterporträt auf der einen, ein thematisch passendes Aquarell auf der anderen, in das sich der Gedichttext auf dekorative Weise einfügt. Darunter liest man die deutsche Übersetzung nebst knappen Erläuterungen zum biographischen Hintergrund des Gedichts.

Jürgen Berndt hat mit dieser Neuübertragung der «Hundert Gedichte» eine wunderbar entschlackte neue Version dieses populären japanischen Klassikers vorgelegt, die unseren Gesamteindruck von «typisch japanischer» Lyrik zwar nicht umstoßen wird, doch einen frischen Blick auf scheinbar Altbekanntes freigibt. Im ausgehenden neunzehnten Jahrhundert übersetzte P. Ehmann: «Nicht meiner, die ich / Vergessen bin, gedenk ich; / Doch, ach! das Leben / Des Mannes bleibt mir theuer, / Der einst mir Treu' geschworen.» Manfred Hausmann dichtete in den frühen fünfziger Jahren: «Er hat mich verlassen. / Aber ich denke nicht an meine Qualen, / ich denke nur an ihn, / der seinen Schwur gebrochen hat. / O straft ihn nicht dafür, ihr Götter!» Bei Jürgen Berndt schließlich lesen wir: «Laß nur, ich verwind's / daß du mich vergessen hast / Dein Los beklag ich / denn den Liebesschwur brachst du / und wirst es mit dem Leben büßen».

Erst Berndts Übersetzung erschließt uns die psychologische Raffinesse der Hofdame Ukon, die uns weniger weiblich masochistisch und dafür um so «moderner» entgegentritt. Diese neue Übertragung bewahrt uns nicht zuletzt davor, vor lauter allzu Japanischem in Exotismen zu schwelgen. (1987)

Als wär's des Mondes letztes Licht am frühen Morgen. Hundert Gedichte von hundert Dichtern aus Japan. Herausgegeben und übertragen von Jürgen Berndt. Frankfurt/Main: Insel Verlag 1987.

Matsuo Bashō: Sarumino – Das Affenmäntelchen

Aus naheliegenden Gründen hat es die japanische Literatur schwerer als etwa die Kunst oder die Architektur dieses Landes, international wahrgenommen zu werden. Das seit Beginn dieses Jahrhunderts bekannteste Genre dürfte die Haiku-Lyrik sein, an der sich schon früh Übersetzer versuchten. Einen Anreiz bildete sicher die extreme Kürze dieser Gedichtform, die in der Regel aus siebzehn Moren im Rhythmus fünf – sieben – fünf besteht. Es sind übrigens Moren, nicht Silben, wie man allenthalben, auch bei Japanologen, zu lesen bekommt. (Das Japanische zählt etwa einen Langvokal oder eine auf -n endende Silbe als zwei Moren.)

Wie läßt sich auf diesem äußerst knappen Raum Lyrik gestalten? Indem man standardisiert, das heißt, ein Repertoire von festen Formeln, etwa die sogenannten Jahreszeitenwörter, entwickelt und indem man in Form von Zitaten und Anspielungen das gesamte tradierte und kanonisierte Erbe in diese Lyrik miteinbezieht. Genau dies geschieht in der japanischen Kurzlyrik, die mit dem Wirken des Dichters Bashō (1644 bis 1694) aus einer mehr als vier Jahrhunderte währenden Phase der Erstarrung befreit wurde.

Zu seinem dreihundertsten Todestag bringt nun die Dieterich'sche Verlagsbuchhandlung *Das Affenmäntelchen*, eine Anthologie mit repräsentativen Gedichten von Bashō und seinen Schülern, in der Übertragung von G. S. Dombrady heraus, der 1985 bereits seine Übersetzung von Bashōs berühmtem Reisetagebuch *Auf schmalen Pfaden durchs Hinterland*, mit einer Einführung und Anmerkungen versehen, vorgelegt hat.

Die beiden Bände bieten Gelegenheit, diese Dichtung in ihrem Kontext kennenzulernen: im Zusammenhang der lyrischen Sequenzen, sofern es sich dabei um gesellige Kettendichtung handelte, oder als integralen Bestandteil von Reiseskizzen entlang einer mittlerweile klassischen Route durch Nordost-Japan. Das ist zweifellos ein großer Vorteil gegenüber den verbreiteten Anthologien, die mit einer Auslese an isolierten und dürftig kommentierten lyrischen Kurztexten aufwarten.

Doch wie steht es um die Übertragung? Zweifellos stellt die extreme Kürze der Haiku-Lyrik jeden Übersetzer vor besondere Probleme, obgleich das Deutsche den Vorteil hat, daß sich im Rahmen von fünf oder sieben Moren mehr Wort- und somit Sinneinheiten unterbringen lassen als im Japanischen. Doch der Übersetzer versucht erst gar nicht, sich an die metrischen Vorgaben zu halten. Im allgemeinen tendiert er dazu, die knappen Sätze zu überladen: «Weißer als der Stein / auf dem ‹Steinberg› ist alles weiß: / bei diesem Herbstwind – weiß ...» Eine wortgetreue Übersetzung würde lauten: «Weißer als die/Felsen des Ishiyama – / der Herbstwind.»

Besonders fatal wirkt sich die Überfrachtung, die oft mit einer Häufung von Ausrufe- und Fragezeichen, Gedankenstrichen und Auslassungszeichen einhergeht, bei Bashōs berühmtem Sterbegedicht aus, das in beiden Bänden angeführt wird: «Krank auf der Reise / mein Traum irrt weiter / über die dürre Heide», könnte eine Übersetzung lauten. Bei Dombrady wird daraus: «Erkrankt auf der Reise / flattert mein Schmetterlingstraum / über die öde Heide.»

Das Genie dieses Dichters schimmert zwar in den vorliegenden Ausgaben gelegentlich durch. Doch die Übertragung der Verse Bashōs bleibt eine Herausforderung, der sich auch künftige Japanologen-Generationen werden stellen müssen. (1994)

Bashō: *Sarumino – Das Affenmäntelchen*. Herausgegeben und aus dem Japanischen übertragen von G. S. Dombrady. Mainz: Dieterich'sche Verlagsbuchhandlung 1994.

Moderne Klassik/Klassische Moderne

Natsume Sōseki: Das Graskissen-Buch. 1906

Ob jeder, der hierzulande einen Zwanzigmarkschein in Händen hält, Annette von Droste-Hülshoff identifizieren und sie als deutsche Dichterin einordnen könnte, ist fraglich. In seinem eigenen Land ungleich bekannter ist der Schriftsteller, dessen Porträt die verbreitetste japanische Banknote, den Tausend-Yen-Schein, ziert. Er heißt Natsume Sōseki, lebte von 1867 bis 1916 und gilt zu Recht als einer der bedeutendsten japanischen Autoren des zwanzigsten Jahrhunderts. Sōseki, so sein Künstlername, verbrachte traumatische und zugleich prägende Jahre von 1900 bis 1903 in London, bevor er Dozent für englische Literatur an der Kaiserlichen Universität Tokio wurde. Mit Erzählungen und Fortsetzungsromanen wurde er schnell berühmt. Eines der frühen Werke, die seinen Ruhm begründeten, ist der 1906 in nur zwei Wochen entstandene Roman *Das Graskissen-Buch*.

Schon der Titel mit der Bedeutung «Kopfkissen aus Gras», ein Topos aus der klassischen Dichtung, der auf Wanderschaft und Reise und somit auf Unbeschwertheit, aber auch auf Einsamkeit und Melancholie verweist, offenbart viel vom Charakter dieses kontemplativen Buches, das zugleich stark experimentelle Züge trägt. Der Autor selbst nannte es eine Art Haiku-Roman und wünschte sich, damit vielleicht einen neuen literarischen Typus geschaffen zu haben, der sich von der allzu realitätsnahen, im Alltäglichen befangenen europäischen Romanliteratur abheben sollte. Mit Haiku-Roman ist also zunächst ein ästhetizistischer Zugang beschrieben – Aufgabe sei es, dem Leser eine Empfindung des Schönen zu vermitteln, die ihn der profanen Realität enthebe. Zugleich ist das Werk jedoch auch von Gedichten, japanischen wie Haiku und solchen im klassischen chinesischen Stil, durchsetzt. Gebildete Anspielungen auf chinesische und japanische Klassiker enthält es zuhauf – der Übersetzer ins Deutsche ist nicht zu beneiden. Doch auch die europäische Literatur, ob Oscar Wilde oder William Wordsworth, ob *Laokoon* oder *Tristram Shandy*, wird in die philosophischen Reflexionen eingebunden.

Und die Handlung? «Wenn Sie der Handlung nicht folgen, was lesen Sie dann? Was gibt es in Büchern außer der Handlung überhaupt zu lesen?» läßt der Autor augenzwinkernd eine seiner Figuren fragen. Die Handlung dieses Buches ist schnell umrissen: Ein Kunstmaler aus Tokio reist aufs Land, um in der klassischen Pose des Connaisseurs alles zum ästhetischen Erlebnis werden zu lassen, was ihm begegnet. Er genießt und räsoniert – über chinesische Teppiche wie über europäisches und japanisches Essen, über Zen-Weisheiten oder die Künstlichkeit der snobistischen Teekultanhänger, bei Wanderungen in der freien Natur, im dampfvernebelten Bad oder unter dem Zugriff eines Barbiers. Natürlich begegnet er auch einer geheimnisvollen Frau, die sich am Rande des Selbstmords bewegt.

Was den Text auch für europäische Leser neunzig Jahre später noch zum kurzweiligen und anregend-vergnüglichen Erlebnis werden läßt, ist der ironische Blick des Autors auf seinen Helden, den Künstler, der seine «Umgebung wie ein Bild betrachtet, wie ein Gedicht liest». So wichtig ihm die «weltenthobene Poesie» auch sein mag, er registriert sehr wohl, daß vor der nüchternen Wirklichkeit ein dauerhaftes Entrinnen nicht möglich ist. Und so führt er seinen Helden schließlich auf denkwürdige Weise wieder an die Realität heran.

Da ist vor allem aber der Ich-Erzähler selbst, jener Maler mit dem scharfsinnigen Blick für die Marotten seiner profitgierigen, fortschrittssüchtigen und europahörigen Zeitgenossen. Welch wunderbare Sinnlichkeit atmen seine Schilderungen japanischer Speisen oder der Anblick einer Frauengestalt im Kimono an einem wolkenverhangenen Spätfrühlingsabend! Und damit romantische, assoziationsgeladene Szenen nicht ins Schwelgerische abgleiten, folgt auf dem Fuß eine Wendung ins Komische, eine witzige Pointe, ein gekonnter Szenenwechsel. Leider ist der Übersetzer der stilistischen Brillanz des Originals nicht gewachsen. Nicht immer trifft er das richtige Register, sprachliche Unsicherheiten stören ebenso wie das penetrante «Hahahahaha» der Männer, das «Hohoho» der Frauen, das kecke «Hehehehehe» oder das «Kukuku» der Hühner. Manch einer mag sich auch an den insgesamt verdienstvollen, aber teils pedantisch-didaktischen, teils uninformativen oder auch überflüssigen Fußnoten stoßen.

Dennoch, Sōseki ist ein höchst anregender, weitsichtiger japanischer Intellektueller mit der Gabe, unterhaltsam zu erzählen. Es lohnt sich also, ihn anhand seiner witzigen frühen Werke wie des *Graskissen-Buchs*, das übrigens auch die Lieblingslektüre des Pianisten Glenn Gould gewesen sein soll, und des in Kürze auf deutsch erscheinenden satirischen Romans *Ich der Kater*, ebenfalls aus dem Jahre 1906, kennenzulernen. Die Tausend-Yen-Scheine, die man in Japan so schnell wieder los wird, tragen nicht umsonst sein Konterfei. (1996)

Natsume Sōseki: *Das Graskissen-Buch*. Aus dem Japanischen übersetzt und mit einem Nachwort versehen von Christoph Langemann. Berlin: edition q 1996.

Akutagawa Ryūnosuke: Leben eines Narren. 1927

Vermutlich braucht man nicht mehr als eine Stunde, um Akutagawas Text *Das Leben eines Narren* zu lesen, der in der vorliegenden deutschen Übersetzung 57 Seiten umfaßt. Doch der Umfang ist die eine, das Gewicht eine ganz andere Sache. Es scheint sich hier zu bewahrheiten, was schon des öfteren im Blick auf japanische Literatur beobachtet wurde – daß ihre besonderen Stärken in der Kürze liegen. (Auch wenn, was der Wahrheit zuliebe hinzugefügt werden muß, einige der großen Epen der Weltliteratur wie die «Geschichte vom [leuchtenden] Prinzen Genji» oder die «Geschichte von Aufstieg und Fall des Geschlechts der Taira» ebenfalls der japanischen Literatur entstammen.)

Der Autor Ryūnosuke Akutagawa (1892 bis 1927) gehört zu den wenigen japanischen Schriftstellern seiner Zeit, die schon zu Lebzeiten in westliche Sprachen übersetzt wurden. Akira Kurosawas preisgekrönter Film «Rashomon», der das japanische Kino nach dem Zweiten Weltkrieg schlagartig international berühmt machte, geht auf zwei Erzählungen dieses Autors zurück. Noch heute zählt Akutagawa zu den meistübersetzten Autoren seiner Sprache.

Berühmt ist Akutagawa vor allem ob der Vielfalt und Vielschichtigkeit seiner literarischen Stoffe und der stilistischen Brillanz seiner historischen Erzählungen, Novellen, Humoresken, satirischen Prosaskizzen und Essays. Er schöpft aus japanischen Volkssagen ebenso wie aus der Bibel und kennt sich in der Literatur des ostasiatischen wie des okzidentalen Raums hervorragend aus. Westliche Leser werden bei der Lektüre seiner Texte selten jene Fremdheitserfahrungen machen, die ihnen den Zugang zu anderen, oft auch zeitgenössischen, japanischen Autoren teilweise verstellen. Denn Akutagawa ist vor allem eins: ein moderner Intellektueller, dessen individuelle Erfahrungswelt uns so nah oder so fern ist wie, sagen wir, diejenige von Karl Kraus oder Elias Canetti.

Akutagawa war kein Anhänger der seinerzeit so beliebten autobiographischen Bekenntnisliteratur. Er scheute davor zurück, das eigene Leben literarisch zu entblößen. Niemand stand der eindimensionalen Egozentrik des sogenannten «Ich-Romans» ferner als dieser selbstkritische Skeptiker, der seine Stil-Experimente mit kühlem Intellekt ausführte und zu dessen markantesten Texten jene Erzählung «Rashomon» zählt, in der die Unmöglichkeit der Wahrheitsfindung angesichts der Vielfalt einzelner Perspektiven demonstriert wird.

Akutagawa hat in den letzten Monaten seines Lebens einige kurze Texte verfaßt, die gleichwohl eindeutig auf das eigene Leben Bezug nehmen. Dazu gehören die postum veröffentlichten Prosaskizzen «Zahnräder», ein Dokument von quälender Eindringlichkeit (es endet mit den Sätzen: «Ich habe nicht mehr die Kraft weiterzuschreiben. Es ist eine unsägliche Qual, mit diesem Gefühl zu leben. Findet sich denn niemand, der mich im Schlaf sacht erdrosselt?»), ebenso wie der vorliegende Text und eine «Notiz für einen alten Freund». Bei letzterer handelt es sich um einen Brief an einen Schriftstellerfreund, dem er die Hintergründe für seinen Freitod und seine Überlegungen hinsichtlich eines möglichst ästhetischen Abgangs, nicht zuletzt aus Rücksichtnahme auf seine Frau und seine drei Söhne, dartut. Auch diesen Text enthält der soeben erschienene Band.

Das Leben eines Narren besteht aus 51 kurzen Stücken, die, in grob chronologischer Folge, einzelne Szenen und Momente dieses Künstlerlebens schlaglichtartig beleuchten. Das Stück Nummer 34 ist betitelt mit «Farbe»: «In seinem dreißigsten Lebensjahr verliebte er sich unversehens in ein unbebautes Grundstück. Dort gab es nichts, lediglich zersplitterte Ziegel und Dachschindeln lagen verstreut auf dem moosbewachsenen Boden herum. Doch in seinen Augen war die Szene identisch mit einem Landschaftsbild von Cézanne. – Plötzlich erinnerte er sich an die leidenschaftlichen Gefühle, die ihn sieben, acht Jahre zuvor bewegt hatten. Und entdeckte gleichzeitig, daß er vor sieben, acht Jahren nichts über Farben gewußt hatte.»

Wir begegnen einem japanischen Intellektuellen, der mit Literatur und Kunst mindestens ebenso intensive Erfahrungen verbindet wie mit der ihn umgebenden Realität. Die gesellschaftlichen Bedingungen, denen er ausgesetzt war, also «das Feudalzeitalter, das seine Schatten auf mich warf», habe er bewußt ausgespart, vertraut Akutagawa seinem Freund an. Dennoch fängt er in seinen scheinbar nebensächlichen Details gewidmeten Beobachtungen und kurzen Betrachtungen genug davon ein. Doch wichtiger ist ihm allemal die Kunst, verkörpert durch die Welt der Bücher. Eine Schlüsselszene für Akutagawa, zugleich der Beginn des Werks:

«Der Ort: der erste Stock einer Buchhandlung. Er, zwanzig Jahre, kletterte eine metallene Leiter hinauf, die an ein Bücherregal gelehnt war; er suchte nach neuen Büchern. Maupassant, Baudelaire, Strindberg, Ibsen, Shaw, Tolstoi ...» Abschnitt 16 trägt den Titel: «Kopfkissen»: «Er las ein Buch von Anatole France, wobei er seinen Skeptizismus, der nach Rosenblättern roch, als Kopfkissen benutzte. Er bemerkte nicht, daß mittlerweile selbst in diesem Kopfkissen ein Kentaur lebte.» Akutagawa war, wie man bei der Lektüre feststellen wird, nicht zuletzt ein begnadeter Aphoristiker, den es sowohl in Japan als auch im Westen noch zu entdecken gilt.

In *Das Leben eines Narren* schreitet Akutagawa, der sich trotz aller Selbstzweifel seiner Bedeutung durchaus bewußt gewesen sein dürfte, die lichten und die düsteren Stationen seines Lebens ab. Es gibt Momente von haikuhafter Impressivität: «Im Wind, der erfüllt war vom

Geruch der Algen, das Funkeln eines Schmetterlings. Einen kurzen Moment lang spürte er, wie der Schmetterling seine ausgedörrten Lippen mit den Flügeln berührte. Aber noch Jahre später leuchtete der Staub, den der Schmetterling auf seinen Lippen hinterlassen hatte.» Am anderen Ende der Skala Desillusion und leise Verzweiflung: «Es stimmte: Der Dämon des Fin de siècle hielt ihn in seinen Klauen. Er beneidete die Menschen des Mittelalters, die auf Gott vertraut hatten. Aber ihm war es völlig unmöglich, an Gott zu glauben – an die Liebe Gottes zu glauben. An jenen Gott zu glauben, an den sogar Cocteau geglaubt hatte!»

Am 24. Juli 1927 beging Akutagawa mit einer Überdosis an Schlafmitteln Selbstmord in seinem Haus. Sein Tod erregte außergewöhnliches Aufsehen, und dies nicht nur in Literaturkreisen, auch wenn er den Schaffensfluß bei einer Reihe von Schriftstellerkollegen nachhaltig beeinflußt haben soll. Akutagawas Tod wurde eine symbolische Bedeutung zugesprochen – er galt als Fanal des Scheiterns eines weltoffenen, liberalen, individualistischen Geistes. Sein Name jedoch ist nicht nur in Verbindung mit dem nach ihm benannten, 1935 gestifteten Literaturpreis, der renommiertesten japanischen Auszeichnung für literarische *Newcomer*, lebendig geblieben. Von seinem Schaffen geht nach wie vor ein starker Reiz aus. Man hätte sich allerdings zu den verdienstvollen Anmerkungen des vorliegenden Bandes auch noch ein Nachwort gewünscht. Doch der Text ist andererseits stark genug, um für sich zu sprechen. Aus ihm spricht ein Mensch des zwanzigsten Jahrhunderts – scharfsinnig, zynisch, neurotisch, sensibel, individualistisch, reserviert und schwer zu fassen. (1997)

Ryūnosuke Akutagawa: *Das Leben eines Narren*. Aus dem Japanischen von Otto Putz. Frankfurt/Main: Suhrkamp Verlag 1997.

Kawabata Yasunari: Handtellergeschichten. 1924–1963

Neben seinem 1994 preisgekrönten Landsmann Kenzaburō Ōe war der japanische Autor Yasunari Kawabata, der 1968 als erster Japaner (und zweiter Asiate nach Rabindranath Tagore) den Literaturnobelpreis erhielt, in der deutschen Literaturlandschaft ein wenig in den Hintergrund getreten. Doch nun, im Jahr seines 100. Geburtstages, machen gleich zwei Verlage mit neuen Büchern auf diesen modernen Klassiker aufmerksam. Der Insel Verlag präsentiert seinen experimentellen Zeitungsroman *Die rote Bande von Asakusa*, und Hanser legt ein Bändchen mit neuen Handteller-Geschichten vor.

Handteller-Geschichten sind Erzähltexte, die so kurz sind, daß sie auf eine Handfläche zu passen scheinen – Prosaskizzen von zumeist nur wenigen Seiten Umfang, deren besonderer Reiz in ihrer Dichte und Suggestivität liegt. Kawabata selbst gilt als «Erfinder» dieses Genres, und es scheint seinem künstlerischen Temperament auch besonders entgegengekommen zu sein. Schon die Titel seiner Texte – «Von der Säge und einer Niederkunft», «Der Rutschfelsen» oder «Wartesaal Dritter Klasse» – klingen eigenartig konkret und rätselhaft, andere erinnern an Märchen. «Die Tochter des Drachenkönigs» etwa erzählt die dramatische Geschichte einer Rache für Ehebruch und Mord, und den Kern einer der mit gut sechs Seiten längsten Kurzgeschichten der Sammlung mit dem Titel «Auf den Winter zu» bildet die ebenfalls blutrünstige Legende von einem Samurai, der einen Tempel gründete. Dabei geht es stets mit geheimnisvollen Kräften zu, die auch die Träume der handelnden Personen bestimmen.

Kawabatas Stärken liegen im pointierten Skizzieren von ungewöhnlichen Personenkonstellationen wie in der Titelgeschichte «Der Blinde und das Mädchen». Darin wird in wenigen Szenen die Geschichte einer Familie, bestehend aus der blinden Mutter und zwei Töchtern, erzählt, die ihren Lebensunterhalt damit verdienen, daß sie blinden Männern zu Diensten sind. Wie das Mädchen O-Kayo, die jüngere von beiden, die den blinden Gönner jedesmal zum Bahnhof begleitet, in ihrer noch kindlichen Unschuld diese Situation erlebt und wie sie sich in den Blinden hineinversetzt, der im Spiegel ihrer boshaften Schwester den Wald im Abendrot gespiegelt «sieht», das zeugt von beträchtlicher erzählerischer Suggestionskraft. Das unschuldige, aber auf den männlichen Beobachter stets besonders verführerisch wirkende junge Mädchen gehört zum festen Personeninventar von Kawabatas Werken. Wir begegnen ihr auch in dieser Sammlung immer wieder, und schon im nur zwei Seiten umfassenden ersten Text tritt sie uns in einer Badeszene entgegen, die stark an Kawabatas erste berühmte Erzählung von 1926, «Die Tänzerin» erinnert. Auch andere Werke klingen in den Texten an. Kawabatas journalistische Ader macht sich in den Straßenszenen und Impressionen aus Tokyos Stadtteil Asakusa in den 1920er Jahren bemerkbar, und man meint in «Der Vorfall mit dem Hut» und «Der Weg des Geldes» Arbeitsskizzen für die schon erwähnte *Rote Bande* zu lesen. Wieder andere Texte zeichnen stimmungsvolle Jahreszeitenbilder. So ließe sich die Sammlung durchaus als ein abwechslungsreiches Kawabata-Lesebuch empfehlen, wenn der Eindruck nicht durch gravierende Schwächen getrübt würde.

Zunächst einmal wüßte man natürlich gern, aus welcher Zeit diese insgesamt 19 Texte stammen, doch dazu schweigt sich der Band aus. Das Nachwort erwähnt zwar den Titel einer 1926 erschienenen Anthologie mit Handteller-Erzählungen, doch daß die ins Deutsche übertragenen Werke aus einem Zeitraum von 1924 bis in die sechziger Jahre stammen, bleibt den Lesern der Hanser-Ausgabe verborgen, zumal die Anordnung darin keinesfalls der Werkchronologie folgt. So stammt der vorletzte Text von 1963, der letzte aus dem Jahr 1928. Das aber sowie die Auswahlkriterien hätte man gern erläutert bekommen.

Nun kann man aber aus den Texten zunächst auch kaum auf die Entstehungszeit schließen, da sie in der deutschen Version allesamt einen recht altertümelnd-umständlichen sprachlichen Duktus aufweisen, und das Altertümelnde setzt sich in der Wortwahl fort. Von elektrischen Lampen und der «elektrischen Staatsbahn» ist da die Rede, wo es doch einfach bloß «Lampe» und «Bahn» oder «Zug» heißen müßte. Andererseits ist in einem frühen Text («Die weiße Blume», 1924) von einem Kranken die Rede und der Zeit, als er «noch in Ordnung war», ein umgekehrter sprachlicher Anachronismus, vielleicht sogar ein Anglizismus, der sich in die deutsche Übersetzung geschlichen hat. Stilistisch jedenfalls hat es der Leser schwer, sich zu orientieren, denn man stolpert immer wieder über merkwürdige Wendungen, wo das Original keinerlei Auffälliges zu bieten hat. Die Frau, die im Deutschen «sich bemüht, ihre Lidfalten zu beruhigen», hält ganz einfach ihre Augen geschlossen, und der Mann, der «vor Lachen mit dem Bauch wackelt», schüttelt sich vor Lachen. Der geheimnisvolle «Schneereifen» ist ein Schlitten, und der «Blauhimmel» nichts anderes als der umgangssprachliche «Himmel».

Kawabata nutzt zwar geschickt die grammatikalischen Besonderheiten des Japanischen, um seine Sätze mit vielen Konnotationen anzureichern und gewissermaßen «in der Schwebe» zu halten. Dadurch bekommen seine Texte eine geheimnisdurchtränkte Aura, die noch durch die Knappheit des Genres gesteigert wird. Je komprimierter und skizzenhafter die Texte, desto sorgfältiger muß allerdings auch die Übersetzung sein, damit die Verständlichkeit nicht leidet. Ganz so mysteriös, wie sich einige der Handtellererzählungen lesen, sind die Originale nämlich nicht. Um nachvollziehen zu können, was da eigentlich geschieht, muß man bisweilen, etwa bei der «Tochter des Drachenkönigs», die japanische Fassung heranziehen. Doch das kann deutschen Lesern schwerlich zugemutet werden.

Kawabata, der allzu lange als Repräsentant einer vorwiegend traditionsorientierten, ästhetizistischen Prosa gehandelt wurde, ist ein durchaus vielgesichtiger Vertreter der literarischen Moderne in Ostasien, die es zu entdecken lohnt. Der Hanser Verlag hat sich seit vielen Jahren um sein Werk verdient gemacht. Mit der vorliegenden Textsammlung allerdings hat er den Zugang zu diesem Autor, der auch über das Verhältnis der Geschlechter verblüffende Einsichten bereithält, nicht erleichtert. (1999)

Yasunari Kawabata: *Der Blinde und das Mädchen: Neue Handtellergeschichten.* Ausgewählt und aus dem Japanischen übersetzt von Siegfried Schaarschmidt. München: Carl Hanser Verlag 1999.

Kawabata Yasunari: Schneeland. 1948

In der Literatur hat das postkoloniale Zeitalter 1968 begonnen. So könnte man etwas provokant und plakativ die Verleihung des Nobelpreises in jenem Jahr an den japanischen Autor Yasunari Kawabata deuten, war er doch der erste Autor einer nicht-europäischen Sprache, sieht man von dem bereits 1913 ausgezeichneten Rabindranath Tagore ab. Doch dieser hatte den Preis in erster Linie für die englischen Versionen seiner Dichtung entgegengenommen. Und die Jury pries an Kawabata, durchaus zum Erstaunen der japanischen Öffentlichkeit, dessen Traditionsverwurzelung. Es waren wenige, aber eindrucksvoll übersetzte Werke, die seinerzeit seinen internationalen Ruhm begründeten, darunter *Schneeland*, sein wohl berühmtester Roman. Nun ist diese Gattungsbezeichnung eher irreführend, versteht man darunter ein architektonisch durchkonstruiertes Erzählwerk oder womöglich narrative Strukturen in der Tradition der europäischen Realisten des 19. Jahrhunderts. Kawabatas *Schneeland* ist wie alle seine längeren Werke, die man konventionell als «Langnarration», so die etwas wörtlicher übersetzte japanische Bezeichnung für «Roman», einordnet, ein Konglomerat aus verstreut und über einen längeren Zeitraum hinweg publizierten Erzählskizzen, die der Autor nach und nach in verschiedenen Bündelungen über einen Zeitraum von 14 Jahren zu einem größeren Ganzen zusammenstellte, bis 1948 die Buchausgabe erschien, die heute als Standardtext betrachtet wird.

Schneeland gehört zu den zweifellos wichtigsten Werken der japanischen Literatur im 20. Jahrhundert. Doch was macht eigentlich das Besondere an diesem Text aus? Er erzählt in Bildern und Visionen von der Suche eines Mannes nach sich selbst in einer Landschaft von archaischer Schönheit. Shimamura, der Protagonist, ein wohlhabender Müßiggänger, läßt seine Familie in Tokyo zurück und reist im Winter in den abgelegenen Nordosten, in das «Schneeland». Bereits die ersten Sätze des Werks, berühmt für ihre Suggestivität, schlagen diesen besonderen Ton an. «Als der Zug aus dem langen Grenztunnel herauskroch, lag das Schneeland vor ihm. Die Nacht wurde weiß bis auf den Grund. An der Signalstation hielt der Zug.» Mit wenigen Strichen in expressionistischer Manier wird hier die Ankunft des Helden auf seinem Zauberberg gezeichnet. Und daß die Welt, in die er eintritt, einer eher mythischen als realistischen Sphäre angehört, wird alsbald durch seine Erlebnisse bestärkt. So fasziniert ihn schon kurz vor der Ankunft der Anblick einer jungen Mitreisenden, deren Gesicht von kühler Schönheit sich in den Scheiben des fahrenden Zuges spiegelt. Szenen von geradezu magischer Suggestivität wie diese gleich zu Beginn, in der die Abendlandschaft und das Mädchengesicht übereinandergeblendet werden, bilden die erzählerischen Höhepunkte dieses eher still und verhalten erzählten Textes. Er lebt von der unterschwelligen Spannung zwischen dem Mann und der jungen Geisha Komako, der er bei seinem ersten Besuch in dem abgelegenen Thermalbad ein halbes Jahr zuvor begegnet war. Komako verkörpert natürliche Reinheit, aber auch Sinnlichkeit, und Kawabatas Held kann sich nicht recht zwischen ihrem Bild als Mutter und als Hure entscheiden. Für Generationen von japanischen wie westlichen Lesern stellte die leidenschaftliche, aber klug in ihr Schicksal ergebene Komako, zusammen mit dem geheimnisvollen Mädchen Yōko, das seinen todkranken Bruder mütterlich umsorgt, das Idealbild einer japanischen Frau dar. Heutigen Lesern dürfte auffallen, daß die gesamte Welt um diesen Helden, so assoziativ und bruchstückhaft sie auch geschildert wird, aus der Männerperspektive eines sehr traditionalistischen, dabei jedoch stets in Passivität, ja Unbeteiligtheit verharrenden Egozentrikers betrachtet wird, eines Mannes, der die «Kälte seines Herzens» zwar spürt, sie jedoch nicht überwinden kann. Die Ereignisse als solche sind allerdings so unscheinbar und nebensächlich, daß sich der Autor selbst in seinem Erzählgespinst verhedderte. Was zählt, sind vielschichtig verknüpfte sinnliche Eindrücke, die sich netzartig über verschiedene Zeitebenen verzweigen und eine eigentümlich in der Schwebe gehaltene, zeitlos-überzeitliche Stimmung erzeugen. Mit psychologischen Deutungen kommt man oft nicht sehr weit, und manch eine Begebenheit bleibt, wie auch der Schluß, rätselhaft. Seine Magie entfaltet der Text in Szenen wie jener, in der Shimamura sein Ohr nah an den Teekessel bringt und in seinem Simmern den Wind durch die Kiefern streichen hört, womit übrigens, nebenbei bemerkt, auf ein berühmtes Nō-Theaterstück verwiesen wird. So wandern seine Gedanken von Komako fort, nur um am Ende dieser wunderbaren Assoziationskette wieder bei ihr zu landen und ihn merken zu lassen, daß alles ihn an sie erinnert. Alarmiert von diesem Gedanken, kommt er zu dem Schluß, daß er gehen muß.

Will man diesen durch und durch ästhetisierten Text, der die Möglichkeiten des Japanischen, Aussagen gewissermaßen in der Schwebe zu halten, bis an die Grenzen der Verständlichkeit treibt, ins Deutsche bringen, so gilt es, einen passenden Ton dafür zu finden. Keine einfache Aufgabe, gewiß. Immerhin liegt uns seit 1957 die in verschiedenen Verlagen wiederaufgelegte Fassung von Oscar Benl vor, aus der die Eingangssätze oben zitiert wurden. An dieser Version wird sich die Neuübersetzung von Tobias Cheung messen lassen müssen. Wie lauten bei ihm die Eingangssätze? «Jenseits des langen Tunnels erschien das Schneeland. Der Nacht Tiefe wurde weiß. Die Dampflok hielt an einem Signal.» Das ist, mit Verlaub, kein leichter Einstieg für die Leser, und im Blick auf Satzstruktur und Semantik des Originals keineswegs genauer. Die neue Übersetzung tritt mit dem Anspruch größerer Texttreue auf, doch zunächst hakt und stockt man beim Lesen nur wesentlich öfter, bis einem klar wird, daß hier offenbar Nähe zum Original mit einer Rohübersetzung verwechselt wurde. Schon daß viele Wörter in dieser neuen Übersetzung im Original belassen werden, sorgt für eine durchaus nicht notwendige Lesesperrigkeit, zumal dieses exotisierende Übertragen eigentlich gar nicht zeitgemäß wirkt. Weshalb kann man statt «Onsenbad» oder dem noch unglücklicheren «Onsenressort» (!) nicht einfach Thermalbad oder Heilbad sagen? Von einer Frau aus dem Dorf auf dem Heimweg vom abendlichen Bad heißt es, sie kehre von einem *onsen* zurück. Die neue Fassung liest sich umständlich und hölzern. Wo Benl übersetzt: «Der Ansatz von Komakos Hals war runder, fülliger geworden seit dem letzten Jahr. Zwanzig Jahre ist sie nun, dachte Shimamura,» lesen wir bei Cheung: «Der Ansatz ihres Halses hatte im Vergleich zum letzten Jahr Fett angesetzt. Shimamura erinnerte sich daran, daß sie zwanzig Jahre alt geworden war.» Oder nehmen wir diesen kurzen Dialog, der sich bei Benl so anhört: «Wahrhaftig, das ist eine ganz andere Kälte hier. Man spürt es gleich, was man auch immer zur Hand nimmt.» «Im letzten Jahr fiel das Thermometer einmal bis auf zwanzig Grad unter Null!» «Und wie tief liegt der Schnee?» «Nun, es sind sieben, acht Fuß im allgemeinen. Fällt besonders viel, sind es zwölf, dreizehn!» In der neuen Übersetzung lesen wir: «Es ist wirklich erstaunlich. Was auch immer ich anfasse, ist von einer ganz unbekannten Kälte.» «Letztes Jahr fiel die Temperatur angeblich bis auf minus zwanzig Grad.» «Gab es viel Schnee?» «Na ja, gewöhnlich fallen sieben bis acht *shaku*, aber zu Zeiten starken Schneefalls kann sogar ein *jō* noch um zwei bis drei *shaku* überschritten werden.»

Man mag dem offenbar noch unerfahrenen Übersetzer der neuen Fassung zugute halten, daß er den einen oder anderen Benlschen Schnitzer ausbügelt, doch baut er gelegentlich auch neue ein. Wesentlicher aber ist, daß sein Text einem die Lektüre eher verleidet. Hier finden sich so gut wie alle Fehler von Anfängern wieder bis hin zu den allzu ausführlichen und dabei oft überflüssigen Annotationen. Mit dieser Übersetzung wäre Kawabata kaum für den Nobelpreis nominiert worden. Was also tun? Wer Kawabatas Meisterwerk lesen möchte, sollte stattdessen zu der noch erhältlichen dtv-Taschenausgabe mit der alten Übersetzung von Benl greifen. Schade für die vertane Chance, denn dieser moderne Klassiker hätte eine Neuübersetzung durchaus verdient. Umgekehrt haben die Japaner es uns vorgemacht mit ihren über dreißig Übersetzungen von Goethes *Werther* oder den zahlreichen Neuübertragungen von Werken Thomas Manns, von Rilke, Hesse oder Kafka. Jede Zeit hat ein Anrecht auf eine eigene, zeitgemäße Übertragung. Allerdings sollte deren Qualität nicht hinter die früherer Versionen zurückfallen. Der Insel-Suhrkamp-Verlag, der sich mit einem breiten Programm an hervorragenden Übersetzungen aus dem Japanischen um die japanische Literatur verdient gemacht hat, hat einen Ruf zu verlieren. (2004)

Yasunari Kawabata: *Schneeland. Erzählung.* Aus dem Japanischen übersetzt und mit einem Nachwort versehen von Tobias Cheung. Frankfurt/Main: Suhrkamp Verlag 2004.

1960–1970

Mishima Yukio: Nach dem Bankett. 1960

Einen Blick hinter die Kulissen der japanischen Politik liefert die Belletristik nicht eben häufig. Am gezieltesten noch läßt sich eine solche Neugier wohl bei dem japanischen Bestseller aus dem Jahre 1993, Maruya Saiichis satirischem Roman *Die Journalistin*, befriedigen. Daß aber ausgerechnet Yukio Mishima, der in der Literaturgeschichte auf eine Rolle als Ästhetizist und moderner Klassiker festgelegt scheint, mit einem zeitnah an realen Ereignissen entlang modellierten politischen Roman von sich reden machen würde, überraschte nicht nur seine Zeitgenossen im Jahre 1960, als *Nach dem Bankett* erschien.

Um es vorweg zu sagen: Dieses Werk ist ein Glücksfall, denn hier tritt uns ein souveräner Erzählhandwerker entgegen, der seine Leser blendend unterhält und dabei ganz beiläufig, mit hintergründiger Ironie, die Gepflogenheiten in der Welt der japanischen Politik aufs Korn nimmt. Daß sein nicht ohne Sympathie geschilderter Protagonist ausgerechnet ein Linksliberaler ist, der sich anschickt, den konservativen Filz des japanischen Establishments zu bekämpfen, ist dabei nur eines der verblüffenden Momente dieses Werks, mißt man den Autor an seinem Ruf als strammer Kulturnationalist mit faschistoiden Zügen.

Nach dem Bankett ist kein Schlüsselroman, obgleich jeder in dem würdevollen ehemaligen Diplomaten und Mitglied der Reformpartei Noguchi Yuken, der für den Gouverneursposten von Tokio kandidiert, den früheren Außenminister Arita erkannte, der 1959 in einem vielbeachteten Wahlkampf um ebendieses Amt gescheitert war. Kurz zuvor hatte er die Besitzerin eines berühmten und exklusiven japanischen Restaurants geheiratet, in dem die Prominenz aus Politik, Wirtschaft und Finanzwelt verkehrte. Nicht nur die äußeren Ereignisse, sondern auch die Schilderung der Persönlichkeiten wiesen jedoch so viele Parallelen zur Wirklichkeit auf, daß es zum Prozeß kam, in dem erstmals in Japan die Verletzung der Privatsphäre vor einem Gericht zum Thema und das Fremdwort «privacy» in den allgemeinen Wortschatz aufgenommen wurde. Mishima wurde 1964 zur Zahlung von Schmerzensgeld verurteilt. Und doch lebt dieser Roman nicht etwa von der Pikanterie der Enthüllung. Es ist die fesselnde und detailgesättigte Schilderung einer menschlichen Komödie, die realistische und zugleich allegorische Zeichnung politischer Verhältnisse und die literarische, am französischen Roman des 19. Jahrhunderts geschulte Suggestivität, die den Reiz dieses kompakten Erzählwerks ausmacht.

Noguchi Yuken, der gut sechzigjährige einstige Botschafter, ist ein Aristokrat und Asket von hohem moralischem Anspruch, dem so gar nichts Lebensfrohes anhaftet. Und doch fühlt sich Kazu, die schöne und vitale Selfmadefrau in ihren frühen Fünfzigern, ausgerechnet von diesem störrischen Gentleman angezogen. Zu Beginn des Romans begegnen wir ihr als selbstbewußter Gebieterin über ein Luxusrestaurant in einem prachtvollen Parkanwesen, die im Umgang mit ihren begüterten und hochgestellten Gästen anscheinend jeder Situation gewachsen ist. «Wie sie jetzt diesen Garten betrachtete, so betrachtete sie die Menschen und die ganze Welt. Nicht nur das: sie verfügte über sie.»

In dieser exklusiven Umgebung trifft sie den alten Herrn zum erstenmal anläßlich des Jahrestreffens ehemaliger Botschafter, distinguierter Herren im Ruhestand, die in Erinnerungen an ihre großen Tage schwelgen. Da erzählt einer von den großartigen Sonnenuntergängen in der Karibik und der andere von seiner unerwarteten Begegnung mit Hermann Göring in der Berliner U-Bahn. Noguchi ist der einzige, der sich nicht in Nostalgie verliert, sondern die Gegenwart im Blick zu behalten scheint. Wie es der temperamentvollen, ganz und gar nicht intellektuellen Kazu gelingt, die Aufmerksamkeit und Zuneigung des alten Herrn zu gewinnen und schließlich auch das Ehebett mit ihm zu teilen, wird mit viel Sinn für Ironie und leise Komik dargeboten. Was Kazu vor allem in ihrer Ehe mit Noguchi sucht, ist die Gewißheit einer Heimat nach dem Tod, das beruhigende Gefühl, im Familiengrab des Aristokraten endgültig aufgehoben zu sein. Doch andererseits ist diese Frau immer noch von unbändigem Tatendrang beseelt, und als ihr Mann, von Parteifreunden aufgefordert, sich dazu durchringt, den Gouverneursposten von Tokio anzustreben, wirft sie sich mit all ihrer Findigkeit, ihren Finanzressourcen und ihrer beträchtlichen Erfahrung im Umgang mit Menschen aller Schichten in den Wahlkampf. Daß sie sich dazu hinter dem Rücken ihres Mannes auch solcher Mittel bedient, die seine Billigung nicht finden würden, stellt sich erst später heraus.

Das Tokio der späten fünfziger Jahre ist natürlich nicht mehr das von heute, und dennoch kommen in diesem Roman auch jene Leser auf ihre Kosten, die neben einer unterhaltsamen Story auch gewitzte Einblicke in die Spezifika der politischen Klasse und des gesellschaftlichen Lebens zu schätzen wissen. Wie die Führungselite des Landes Geschäft und Vergnügen bei erlesenen Menüs in traditionellem Ambiente zu verbinden versteht und die Fäden von Einflußnahme und Intrige spinnt, wie stilbewußte professionelle Gastgeberinnen den Zusammenkünften ihr individuelles Gepräge geben und wo ihre Grenzen liegen, dies alles wird anschaulich vorgeführt. Gartenkunst und Theater, Kimono-Semantik und Kulinarik, sie alle dienen strategischen Zielen. Oder nehmen wir die Dichtung, besonders raffiniert eingesetzt von Kazu bei ihrer ersten intimen Begegnung mit Noguchi, denn sie hat für diese Gelegenheit eigens einen Kalligraphen gebeten, ihr einen Vers auf das weinrote Futter ihres Kimonos zu malen. Nun muß sie nur noch dafür sorgen, daß der alte Herr diesen anspielungsreichen Text zu Gesicht bekommt.

Das Genre Haiku allerdings ist in Mishimas Augen schon längst ein exotistisches, globalisiertes Allgemeingut. Selten hat ein japanischer Autor so witzig die eigene Europasehnsucht und den Orientalismus der Europäer eingefangen. Und selten hat einer so souverän und leichtfüßig die ästhetischen Traditionen beschworen und zugleich dekonstruiert wie in diesem Roman. (2002)

Yukio Mishima: *Nach dem Bankett. Roman.* Aus dem Japanischen übersetzt von Sachiko Yatsushiro. Frankfurt/Main, Leipzig: Suhrkamp Verlag 2002.

Das elfte Haus. Erzählungen japanischer Gegenwarts-Autorinnen. 1956–1981

Ein Band mit Erzählungen japanischer Schriftstellerinnen? So manch einer wird da müde abwinken. Können die Werke als Literatur bestehen, dann braucht man sie nicht nach dem Verfassergeschlecht auszuwählen. In diesem Fall aber liegen die Dinge etwas anders.

Zunächst einmal ist die japanische Gegenwartsliteratur hierzulande noch ein weitgehend unbekannter Kontinent. Was bisher ins Deutsche übersetzt wurde, sind einige wenige Werke einer verschwindend geringen Zahl japanischer Autoren, welche das außerordentlich umfangreiche und vielfältige literarische Schaffen des Landes auch nicht annähernd zu repräsentieren vermögen.

Welcher Autor mit welchem Werk in der Übersetzung präsentiert wird, hängt von vielen Zufälligkeiten und nicht zuletzt auch von der Vorliebe der Übersetzer ab. Verzerrungen sind die unvermeidliche Folge. Was, jedenfalls bis vor kurzem, bei einem Blick auf die japanische Gegenwartsliteratur in westlichen Übersetzungen sofort ins Auge springen mußte, war die geringe Zahl weiblicher Autoren, die nicht etwa eine stilistisch oder thematisch homogene Gruppe bilden, sondern die gesamte Breite des literarischen Spektrums vertreten.

Frauen hatten einen wesentlichen Anteil an der Herausbildung der japanischen Literatur. Ihre kanonisierten Werke aus der höfischen Epoche, vor allem dem zehnten und elften Jahrhundert, waren für viele nachfolgende Generationen bis auf den heutigen Tag Musterbeispiele ihrer Gattung, und sie prägten damit nachhaltig Stoff- und Themenwahl,

Darstellungs- und Stilformen, ja den literarischen Geschmack der japanischen Leserschaft, und so ist es zumindest aus japanischer Sicht durchaus nicht verwunderlich, daß Frauen, denen ansonsten in dieser Gesellschaft nicht auf allen Gebieten bereitwillig Kompetenz zugestanden wird, im Bereich der Literatur mit großer Selbstverständlichkeit akzeptiert werden. Mehr noch, japanische Kritiker bescheinigen den Schriftstellerinnen immer häufiger, sie seien das Ferment im literarischen Leben der Nation. Von ihnen gingen die wichtigen neuen Impulse aus.

Um dieses Urteil ein wenig zu objektivieren, seien hier die Zahlen aus der Vergabepraxis der wichtigsten literarischen Auszeichnung Japans für den Bereich der sogenannten hohen (japanisch: «reinen») Literatur, des Akutagawa-Preises, angeführt: Von den zwölf Schriftstellern, die diesen Preis in den letzten acht Jahren erhielten, waren acht Frauen, und ähnlich sehen die Relationen im Bereich der Unterhaltungsliteratur aus. Auch wenn der weibliche Anteil am literarischen Schaffen in jüngster Zeit überproportional gewachsen ist, so war er doch in den vergangenen Jahrzehnten jederzeit bedeutend genug, um nicht als *quantité négligeable* behandelt zu werden.

Früher als im deutschen Sprachraum erkannte man dies in den Vereinigten Staaten, wo allein im Jahre 1982 drei Anthologien mit Werken japanischer Autorinnen erschienen. Auch Frankreich und die Niederlande sind uns bei der Vorstellung wichtiger Werke der Gegenwartsliteratur, zu denen solche von Schriftstellerinnen gehören, ein ganzes Stück voraus. Insofern füllt der hier vorgelegte Band mit Texten von zehn Autorinnen aus den Jahren 1956 bis 1981 eine geradezu peinliche Lücke, und er wird seiner naheliegenden Aufgabe, die bei uns fast durchweg noch unbekannten Schriftstellerinnen einzuführen, auf verschiedene Art gerecht.

Die Autorenauswahl ist zweifellos repräsentativ, und angesichts der geringen Zahl an Namen ist es wohl müßig zu rechten, ob statt Yoshiyuki Rie nicht lieber Kurahashi Yumiko, Kanai Mieko, Sono Ayako, Yamamoto Michiko oder eine andere bekannte Autorin hätte berücksichtigt werden sollen. Der einführende Essay der Herausgeberin, in dem sie die Geschichte der japanischen Literatur unter besonderer Berücksichtigung der Schriftstellerinnen beleuchtet und gewisse Eigentümlichkeiten der vorgelegten Texte erläutert, ist ebenso erhellend wie die kompakten biographischen Skizzen zu den einzelnen Autorinnen im Anhang des Bandes. Alles in allem also eine sorgfältige und materialreiche Dokumentation, die jedem, der sich für die moderne japanische Literatur und die japanische Gegenwartsgesellschaft interessiert, empfohlen werden kann.

Doch wie steht es um das eigentlich Literarische jenseits aller aktuellen Japan-Interessen? Neugierige und erfahrene Leser werden angesichts der literarischen Vielfalt der Texte, die von sieben Übersetzern bearbeitet wurden, so daß die individuelle Färbung auch im Deutschen noch spürbar bleibt, durchaus auf ihre Kosten kommen.

Natürlich ist das literarische Niveau nicht immer gleich hoch, und in einigen Fällen wünschte man die betreffende Autorin mit einem anderen Text repräsentiert, doch ging die Herausgeberin bei der Auswahl auch nach einem thematischen Gesichtspunkt vor. «Die realen Konflikte und Komplikationen», schreibt sie in der Einführung, «die der immer weitere Schichten umfassende Wandel in der Geschlechterbeziehung in Japan auslöst, machen es (das Thema ‹Liebe›) nach wie vor zu einem wesentlichen, ja, mehr noch, zu einem, das im Mittelpunkt auch der heutigen japanischen Frauenliteratur steht.»

Geschlechterbeziehung und Geschlechterkonflikt als zentrales Thema im Schaffen der japanischen Schriftstellerinnen – darin drückt sich weniger eine Beschränktheit des weiblichen Blicks als vielmehr ein Charakteristikum der japanischen Literatur aus, die sich insgesamt auf das Private, Nichtöffentliche konzentriert.

Im übrigen aber besteht für viele männliche Leser in Japan die Faszination dieser Texte auch darin, daß sie Auskunft geben über eine ihnen verschlossene Welt, denn auch im heutigen Alltag besteht zwischen der weiblichen und der männlichen Lebenssphäre noch eine erstaunlich große Kluft. Wer den Horizont als zu eng, die geschilderten Begebenheiten als zu marginal empfindet und am Dargestellten «Welthaltigkeit» vermißt, mag sich einmal vor Augen führen, daß sich darin die äußeren Grenzen weiblicher Lebensmöglichkeiten in der japanischen Gesellschaft spiegeln.

Um Frauenliteratur im hiesigen Sinne handelt es sich jedenfalls nicht, auch wenn es das Wort, übrigens schon viel länger als bei uns, im Japanischen gibt. Doch nicht von ungefähr wehren sich die japanischen Autorinnen dagegen, unter dem Etikett «Frauenliteratur» eingeordnet zu werden. So paradox es klingt – diese Anthologie ist nicht nur notwendig, um einen weißen Fleck auf der literarischen Landkarte auszufüllen, sondern auch, um die Überflüssigkeit einer solchen geschlechtsspezifischen Kategorisierung zu zeigen anhand von Erzählungen, deren künstlerische Qualität für sich spricht. (1987)

Das elfte Haus. Erzählungen japanischer Gegenwarts-Autorinnen. Herausgegeben von Barbara Yoshida-Krafft. München: Iudicium 1987. Auch erschienen unter dem Titel *Frauen in Japan. Erzählungen.* München: Deutscher Taschenbuch-Verlag 1989, 1990.

Kawabata Yasunari: Schönheit und Trauer. 1965

Wollte man das Werk und das ästhetische Programm von Yasunari Kawabata, des ersten und bisher einzigen japanischen Nobelpreisträgers für Literatur, auf eine Formel bringen, so käme man wohl auf zwei Kernbegriffe, die in ihrer Kombination die dichteste und zugleich eine umfassende Charakterisierung darstellen: Schönheit und Traurigkeit. Mit ebendiesen beiden Schlüsselworten überschrieb der Autor seinen zwischen 1961 und 1963 entstandenen und nun auch in deutscher Übersetzung vorliegenden Roman, der sein letztes größeres Erzählwerk darstellt.

Schönheit und Trauer – so der deutsche Titel – entführt die Leser in eine von wunderschönen Frauen und sensiblen, kunstverständigen Männern bevölkerte, vom profanen Alltag weit entrückte Traumwelt. Da ist der alternde Schriftsteller Ōki, der sich in die alte Kaiserstadt Kyōto begibt, um dort, fern von seiner Familie, beim Klang der Tempelglocken den Anbruch eines neuen Jahres zu erleben und bei dieser Gelegenheit seine frühere Geliebte Otoko wiederzusehen.

Es ist ihre erste Begegnung seit vierundzwanzig Jahren, seit einer heftigen, leidenschaftlichen Affäre zwischen dem damals bereits verheirateten Dreißigjährigen und der sechzehnjährigen Schülerin, die das Kind, das sie von ihm erwartete, im achten Monat verloren und die danach nur knapp einen Selbstmordversuch überlebt hatte. Die literarische Verarbeitung dieses Seitensprungs verhalf Ōki zu seinem gegenwärtigen Ruhm. Otoko hingegen, die unverheiratet blieb, machte sich als Malerin einen Namen.

Als sich die beiden in Gegenwart prächtiger Geishas und Otokos «dämonisch schöner» Schülerin Keiko gegenüberstehen, ist Ōki sicher, immer noch von ihr geliebt zu werden. Die Initiative geht jedoch zunehmend auf Keiko über, eine junge, wilde *femme fatale* mit androgynen Zügen, die sich als Otokos Geliebte an Ōki für die langjährigen Leiden ihrer Lehrerin rächen will. So sind also die Weichen gestellt – die düsteren Vorahnungen mehren sich, und unentrinnbar braut sich das Unheil über den Personen zusammen, bis die Geschichte sich zu einem dramatischen Finale zuspitzt.

Das Ganze spielt in einem exquisit durchstilisierten Ambiente an den berühmtesten Schauplätzen, die das traditionelle Japan dem Kunst- und Naturliebhaber zu bieten hat. Die bekanntesten Steingärten und Tempel, die besten Restaurants und Hotels, die kostbarsten Kunstgegenstände und die grandiosesten Ausblicke sind als Kulisse für die Figuren gerade gut genug, und insofern werden Leser in Japan wie im Westen, die sich zur Entspannung einen Ausflug in paradiesische Gefilde gönnen wollen, voll auf ihre Kosten kommen. Kawabata blendet die profane Wirklichkeit effektvoll aus. Kein häßlicher oder auch nur mittelmäßiger Anblick schiebt sich zwischen die ergreifenden Sonnenuntergangsbilder oder die durchs Zugfenster betrachteten Landschaften, und wenn der Autor doch einmal in der Innenwelt der Figuren ein dissonantes Motiv einführt, so betont dies nur um so stärker die ästhetische Harmonie des dargestellten Weltausschnitts.

Die Schönheit der Figuren und Landschaften ist zu lesen als Widerspiegelung einer reinen Liebe zwischen zwei jungen Menschen, die im Kunstwerk die Zeit überdauert, während die Helden voller Melancholie das verhaltene Flackern ihrer fernen Leidenschaft registrieren. Doch obgleich dieses Werk ein typisches Werk Kawabatas ist mit seinen fließenden Übergängen zwischen verschiedenen Zeitebenen, mit kühnen Assoziationsketten und mit einigen bestechenden, traumgleichen Sequenzen, muß man es doch insgesamt als mißglückt bezeichnen, denn diese Qualitäten heben nicht die Trivialität der Geschichte auf, die sich nicht selten am Rande des Kitsches bewegt. Unstimmigkeiten in der Handlungsführung – bei Kawabata übrigens keine Seltenheit – stören dabei weniger als der Hang zum exzessiven Verbalisieren und zu allzu plakativer Symbolik, und vielen erotischen Szenen haftet etwas Gewolltes an.

Als feinsinniger Ästhet und Repräsentant einer tief in der japanischen Kunst und Geistestradition wurzelnden Literatur hat Kawabata Weltruhm erlangt – zu Recht, mißt man ihn an seinen bekanntesten Werken, dem Roman *Schneeland* (deutsch 1957) etwa oder vor allem wohl dem *Kirschbaum im Winter* (deutsch 1969). Doch scheute der Autor Zeit seines Lebens nicht vor Ausflügen in die Welt des Unterhaltungsromans mit Kolportageelementen zurück, ja, ein nicht unbeträchtlicher Teil seines Schaffens wäre wohl diesem Genre zuzurechnen, wenngleich auch hier natürlich die Grenzen verschwimmen. Das japanische Publikum nahm ihm dies übrigens ebensowenig übel wie vielen seiner ebenfalls berühmten Kollegen, die wie er verfahren. *Schönheit und Trauer*, das Werk, das offensichtlich mehr auf einen populären Geschmack abzielte, ist gleichwohl – oder vielleicht gerade deshalb – von typisch Kawabatascher Prägung.

Am stärksten ist dieser Autor wohl in seinen kurzen Prosaskizzen, jenen stark lyrisch gefärbten Texten, die er selbst «Handflächenerzählungen» nannte und in denen seine vielschichtige, sehr sinnlich orientierte Wahrnehmung sich in Bildern von großer Poesie verdichtet. Seine besten Romane sind über oft lange Zeiträume hinweg aus einer Anzahl kürzerer Erzählungen entstanden. Auch sie leben von seiner Meisterschaft, in fließenden Übergängen zwischen Traum und Wirklichkeit, in einer bewußt schlichten, lyrischen Sprache eine von Melancholie durchleuchtete Welt zu erschaffen, von der uns im vorliegenden Roman nur ein Abglanz trifft.

Wen es jedoch interessiert, die gleiche literarische Thematik mit nahezu identischer Personenkonstellation, ähnlichen Schauplätzen und einer geradezu frappierenden Fülle von Parallelen zum vorliegenden Werk, jedoch in ungleich größerer literarischer Vollendung, kennenzulernen, dem sei der bereits 1958 erschienene Roman *Die Dichterin und die Masken* (deutsch 1984) der Schriftstellerin Fumiko Enchi empfohlen. Beide Autoren schöpfen aus der kulturellen Tradition ihres Landes und verweben klassische Werke mit einer in der Gegenwart spielenden Handlung. Beide zählen zur literarischen Moderne ihres Landes, die sich um eine Synthese zwischen japanischer und europäischer Erzähltradition bemüht, und an beiden wird in diesem reizvollen Vergleich die individuelle Charakteristik der japanischen Gegenwartsliteratur in ihren Möglichkeiten und mit ihren Grenzen deutlich. *Schönheit und Trauer* eröffnet uns in diesem Sinne einen neuen Blick auf einen ihrer bekanntesten Repräsentanten. (1988)

Yasunari Kawabata: *Schönheit und Trauer. Roman.* Aus dem Japanischen von Heinz Haase. München: Carl Hanser Verlag 1988.

Abe Kōbō: Der verbrannte Stadtplan. 1967

Ein Horoskop aus dem Automaten: «Glück – Im Süden zieht eine Glückswolke auf. Ihr Pferd trabt nur langsam, doch das Tor wird offengehalten. Beharrlichkeit führt zum Erfolg. In Liebesdingen ist frisch gewagt schon halb gewonnen. Hüten Sie sich vor zweierlei: dem Loch in der Börse und dem Himmel bei Regen. Was Sie suchen, liegt zu Ihren Füßen. Bei Frühlingsschauern und bei Strahlung aufgepaßt: Beschirmung tut not.»

Doch was dem Manne, einem Privatdetektiv auf der Suche nach einem Vermißten, zustößt, gestaltet sich zunehmend weniger verheißungsvoll. Beauftragt von der Ehefrau des vor einem halben Jahr spurlos Verschwundenen, hat der Detektiv bis auf eine geheimnisvolle Streichholzschachtel mit der Telefonnummer eines heruntergekommenen Cafés keinen Anhaltspunkt für seine Suche. Sie führt deshalb immer wieder ins Leere.

Seine Recherche führt den Detektiv fünf Tage lang kreuz und quer durch eine riesige, anonyme Stadt, durch Szenerien von eigenartig surrealem Charme. «Auf einem Leichtmetallrad mit silberglänzender Gangschaltung fährt ein Junge vorbei, die Wangen von der Kälte gerötet, und wirft ihm ein meckerndes Lachen hin. Passanten gibt es, wenn man nur hinsieht, genug, aber in dieser allzu weitwinkligen Landschaft wirken sie eher fiktiv.»

Dahinter «Hunderte von Haushalten, verstaut in haargenau denselben Lebensordnern, die nichts weiter sind als Glasrahmen mit immer nur dem eigenen Familienporträt». Am frühen Morgen, beim «ersten peitschenden Zucken des städtischen Herzens» öffnen sich auf einen Schlag Hunderte von Ordnern, «und Scharen ungleicher und doch nicht zu unterscheidender Pendler (ergießen sich) wie eine aus geöffnetem Schleusentor hervorbrechende Wasserwand plötzlich über die ganze Straße ...»

Man hört förmlich die monoton anschwellende Musik von Philipp Glass im Hintergrund dieser an den Film «Kooyanisquatsi» erinnernden Szene. Andere entfalten die Suggestivität der Gemälde von Edward Hopper, René Magritte oder die spannungsgeladene Bedrohlichkeit von Franz Radziwills apokalyptischen Bildern. Die Stadt ist ein riesiges Labyrinth, voller Schemen, voller Zwielicht und Doppelgänger.

Und während der Detektiv eine Spur nach der anderen aufnimmt, geschehen um ihn herum geheimnisvolle Dinge, gar ein Mord und ein Selbstmord, wobei er selbst dem Gesuchten unmerklich immer ähnlicher wird. Die Bilder schieben sich übereinander, am markantesten greifbar wohl in der Szene, als der Detektiv sich gedankenverloren eine Zigarette mit der Streichholzschachtel anzündet, die sein einziges Indiz darstellt.

Einen «magischen Kriminalroman» nennt der Verlag dieses Werk und hat damit in der Tat nichts Falsches versprochen. Der 1967 erschienene Roman bildet den letzten Teil einer Trilogie, zu der außerdem *Die Frau in den Dünen*, das wohl berühmteste Werk des japanischen Autors Kōbō Abe, und *Das Gesicht des Anderen* zählen.

Der Eichborn Verlag, bei dem auch Abes aberwitziges Hauptwerk der frühen siebziger Jahre, *Der Schachtelmann*, erschienen ist, hat sich mit Wiederauflagen und vorbildlich redigierten Neuübersetzungen um das Werk dieses bedeutenden Schriftstellers verdient gemacht, der im Januar 1993 im Alter von achtundsechzig Jahren seiner Krankheit erlag.

Welch wichtige Rolle dabei die Qualität der Übersetzung spielt, zeigt auch dieses Beispiel. Wer Abe nur durch Übertragungen ins Englische oder durch seine in früheren Jahren auf deutsch erschienenen Werke kennt, wird vom erzählerischen Sog und der Präzision der Bilder überrascht sein. Noch ein paar mehr Übersetzer vom Kaliber Jürgen Stalphs, und die japanische Literatur hätte Chancen, auch hierzulande wahrgenommen und ernsthaft diskutiert zu werden. (1994)

Kōbō Abe: *Der verbrannte Stadtplan.* Aus dem Japanischen von Jürgen Stalph. Frankfurt/Main: Eichborn Verlag 1993.

Shiba Ryōtarō: Der letzte Shōgun. 1967

In Japan herrscht enormes Interesse an der eigenen Vergangenheit. Die Buchläden und Bahnhofskioske halten meterweise Taschenbuchreihen mit Geschichten aus der guten alten Zeit vor Einbruch der Moderne bereit, und in den auch für Erwachsene konzipierten Manga, den Comics, werden Feldherren und Samurais ebenso gern und pittoresk in Szene gesetzt wie in den populären Fernsehserien, die nach immer gleichem Muster den Sieg der Guten über die Bösen zelebrieren.

Geradezu eine Institution ist das jeweils über ein ganzes Jahr laufende Historienspektakel, genannt *taiga dorama* (Zyklendrama), das seit mittlerweile Jahrzehnten jeden Sonntag abend um acht Uhr vom halbstaatlichen Fernsehen NHK ausgestrahlt wird. Im Mittelpunkt steht stets eine Einzelfigur, in der Regel ein Mann, aus dessen Perspektive die Ereignisse einer Epoche beleuchtet werden. Je bewegter also die Zeiten, desto besser eignen sie sich zum Stoff für eine Fernsehserie, die die Nation ein Jahr lang fesseln soll und die in der Regel mit der touristischen Aufwertung der Originalschauplätze und anderen Vermarktungsphänomenen einhergeht. Üblicherweise basieren die «Zyklendramen» auf Romanvorlagen, so auch in diesem Jahr, wo man in Japan zum sonntäglichen Familienmahl die Geschichte des «letzten Shōguns» Tokugawa Yoshinobu serviert bekommt.

Das Originalwerk wurde verfaßt von Shiba Ryōtarō, dem 1996 im Alter von 72 Jahren verstorbenen Großmeister des historischen Romans, der zugleich auch einer der produktivsten seines Metiers war. Die Gesamtausgabe seiner Werke umfaßt fünfzig Bände. Der Roman, 1966 erstmals veröffentlicht, stammt aus einer Zeit, in der in Japan das Wirtschaftswunder deutliche Konturen annahm und man allgemein optimistisch in die Zukunft blickte. Dies war zugleich die Zeit, in der Shibas Erzählwerke mit den Geschichten von tatkräftigen Männern, die ihres Glückes Schmied und Gestalter des nationalen Wohles sind, ihre große Beliebtheit gewannen. Auch wenn heute die Stimmung im Lande deutlich von Skepsis und von Zukunftssorgen bestimmt wird – Shiba Ryōtarō bleibt unverändert populär.

Der Roman spielt in jenen bewegten Jahren um die Mitte des neunzehnten Jahrhunderts, als sich die japanische Führung vor eine schicksalhafte Entscheidung gestellt sah. Immer wieder hatten Delegationen der westlichen Mächte um Öffnung der seit fast zweieinhalb Jahrhunderten für das Ausland verschlossenen Häfen ersucht, und 1853 schließlich verliehen die Amerikaner mit einer Abordnung von Kriegsschiffen unter Kommodore Perry und einem Ultimatum «Öffnung des Landes oder Krieg!» der Forderung nach Beendigung der Abschließungspolitik handfesten Nachdruck. Erste Verträge werden erzwungen. Im Land selbst wächst die Unruhe. Eine starke Fraktion von «Patrioten» fordert die Vertreibung der Fremden und gleichzeitig die politische Aufwertung des Kaisers, der jahrhundertelang, abgeschnitten vom politischen Tagesgeschehen, in der alten Hauptstadt Kyōto höfische Rituale zelebrierte, während das Machtzentrum in Edo, dem heutigen Tokio, und beim Shōgun lag, der die Regierungsgeschäfte führte.

Doch auch die Macht des Shōguns ist geschwächt. Japan ist ein Land, in dem es «dampfte und brodelte». Die Jahre zwischen 1857 und 1867 sind geprägt von heftigen Debatten im Lande, von Aufruhr, wechselnden Allianzen, Verrat und Meuchelmord. Nichts schien mehr unmöglich «in jenen Tagen, da es nicht selten passierte, daß von einem herrenlosen Samurai beim Sake geäußerte Ansichten am folgenden Tag als kaiserlicher Erlaß im ganzen Land Verbreitung fanden».

Da fällt dem «letzten Shōgun» Yoshinobu – «ungewöhnliche Zeiten erfordern ungewöhnliche Männer» – die schwierige Aufgabe zu, im Angesicht der Bedrohung von außen einen Weg aus dem Chaos zu bahnen. Wie es ihm, dem begnadeten Redner und überragenden Taktiker, gelingt, die innere Ordnung vor dem totalen Zusammenbruch zu bewahren und unter völliger Selbstverleugnung eine Lösung der Krise zu finden, die in der Abschaffung des eigenen Amtes besteht, davon handelt dieser Roman.

Wer nicht davor zurückschreckt, bei der Lektüre ständig mit neuen japanischen Namen konfrontiert zu werden – 54 davon werden in einem Glossar erläutert –, der lernt in einem spannenden Kapitel der japanischen Geschichte am Vorabend der Modernisierung, gesehen aus der Perspektive eines charismatischen Mannes, einen Teil eines japanischen Traumas der Moderne kennen. Es bricht sich immer, auch am Ende des zwanzigsten Jahrhunderts, in der allen Ernstes verfochtenen Idee Bahn, das Land wie eine Schatztruhe allem Fremden zu verschließen. (1998)

Shiba Ryōtarō. *Der letzte Shôgun. Roman.* Aus dem Japanischen von Heike Patzschke. Mit einem Nachwort von Eduard Klopfenstein. Berlin: edition q 1998.

Mishima Yukio: Unter dem Sturmgott. 1969

Von einer Wiederentdeckung des japanischen Schriftstellers Yukio Mishima zu reden hieße wohl, seine Bekanntheit hierzulande überschätzen. Immerhin bieten seit etwa einem Jahr die Neuauflagen seines Buchs *Geständnis einer Maske* und seiner «Gesammelten Erzählungen» sowie die Übersetzung des ersten Teils seiner Romantetralogie mit dem Titel «Schnee im Frühling» erneut Gelegenheit, diesen durch einen spektakulären Freitod ums Leben gekommenen Autor kennenzulernen.

Von einem derart bewußt und planvoll lebenden Menschen wie Mishima steht zu vermuten, daß er seine letzte große künstlerische Kraftanstrengung, jenen zwischen 1965 und 1970 entstandenen Romanzyklus «Das Meer der Fruchtbarkeit» als literarisches Vermächtnis verstanden wissen wollte, und die Kritik übernahm nur allzu bereitwillig eine solche Deutung. Man sprach von Meisterwerk und einer Apotheose seiner Ästhetik. Nachdem nun in Gestalt des Romans *Unter dem Sturmgott* der zweite Band der Tetralogie in der deutschen Übersetzung vorliegt, werden die Konturen deutlich und die künstlerische Absicht transparenter.

Während der erste Band die elegant-dekadente Welt der Adelsgesellschaft zu Beginn dieses Jahrhunderts zum Schauplatz hatte, spielt dieser zweite in einem radikal-nationalistischen Milieu. Das buddhistische Motiv der Reinkarnation fungiert als Klammer zwischen den einzelnen Geschichten. So ist die Zentralfigur dieses zweiten Bandes, der junge Kendō-Fechter Isao, eine Wiedergeburt des schönen Aristokraten Kiyoaki aus dem ersten Teil, den seine Leidenschaft für die einem kaiserlichen Prinzen versprochene Satoko in den Tod getrieben hatte. Doch dies weiß niemand außer Honda, dem früheren Freund Kiyoakis, der sich, mittlerweile Richter am Oberlandesgericht geworden, in einer emotionsfreien Welt der Gesetze und der Vernunft eingerichtet hatte, bis ihn die Entdeckung des Mysteriums, der Reinkarnation seines toten Freundes wieder in den Strom des Lebens zurückreißt.

Isao, vom Autor zum Inbegriff der Männlichkeit stilisiert, sammelt eine Gruppe gleichgesinnter junger Männer um sich und plant mit ihnen Terror- und Mordanschläge, denen als Höhepunkt die rituelle Selbstentleibung folgen soll. Sie werden jedoch verraten, inhaftiert und vor Gericht gestellt. Hier tritt Honda auf den Plan, der seine Karriere in den Wind schreibt, um für Isao die Verteidigung übernehmen zu können. Zwar erwirkt er eine Strafaussetzung, doch kaum ist der junge Mann wieder in Freiheit, da bringt er unter dem Zwang, vor seinen Freunden und der Welt die Unbedingtheit seiner hehren Motive zu beweisen, einen «Großkapitalisten» um und verübt anschließend Seppuku (Harakiri).

Als historisches Zeitgemälde – denn gewiß ging es dem Autor auch um eine literarische Beschreibung markanter Phasen in der Entwicklung des modernen Japan – evoziert das Buch die zunehmend fanatisierte Stimmung im Lande vor dem Hintergrund von Wirtschaftskrise und militärischem Expansionismus der dreißiger Jahre. Isao glaubt an den Kaiser als Rettung vor den Übeln kapitalistischen Ausverkaufs und kommunistischer Verblendung. Er will mit seinen Getreuen ein Fanal setzen, «um die hartnäckigen, unser Japan vergiftenden Geister zu treffen». Kernbegriff und oberstes Prinzip ist die Lauterkeit, eine absolute Reinheit und Unbedingtheit des Handelns, die mit Männlichkeit gleichgesetzt wird. Reinheitsfanatikern begegnen wir in diesem Buch zuhauf, und selbst jene, die den radikalen Aktivismus der jungen Männer ablehnen, zeigen sich von ihrer Lauterkeit beeindruckt.

Die politische, gar die soziale Motivation des Helden überzeugt indessen kaum. Eher wirkt sie wie ein Vorwand für das eigentliche Ziel dieses nicht einmal Zwanzigjährigen, der davon träumt, schön zu sterben, und daher einen Anlaß benötigt, «Treue bis in den Tod» zu beweisen. Das Szenarium steht für ihn von Anfang an bis in Einzelheiten fest: «Im Angesicht der Sonne ... auf steiler Klippe bei Sonnenaufgang die heraufkommende Scheibe anzubeten ... auf das glitzernde Meer hinabzuschauen ... dann zu Füßen einer alten, ehrwürdigen Kiefer – mit dem Schwert mich zu töten ... Das wäre mein sehnlichster Wunsch.»

Wer Mishima kennt, wird in diesem Buch nichts Neues mehr entdecken können, sondern sich nur auf Schritt und Tritt an bereits Gelesenes erinnert fühlen. Es führt Motive, Figuren, Handlungsmuster und episodische Inszenierungen aus Werken – Kurzgeschichten, Erzählungen, Romanen und Theaterstücken – zweier Jahrzehnte zusammen, und oftmals überzeugten jene mehr. Der über das absolute Böse sinnierende Isao etwa klingt wie ein etwas unbedarfter jüngerer Bruder des Priesterschülers Mizoguchi aus dem Roman *Der Tempelbrand*, einem ungleich dichteren Werk.

Selbst der Stoff von *Schnee im Frühling* dürfte dem schriftstellerischen Temperament dieses Autors mit seinem ornamentalen Ästhetizismus noch viel näher gelegen haben als die martialische Thematik von *Unter dem Sturmgott*, bei der das Dekorative seines Stils leicht ins Geschmäcklerisch-Kitschige abzugleiten droht.

Der Übersetzer ist mit Sorgfalt zu Werke gegangen und hat einen unverkennbar eigenen Klang für die Eindeutschung gefunden. Da er sich jedoch für eine betulich-umwundene Diktion und für extensive Interpretationen entscheidet – das «alltäglich-belanglose Auf und Ab» wird als «die läppischen Höhen und Tiefen des Alltags» übersetzt; ein Blick, der «Entschlossenheit ausdrückt», «sprüht» in der deutschen Version «Feuer» –, hebt er das Klischeehafte und die Theatralik bei Mishima unbeabsichtigt hervor. Eine schlichtere Übersetzung hätte den klassischen Klang von dessen Sprache vielleicht eher reproduzieren können.

Alles in allem bleibt der Eindruck ein wenig zwiespältig. So verdienstvoll es auch ist, wenn ein deutscher Verlag diesen bedeutenden Autor präsentiert – man hätte sich dafür ein auf jeden Fall weniger problematisches Werk gewünscht. Die hohle und erschreckende Ästhetik aus «Leidenschaft, Schwur, Unruhe, Traum, Todeserwartung und Sehnsucht nach Glorie» bringt doch nur wieder eine Begegnung mit dem Menschen Mishima, der der Faszination des Faschismus erlag. Der

Autor Mishima aber und die japanische Gegenwartsliteratur als Ganzes sollten besser nicht an diesem Werk gemessen werden. (1986)

Yukio Mishima: *Unter dem Sturmgott. Roman.* Aus dem Japanischen von Siegfried Schaarschmidt. München: Carl Hanser Verlag 1986.

Mishima Yukio:
Der Tempel der Morgendämmerung. 1970

«Weit unten im Süden … diese glühende Hitze … und in der Sonne die Rosen des südlichen Landes …» Mit diesen Worten hatte Isao, der Held des Bandes *Unter dem Sturmgott*, zwei Tage vor seinem Freitod seine Wiedergeburt angekündigt. In diesem, dem dritten Band von Yukio Mishimas Romantetralogie mit dem Titel *Der Tempel der Morgendämmerung* führt uns der Autor folglich nach Südostasien. Eine exzentrische kleine Prinzessin namens Ying Chan, was soviel wie Mondglanz bedeutet, gibt sich dem Rechtsanwalt Honda bei einem Besuch am thailändischen Königshof als Isaos Reinkarnation zu erkennen.

Wir zählen das Jahr 1941, wenige Monate vor Japans Angriff auf Pearl Harbor, und der Rechtsanwalt, den wir seit dem ersten Band als kühlen, wenn auch anteilnehmenden Beobachter des Schicksals der früh verstorbenen Helden kennen, sieht sich einer neuen Zeit gegenüber: «Die Menschen hatten lange Zeit mit dem Entsetzen über ein Unmaß an Freiheiten und fleischlichen Begierden gelebt. Und nun die Frische des ersten Morgens, nachdem man dem Alkohol entronnen war. Stolze Empfindung, nur mit Wasser auszukommen … Diese neuartige Lust begann die Leute mitzureißen. Und wozu dergleichen führen konnte, das zu begreifen war für Honda nicht eben schwierig. Es war seine Überzeugung, die er sich aufgrund von Isaos Tod gebildet hatte: daß aus dem Lauteren oft genug ein Böses folgt.»

Das Böse also nimmt seinen Lauf und wird von Honda mit der gleichen inneren Distanz betrachtet wie die Menschen, die ihm am nächsten stehen. Während des Krieges vertieft er sich in das Studium der buddhistischen Lehre vom Kreislauf der Wiedergeburten, und hier nun hat der Autor Gelegenheit, sein Thema, das alle vier Werke des Zyklus umklammert, philosophisch zu untermauern. Die Fülle des ausgebreiteten Materials, der Lehrmeinungen zum Samsara, der hinduistischen und buddhistischen Anekdoten und der Exkurse in okzidentale Theorien der Seelenwanderung von Pythagoras bis zu Vico und Nietzsche, läßt uns zwar ahnen, wie wichtig dem Autor selbst diese Verankerung der Motivation für seinen Romanzyklus im Geistig-Ideellen gewesen sein muß. Doch in keinem der vier Teile ist Mishimas Scheitern wohl auch so offensichtlich: Die langatmigen Erörterungen haben nicht selten etwas Exzerpthaftes an sich und strapazieren die Geduld des Lesers. Vor allem aber stehen diese religiösen Lehren, die Mishimas Denken und Empfinden letztlich so fern waren wie seinem Protagonisten Honda, in allzu krassem Gegensatz zur zunehmenden Banalität der Geschichte.

Der zweite Teil des Romans spielt im Nachkriegsjapan des Jahres 1952, und hier begegnen wir der Prinzessin wieder, die sich mittlerweile nicht mehr an ihren seherischen Ausspruch im Alter von acht Jahren erinnern kann. Sie bewegt sich inmitten einer korrupten und von Mishima in bewährter Manier geschilderten Gesellschaft von reichen Zynikern, eleganten Damen, die dichten oder intrigieren, und ältlichen Amerikanerinnen von grotesker Häßlichkeit.

Von der Prinzessin, einer kapriziösen, hübschen und wohlgebauten jungen Dame, die zum Studium nach Japan gekommen ist, fühlt Honda sich magisch angezogen, doch gerät er dabei in die Rolle des Voyeurs: er beobachtet sie durch ein Loch in der Wand und wird Zeuge eines lesbischen Liebesakts. Mit Ying Chans plötzlicher Abreise aus Japan und ihrem ebenso plötzlichen Tod durch einen Schlangenbiß endet das Buch.

Mishima vermag uns über längere Strecken durchaus zu fesseln. Er beherrscht sein Handwerk, verwickelt uns in zahlreiche Nebenstränge der Handlung, läßt Personen aus den beiden früheren Teilen wiederauftauchen, in deren Schicksal sich die bewegten Zeitläufe abbilden. Effektvoll und auf wechselnde optische Eindrücke ausgerichtet inszeniert Mishima seine Episoden. In immer neuen Varianten wird etwa der Anblick des Bergs Fuji gestaltet, und ein dichtes Gewebe von Vorausdeutungen und Rückverweisungen, von Metaphern, Pflanzen- und Tiersymbolen verleiht dieser Prosa eine barocke Üppigkeit, die dennoch eher an Kunsthandwerk denn an Kunst denken läßt.

Da bietet ein erfahrener und geschickter Romancier in einer großen Kraftanstrengung noch einmal alle seine Fähigkeiten auf, um mit der Geschichte von Individuen zugleich das Geschick Japans in diesem Jahrhundert zur Darstellung zu bringen, doch gerade dies erzeugt oftmals den Eindruck des allzu Gewollten. Die Zeitgeschichte fungiert als bloße Dekoration, wenn Honda in Bangkok auf dem Weg zum Rosenpalais eine Kolonne junger Leute in Uniformen vorbeimarschieren sieht, die der Hitlerjugend nachempfunden sind, oder wenn ein Paar aus der gehobenen Gesellschaft Tokios auf dem Weg zum Liebesnest mitten in eine Demonstration zum Ersten Mai gerät. Bezeichnenderweise sind es denn auch nicht die Parolen der Demonstranten, welche das Paar im Anschluß beschäftigen, sondern es ist ein schwarzer Büstenhalter, den der Mann im Gedränge als Trophäe aufgelesen hat.

Grell, plakativ und zudem stilistisch mißglückt ist auch die Entgegensetzung von Theaterbesucherinnen, prächtig aufgeputzten Geishas, die sich in der Pause am Fluß ergehen, mit verwundeten GIs aus dem Koreakrieg in einem Militärhospital am gegenüberliegenden Ufer: «Da drüben die Soldaten, einst Angehörige der Besatzungsarmee ..., sie waren nun das in Stücke gehauene männliche Geschlecht: verdreckt, blutig, elend, verletzt in seinem Stolz, irreparabel von Unglück betroffen, tränenüberströmt und sich in Schmerzen windend; und hier hingegen die Frauen des besiegten Landes: vom Blut profitierend, das die einstigen Sieger vergossen, nährten sie ihre Maden aus dem Schweiß und aus den Wunden der Männer ...»

Mishimas Tonfall wurde vom Übersetzer, der auch hier wieder sehr sorgfältig zu Werke ging, trefflich eingefangen. Seine zuweilen gespreizte Diktion gibt mit den Mitteln unserer Sprache gewisse stilistische Eigentümlichkeiten eines Autors wieder, der in diesem Roman leider allzu häufig den Manierismen verfällt. (1987)

Yukio Mishima: *Der Tempel der Morgendämmerung. Roman.* Aus dem Japanischen von Siegfried Schaarschmidt. München: Carl Hanser Verlag 1987.

Mishima Yukio: Die Todesmale des Engels. 1970

Er hatte es selbst darauf angelegt und zum Inhalt seiner «Philosophie» gemacht – und doch liegt gerade darin die Tragik des Autors Mishima, daß sein Leben und Werk in den Augen der Öffentlichkeit eine unauflösliche und gleichsam osmotische Verbindung eingegangen sind. So vermag seine Kunst die Biographie letztlich nicht zu transzendieren. Stets wird sie an ihr gemessen, bleibt sie auf verhängnisvolle, traurige Weise auf sie bezogen.

Eben ist der letzte Band seiner breitangelegten Tetralogie «Das Meer der Fruchtbarkeit» unter dem Titel *Die Todesmale des Engels* in der von Siegfried Schaarschmidt besorgten Übersetzung auf deutsch erschienen. Das «Meer der Fruchtbarkeit» gilt als sein literarisches Vermächtnis – ein Zyklenroman nach abendländisch-westlichem Muster mit asiatischem Themenkern, durch das Motiv der buddhistischen Reinkarnation verklammert und dabei zugleich als geschichtliches Gemälde der Entwicklung Japans seit dem Ende des letzten Jahrhunderts bis in die Mitte der siebziger Jahre angelegt.

Während der erste Band, *Schnee im Frühling*, in der aristokratischen, noch von der vormodernen Lebenstradition geprägten, aber vom Modernisierungsrausch bereits erfaßten Oberschicht zu Beginn des

Jahrhunderts spielt, führt uns der zweite, *Unter dem Sturmgott*, die chauvinistisch überhitzte Atmosphäre der dreißiger Jahre aus der Sicht junger politischer Aktivisten vor. Auch im dritten Band, *Der Tempel der Morgendämmerung*, dessen Schauplatz Südostasien und das Japan der Wiederaufbauphase nach dem Zweiten Weltkrieg sind, ist die Epoche auf exemplarische Weise präsent. Doch mit dem Stoff des letzten Bandes, der wiederum zwanzig Jahre später, in den ausgehenden sechziger Jahren, einsetzt, verflüchtigt sich der zeitgeschichtliche Bezug zunehmend. Das mag zum einen daran liegen, daß die geschilderte Zeit mit dem Zeitpunkt des Schreibens zusammenfällt, ja sogar über sie hinausgreift, denn der Autor läßt die Handlung dieses im Februar 1971 erschienenen Romans im Sommer 1975 enden, in einer Zukunft, die er selbst, nach allem, was wir heute wissen, nicht mehr zu erleben gedachte.

Doch weshalb dieser ständige Seitenblick auf die Vita des Autors, die mit dem spektakulären Freitod durch rituelle Selbstentleibung mit dem Schwert am 25. November 1970 endete? Mishima selbst ist es, der uns dies aufdrängt, indem er ebendieses Datum unter die letzte Zeile des Romans setzt. Wir wissen mittlerweile, daß er das Finale dieses Werks nicht, wie er zu suggerieren suchte, in der Nacht vor seinem Tode, sondern bereits Monate früher schrieb; die Absicht indes ist deutlich: Das Ende der Tetralogie fällt mit dem Ende seines irdischen Daseins zusammen.

Metaphysischen Trost hingegen spendet auch die buddhistische Thematik nicht mehr, denn dieser letzte Roman hebt alle Gewißheit hinsichtlich der karmischen Natur, jede Geborgenheit im Wissen um den ewigen Kreislauf wieder auf. Die Zweifel beginnen bereits mit der Entdeckung der jugendlichen Zentralfigur, einem verwaisten Sechzehnjährigen, in dem der mittlerweile fast achtzigjährige reiche Rechtsanwalt Honda eine Reinkarnation seines Jugendfreundes Kiyoaki, dem früh verstorbenen Helden des ersten Buches, zu finden hofft.

Der überaus narzißtische, so schöne wie intelligent-boshafte junge Mann, der von Honda adoptiert wird, durchkreuzt die Erwartung seines Gönners, er werde im Alter von zwanzig Jahren sterben, auf makaber-paradoxe Weise. Doch der greise Honda muß sich kurz vor Ende seines Lebens einer noch fundamentaleren Verzweiflung stellen – der Negation aller Gewißheiten, die auch das kunstvoll aufgebaute Gerüst dieses Zyklenromans vom Grunde her erschüttert. In einer von konzentrierter Spannung getragenen Schlußszene begegnet er noch einmal der ehemaligen Geliebten Kiyoakis, nun selber hochbetagte Äbtissin eines Klosters. Wer Mishimas literarisches und essayistisches Werk ein wenig genauer kennt und von seiner Affinität zu Nietzsche weiß, wird hier, in dieser visionären Schlüsselszene, ein letztes Mal mit dem «großen Mittag» konfrontiert.

So sind es weniger die «traditionellerweise japanischen Ingredienzen» (Marguerite Yourcenar), die es in diesem Werk zu entdecken gilt, was westliche Leser und Rezensenten allzugern als Ausdruck asiatischer Ethik und Ästhetik zu lesen geneigt sind, auch darin in die Falle tappend, die Mishima selbst gestellt hat. Nicht von ungefähr behauptet die japanische Kritik, daß der Autor mit diesem späten Hauptwerk auf ein internationales Publikum zielte und deshalb ein touristisch ausgarniertes Asien anbietet, dessen oberflächliche Exotismen leicht dazu verführen, in ihm den «Märtyrer des heroischen Japan» (Yourcenar) zu sehen. Nein, das literarisch Aufregende liegt eher darin, zu verfolgen, wie dieser Autor sich der europäisch-abendländischen Muster bedient, um eine Synthese der beiden Traditionen zu schaffen, in denen seine Literatur wurzelt.

Nicht immer sind die Ergebnisse dieser Synthese überzeugend, und man mag zu Recht vermerken, daß Mishima auch in diesem letzten Roman nichts Neues mehr zu bieten hat. Die Charaktere und Konstellationen wie auch die stilistischen Eigenheiten und Schwächen, etwa der ausgeprägte Hang zur metaphorischen, sentenzenhaften Diktion, sind uns seit seinen frühesten Werken vertraut. Andererseits trifft dann wohl auch zu, was ein anderer Schriftstellerkollege Mishimas, nämlich Nosaka Akiyuki, im Nachwort seiner 1987 erschienenen Monographie über dessen Literatur schreibt: Er sehe «den ganzen Mishima» in drei Werken verkörpert – im 1949 erschienenen Roman *Geständnis einer Maske*, in *Schnee im Frühling* und in *Die Todesmale des Engels*.

Wenn in diesem Roman Keiko, die fast siebzigjährige Freundin Hondas, eine exzentrisch elegante Dame, die Kultur ihres eigenen Landes wiederentdeckt, so enthüllt Mishimas Sarkasmus den Abscheu dessen, der sich nicht mehr mit seiner Zeit im Einklang fühlt. Selbstironie und Verzweiflung gelten dem eigenen Land, das er durch eine Plastikkultur verunstaltet sieht und als «reinste Tiefkühlkost» verspottet: «Wenn (Keiko) ihre Runden durch die Tempel von Kyōto machte, glich sie einer kunstbeflissenen Ausländerin, die von ihrem ersten Japanbesuch eine Fülle von Irrtümern mit nach Hause nimmt; so herzzerreißend tiefe Eindrücke empfing sie von Dingen, die den normalen Japaner längst nicht mehr erregen, und aus ihnen stellte sie einen auf den großzügigsten Mißverständnissen basierenden, schönen Blumenstrauß zusammen. Sie war von Japan begeistert wie von der Antarktis.»

In der Zusammenschau von Werk und Leben erscheint nur folgerichtig die «schließliche und letzte Sehnsucht der Augen: sehend am Ende aller Verneinungen sich selbst zu verneinen». (1988)

Yukio Mishima: *Die Todesmale des Engels. Roman.* Aus dem Japanischen von Siegfried Schaarschmidt. München: Carl Hanser Verlag 1988.

1970–1990

Abe Kōbō: Der Schachtelmann. 1973

Ob man Japanologen glaubt, wenn sie japanische Bücher in deutscher Übersetzung loben? Vielleicht, wenn sie's sehr persönlich sagen. Also: zum allerersten Mal hat mir die Lektüre eines Werks von Kōbō Abe Spaß gemacht (und das, obwohl ich schon einiges über ihn veröffentlicht habe und mich in seiner Literatur leidlich auskenne).

Der Schachtelmann ist nicht nur ein bis ins Detail sorgfältig und wunderschön gestaltetes Buch – schöner noch als das japanische Original, und das will etwas heißen. Man liest sich auch sogleich fest, und das bei diesem Text: Der setzt ein mit einem Zeitungsartikel über eine «morgendliche Razzia auf Stadtstreicher» und fährt fort mit Aufzeichnungen eines «Schachtelmannes», der uns zunächst «eine Anleitung zum Schachtelbau» gibt: «Es eignet sich jeder leere Karton von etwa 1 Meter 30 Höhe und je 1 Meter Breite und Tiefe ... Jeder normale Karton ist heutzutage genügend fest und halbwegs imprägniert ... Allergrößte Sorgfalt erfordert nun die Gestaltung des Sichtfensters ... Danach ist am Sichtfenster die matte Plastikfolie anzubringen.» Mit diesem übergestülpten Karton, der ihm als Behausung, Versteck und Beobachtungsposten zugleich dient, bewegt sich der Schachtelmann durch die Stadt, wobei der von außen nicht einsehbare Sehschlitz «eine der wenigen Waffen» ist, die ihm, unbewehrt, wie er ist, «zum Schutz seiner selbst zur Verfügung stehen».

So scheinbar realistisch-alltagsnah, wie sie begann, so zielstrebig bewegt sich die Geschichte nun in den Bereich des Absurden und Aberwitzigen, wenngleich uns der Schauplatz, eine anonyme Großstadtlandschaft, und die einzelnen Episoden für sich genommen gar nicht so unvertraut vorkommen mögen. Von der Handlung, die teilweise kriminalistische Züge annimmt, sei deshalb nicht viel verraten. Jedenfalls wimmelt es von Doppelgängern, der Schachtelmann wird auch noch angeschossen und eine Krankenschwester will ihm seine Behausung abkaufen. Amüsante Lektüre bieten vor allem voyeuristische Szenen, die der Schachtelmann, ein ehemaliger Fotograf, in aller Ausführlichkeit zu Papier bringt. Einen Stripteaseakt der Krankenschwester etwa antizipiert er so: «Für die Perlmuttknöpfe ihrer weißen Tracht würde sie, selbst wenn sie sich Zeit ließe, höchstens ein paar Sekunden brauchen ... und schon wäre sie nackt!» In Wirklichkeit aber nimmt diese Szene dann, Knopf für Knopf, mehr als sechzehn lange Seiten ein.

Ein wesentlicher Teil des Lesevergnügens geht dabei auf das Konto des Übersetzers Jürgen Stalph, dem es gelungen ist, diesen Text aus dem Jahre 1973 in die Sprache der neunziger Jahre hinüberzubringen, was ihm eine erstaunliche Frische verleiht. Die unangenehmen Abe-Manierismen umschifft er bei aller Genauigkeit geschickt, und vor allem bei den zahlreichen Metaphern, einer Spezialität dieses Autors, beweist er eine glückliche Hand. Was im japanischen Original wie auch in der englischen Übersetzung der Katachrese oder sonstigem sprachlichem Mißgriff gefährlich nahe kommt, wird bei Stalph souverän entschärft oder aber listig auf verborgenen Wortwitz hin ausgelotet.

Bei Abe kommt natürlich auch der intellektuelle Leser auf seine Kosten. Bildungslektüre? Bitte schön: Anklänge an die japanische Klassik finden sich schon in der Grundidee des «Schachtelmanns», denn die Vorstellung, durch seine selbstgewählte Isolation Abstand von der Welt zu gewinnen, erinnert an die im Denken und der Ästhetik Japans verwurzelte Tradition des Einsiedlertums. Der «Traum vom Fisch», die Halluzination, sich in einen Fisch zu verwandeln, liest sich wie eine witzige Parodie auf die Geschichte vom «geträumten Karpfen» des Klassikers Ueda Akinari.

Oder aber westliche Anspielungen gefällig? Es ist jedenfalls ziemlich unjapanisch, «über das mißliche Verhältnis zwischen schreibendem und beschriebenem Ich» nachzudenken. Das als Labyrinth angelegte Buch verleugnet nicht die Patenschaft westlicher absurder Literatur oder des Nouveau Roman. Dennoch ist der «Schachtelmann» etwas ganz Eigenes, ein irisierendes Etwas wie auch die verblüffende japanische Beschriftung auf der Schachtelzeichnung, die den Schuber des Buches ziert: sie kann Rimbaud oder Rambo gelesen werden.

Immer wieder war der Rilke-Verehrer Abe als Kandidat für den Literaturnobelpreis im Gespräch. Japanischerseits setzt man dabei nur auf englischsprachige Übertragungen; in einem kürzlich veröffentlichten internen Bericht der Japan-Stiftung, die unserem Goethe-Institut entspricht, herrscht die Meinung vor, auch die bekanntesten Autoren seien im nichtenglischsprachigen Ausland nur mit Sekundärübersetzungen aus dem Englischen vertreten. Glücklicherweise sieht die Wirklichkeit anders aus, sonst hätte Abe hierzulande kaum eine Chance. Und den Mitgliedern des Nobelpreiskomitees sei geraten, einmal einen Blick in die deutschsprachige Version zu werfen. (1992)

Kōbō Abe: *Der Schachtelmann.* Aus dem Japanischen von Jürgen Stalph. Frankfurt/Main: Eichborn Verlag 1992.

Tsutsui Yasutaka: Mein Blut ist das Blut eines anderen. 1974

Zweimal kommt «Blut» im Titel des vorliegenden Romans vor, der sich im Untertitel als Thriller ausgibt, und durchschnittlich fließt, spritzt, färbt, sprudelt, gluckert Blut auf fast jeder zweiten Seite durch die Geschichte, in der sogar Stimmen «tiefrot» brüllen. *Mein Blut ist das Blut eines anderen* ist Krimi, Liebesgeschichte und ständig ins Groteske kippende Horrorstory in einem. «Blut» spielt auch noch eine wichtige Rolle als Träger von Erbinformation und Gegenstand von Theorien zum Zusammenhang von Typus und Charakter, «Blut» ist verantwortlich für künstlerische Begabung oder den Hang zur Raserei, und «Blut» schließlich stiftet eine geheimnisvolle Verbindung zwischen dem Protagonisten und einem italienischen Mafioso. Der Japaner, zu Beginn der Story ein unauffälliger Angestellter einer Baufirma in einer Provinzstadt, der durch Zufall in einen Streit zwischen rivalisierenden Yakuza, einer japanischen Mafia-Version, gerät, entpuppt sich als ein Rächer mit gespaltenem Ich und übermenschlichen Kräften, als eine Art Jekyll-und-Hyde-Figur, die das Geschehen auf immer neue makabre Killer-Höhepunkte zutreibt. Weshalb wurde eigentlich dieser japanische Roman aus dem Jahr 1974 ins Deutsche übersetzt?

Sein Autor, Tsutsui Yasutaka, Jahrgang 1934, ist in seiner Heimat ein prominenter, geradezu beängstigend produktiver und vielfach ausgezeichneter Schriftsteller, der seine Karriere in den 1960er Jahren als Science fiction-Schreiber begann und der seither als literarisches Chamäleon mit surrealistischen Storys und Romanen, witzigen Parodien, Kolportagen und Sozialsatiren von sich reden machte. Wegen seiner politisch alles andere als korrekten Texte wurde er zeitweilig massiv bedroht und verzichtete daraufhin drei Jahre lang, von 1993 bis 1996, zunächst auf jegliches Publizieren, wich dann allerdings ins Internet aus und ist mittlerweile wieder auf allen Kanälen präsent. Ein wahrer Tausendsassa also, und ein neugierig stimmender Erfolgsautor, der hier erstmals mit einem Werk auf Deutsch vorgestellt wird. Tsutsui gilt auch als intellektueller Experimentator, der wahlweise mit David Lodge, Malcolm Bradbury und Terry Eagleton, aber auch mit Autoren von Metafiktion wie John Barth, John Fowles und Italo Calvino in Verbindung gebracht wird. Von all dem bekommen wir als Leser dieser ersten deutschen Übersetzung allerdings nicht viel mit, auch wenn das Nachwort ihn als Autor von Slapstick-Fiktion und postmodernem Erzählen *avant la lettre* rühmt. Denn auch wenn uns die Gewaltorgien, die in einer so coolen wie anschaulichen Sprache präsentiert werden, mittlerweile womöglich nicht mehr ganz so stark schockieren mögen, nachdem Jahrzehnte der Entwicklung immer abgebrühterer Videospiele und zunehmender Vermischung virtueller und realer Brutalitäten hinter uns liegen, so steht doch vielleicht gerade deshalb die Frage im Raum, was ein solches verharmlosend als slapstickartig bezeichnetes Stück Prosa denn eigentlich soll. Daß es durch Übertreibungen seine eigene Machart zur Diskussion stelle, nimmt man ihm kaum ab, und sozialkritische Seiten lassen sich ebenfalls schwerlich hineininterpretieren. «Die zwei Krankenschwestern kicherten. Weibliche Wesen, dachte ich, weibliche Wesen, die mit blutbeschmiertem Mull hantieren und dabei lachen, können unmöglich Frauen sein.» Ist das Humor? Dieser Roman will offenbar von allem etwas sein und ist von allem zu wenig, als daß er uns wirklich ansprechen könnte. Es handelt sich leider nicht um eines von Tsutsuis stärkeren Werken. Schade, daß hier die Chance, einen wirklich interessanten japanischen Autor vorzustellen, gründlich vertan wurde.

Und noch eine Chance wurde verpaßt – die Gelegenheit nämlich, in die weite und bunte Landschaft des japanischen Kriminalromans, eines im Lande überaus populären Genres, mit einem weiteren gelungenen Beispiel einzuführen. Nicht, daß hier etwa zahmen oder hausbackenen Krimis das Wort geredet werden sollte. Einige wirklich abgebrühte Exemplare wurden glücklicherweise schon ins Deutsche gebracht, beispielsweise *Die Umarmung des Todes* der Autorin Natsuo Kirino, die turbulente und reichlich makabre Geschichte von den jobbenden Müttern, die bei dem Versuch, Leichenteile im Müll zu entsorgen, die Polizei und die Yakuza gleichzeitig in Schach halten müssen. Oder nehmen wir eine andere atmosphärisch prall und rasant erzählte Geschichte aus dem Yakuza-Umfeld – Oberkommissar Samejima im härtesten Revier Japans, den «Hai von Shinjuku», im gleichnamigen Roman von Arimasa Osawa im Doppelkrieg gegen Verbrecher und Polizeikollegen. Diese Beispiele stehen für authentische und gewitzte Crime novels, die auf höchst unterhaltsame Weise die Schattenseiten der Wohlstandsgesellschaft in den Blick nehmen und ganz nebenbei viel über Japan heute verraten. Dem Autor Tsutsui wünscht man einen deutschen Neustart mit einem aktuelleren Roman, Krimilesern weitere gelungene Exemplare wie die eben genannten aus japanischer Fabrikation. (2007)

Yasutaka Tsutsui: *Mein Blut ist das Blut eines anderen. Thriller.* Aus dem Japanischen übersetzt von Otto Putz. Nachwort von Eduard Klopfenstein. Berlin: be.bra verlag 2006.

Endō Shūsaku: Eine Klinik in Tokio. 1974

Ein Generationenkonflikt wie in anderen Ländern auch: hier die Kriegsgeneration, die leidvolle Erlebnisse und harte Aufbaujahre hinter sich hat, dort die verwöhnte, oberflächliche Jugend, für die Erfolg zum einzigen Maßstab wird und die von den Erfahrungen der Älteren nichts mehr wissen will. Da ist Ozu, ein mittlerer Angestellter im Tokio der frühen siebziger Jahre, der mit Frau, Tochter und seinem ehrgeizigen Sohn Eiichi unter einem Dach lebt, auch wenn sich Vater und Sohn kaum noch etwas zu sagen haben. Eiichi ist Assistenzarzt, ein hartgesottener und erfolgreicher Karrieremediziner, der sich mit den Krankenschwestern seiner Station vergnügt und sich gleichzeitig an die Tochter seines Chefs heranmacht. Seine Patienten behandelt er als medizinische Versuchskaninchen, nur um sich möglichst schnell einen Namen in Fachkreisen zu machen.

Ozu, der die skrupellosen Machenschaften der Ärzte- und Pharma-Mafia ahnt, in die auch sein Sohn verstrickt ist, zieht sich immer mehr in die Vergangenheit zurück. In regelmäßig eingeschobenen, umfangreichen Rückblenden erfahren wir, wie er nostalgisch auf seine Jugendjahre Rückschau hält, die schon vom Krieg überschattet sind. Und wie es Erinnerungen denn so an sich haben, tauchen sie die Schulzeit, die Studenten- und Soldatenjahre in das warme Licht unschuldiger, unverdorbener Menschlichkeit – einer Menschlichkeit, für die der Sohn Eiichi nur noch Verachtung übrig hat. Ozu trauert um einen im Krieg gestorbenen Freund und dessen heimliche Liebe Aiko, die Jahrzehnte später durch einen unerlaubten Medikamententest im Krankenhaus seines Sohnes umkommt: «Diese Tränen würden für Eiichis Generation stets unverständlich sein. Verstehen konnte sie nur eine Generation, die ihre Angehörigen und Liebsten in einem Krieg verloren hatte.»

Was beim Lesen dieser anschaulich geschilderten Szenen aus dem Japan der Kriegs- und Nachkriegszeit jedoch stört, ist der Schematismus des Autors. Die Figuren wirken klischeehaft und überzeichnet, der Kontrast zwischen dem kaltblütigen Egoisten Eiichi und seinem sentimentalen und sensiblen Vater ist zu kraß. Hier verrät das Buch seinen Ursprung: es wurde als Zeitungsroman konzipiert.

Shūsaku Endō, Jahrgang 1923, gehört zu den bekanntesten japanischen Autoren der Gegenwart. Man schätzt ihn vor allem als Erzähler, der die Auseinandersetzung Japans mit dem Westen, vor allem das Problem der Übernahme des katholischen Glaubens, zu einem literarischen Thema gemacht hat. Aber auch seine humoristischen Werke werden viel gelesen. Bis vor kurzem war er Präsident des japanischen PEN-Zentrums.

Die Mentalität und das Lebensgefühl während der Kriegsjahre in Japan mag Endō in diesem Buch gut getroffen haben. Dennoch bleibt es oberflächlich, denn nirgendwo wird nach Ursachen gefragt. Die Menschen, «dümmlich, aber gutherzig» vor dem Krieg, «aufgeweckt» und «glatt» in diesen Tagen, erleben den Krieg, den Generationenkonflikt und den Materialismus der Gegenwart als unabänderliches Schicksal. Am Ende siegt auf ganzer Linie das Böse: Die Machenschaften der Mediziner im Krankenhaus werden trotz entlarvender Presseberichte vertuscht, Eiichi gewinnt durch vielerlei Intrigen die Tochter seines Chefs, und Ozu ist einsamer denn je. Eine melancholisch stimmende Perspektive eines von Rainer Rönsch flott aus dem Englischen (!) übersetzten, unterhaltsamen Romans, der, wäre er ein wenig differenzierter gestaltet, zum Nachdenken anregen könnte. (1989)

Shusaku Endo: *Eine Klinik in Tokio. Roman.* Aus dem Englischen übertragen von Rainer Rönsch. München: Franz Schneekluth Verlag 1989.

Inoue Yasushi: Meine Mutter. 1975

Ein Werk ganz besonderer Art sind die «Aufzeichnungen über meine Mutter» des großen japanischen Erzählers Yasushi Inoue, der am 6. Mai dieses Jahres seinen achtzigsten Geburtstag feierte. Es handelt sich um drei Erzählungen aus den Jahren 1964 bis 1974, die nun unter dem Titel *Meine Mutter* versammelt sind. Zwar lagen sie bereits seit 1980 in deutscher Übersetzung im selben Verlag vor, versteckten sich jedoch hinter dem Titel einer thematisch und stilistisch völlig disparaten weiteren Erzählung, die in den Band aufgenommen worden war («Die Berg-Azaleen auf dem Hira-Gipfel»). So erschien es durchaus sinnvoll, dieses Werk noch einmal gesondert zu edieren, um ihm so die Beachtung zuteil werden zu lassen, die es verdient.

In *Meine Mutter* schildert Yasushi Inoue den langsamen Abschied seiner Familie von der immer seniler werdenden Mutter. In Bildern aus dem täglichen Leben zeichnet er ihre letzte Lebensphase nach. Es sind sachlich klingende, schlichte Beschreibungen von Alltagssituationen, doch zwischen den Zeilen verspürt man gleichwohl den tiefen Schmerz des Sohnes.

Im Nachwort zu diesen Texten in seiner Werkausgabe schreibt der Autor davon, wie schwer es ihm gefallen sei, das Alter seiner eigenen Mutter literarisch zu verarbeiten. Er habe darin seiner Liebe zu ihr Ausdruck verleihen, sich der gegenseitigen Zuneigung vergewissern wollen, doch wisse er nicht, ob es ihm gelang. Vielleicht, so schließt er seine

Betrachtungen ab, wäre es besser gewesen, er hätte in aller Stille an ihrem Altern teilgehabt, ohne davon zu schreiben.

Daß Inoue dennoch einen so privaten Stoff literarisch zu gestalten und über das Persönliche hinaus ins Allgemeine zu heben vermochte, ist sicher seiner großen erzählerischen Erfahrung und seiner menschlichen Aufrichtigkeit zu verdanken. Der deutsche Leser kann dabei nicht nur Bekanntschaft mit einem in Japan hochgeschätzten Werk des Autors Inoue machen, sondern er gewinnt auch Einblick in die japanische Gedanken- und Gefühlswelt angesichts so universaler Themen wie Alter und Tod. Wie reagiert eine japanische Familie auf die geistige Verwirrung der alten Mutter, welche Gedanken bewegen die Kinder, ihre Ehepartner und die Enkel?

Das erste Prosastück der vorliegenden Sammlung mit dem Titel «Unter den Blüten» setzt mit Gedanken des Erzählers über den Tod des Vaters ein: «Nach seinem Tode erkannte ich plötzlich, daß er mich, solange er lebte, vor dem Tod geschützt hatte. ... Doch nun, da mein Vater tot war, eröffnete sich ein weiter Ausblick auf ihn wie auf ein Meer, und ich mußte, ob ich wollte oder nicht, den Tod näher ins Auge fassen. Ich begriff, daß ich als nächster an die Reihe kam. All dies aber erkannte ich erst, nachdem mein Vater gestorben war.»

Zur Feier des achtzigsten Lebensjahres der Mutter fährt die gesamte Familie zur Kirschblütenschau auf die Halbinsel Izu, und dies wird zum Anlaß verstärkten Nachdenkens über die verwirrte Frau, die in die Welt ihrer Erinnerungen zurückgekehrt ist. Der Sohn muß erkennen, daß er nicht erfahren wird, wie es in ihr aussieht. Die Grundstimmung dieser Prosaskizze, der Gedanke, daß selbst die nächsten vertrautesten Menschen letztlich in ihrer eigenen Welt leben, die dem anderen nicht völlig zugänglich ist, herrscht auch in den folgenden Stücken vor.

«Der Glanz des Mondes» (1969) schildert die Sorge der Kinder um ihre vergeßliche Mutter. Das mit ruhigem Atem ohne jede Dramatik vorgetragene Geschehen wird von zwei Träumen gerahmt: dem Traum des Erzählers, der seine Mutter hilferufend auf der Straße im heimatlichen Dorf sieht, und dem Traum der Mutter am Ende der Erzählung, die sich jung verheiratet wähnt und mitten in der Nacht aus dem Haus läuft, um ihren ersten Sohn, noch als Säugling, zu suchen. Für den Erzähler schieben sich zwei Bilder übereinander – die alte Frau auf der mondhellen Straße, ihren Sohn suchend, verschmilzt mit der Figur des Sohnes selbst, der seine fünfundachtzigjährige Mutter zurückholen will. In dieser Vision schrumpfen Jahrzehnte zu einem Nichts zusammen.

Die Übertragung macht einen etwas lieblosen, stellenweise auch hingepfuschten Eindruck. Dem Übersetzer scheint weitgehend das Gespür für den literarischen Charakter des Werks zu fehlen, so daß die deutsche Version nur wenig von der suggestiven, atmosphärischen Kraft der Traumsequenzen und anderer Szenen vermittelt. Bedauerlich ist auch, daß er die Gelegenheit der Neuausgabe nicht zur Korrektur offensichtlicher Fehler nutzte, die besonders das Ende des Werks beeinträchtigen.

Das letzte Stück des Zyklus trägt den Titel «Die Schneedecke» und ruft nach dem Tod der Mutter ihren letzten Aufenthalt im Hause des Sohnes in Erinnerung. Verwundert beobachtet dieser, wie sehr sich die Wahrnehmungen der Mutter von ihrer alltäglichen Erfahrung lösen. Zuletzt erkennt sie auch ihre eigenen Kinder nicht mehr.

Als der Erzähler seine Mutter im Herbst vor ihrem Tode ein letztes Mal besucht und sie einander nachts im Flur begegnen, sagt die Greisin ernst: «Nun schneit es.» Der Sohn erkennt, daß ihre «blaue flackernde Flamme des Instinkts» endgültig erloschen ist.

Alle drei Erzählungen sind von nachdenklichen Fragen über die eigenen Eltern und die Bedeutung der geistigen Regression im Alter durchzogen. Ernsthaft und gelassen, ohne jede Sentimentalität registriert Yasushi Inoue den geistigen Verfall der alten Frau und beobachtet, wie die tiefsten Schichten der Erinnerung mit dem Nahen des Todes an die Oberfläche gespült werden. Hinter den scheinbar kunstlosen Schilderungen von Alltagssituationen, Gesprächen und Träumen leuchten bisweilen Bilder von große Intensität und tiefer Menschlichkeit auf. (1987)

Yasushi Inoue: *Meine Mutter. Erzählungen.* Aus dem Japanischen von Oscar Benl. Frankfurt/Main: Suhrkamp Verlag 1987.

Mori Yōko: Sommerliebe. 1978–1986

Eine Frau Mitte Dreißig, verheiratet mit einem ausländischen Geschäftsmann, wohlsituiert, Mutter einer elfjährigen Tochter, als freie Übersetzerin tätig – das ist Yōko, die Ich-Erzählerin in der Titelgeschichte «Sommerliebe», einer Sammlung mit vier Erzählungen der japanischen Schriftstellerin Mori Yōko. Die gleichnamige Hauptfigur führt ein Leben in den mondänsten Vierteln von Tokio, um das sie viele Japanerinnen ihrer Generation vermutlich beneiden würden, doch sie fürchtet, mit ihrer schwindenden Jugend auch «die seelische Spannkraft zu verlieren».

Diese Furcht kompensiert sie mit wachsendem Hunger nach Sex. «Daß mein Ehemann mich nie ganz befriedigte, hielt ich für unabänderlich, weil Leidenschaftlichkeit sich nun einmal nicht erzwingen läßt. Daß er in seiner Arbeit aufging, verstand ich vollkommen. Daß er dann am Wochenende mich und Erika im Ferienhaus zurückließ und selber mit seiner Jacht hinausfuhr, fand ich ja auch noch in Ordnung. Das alles verzieh ich meinem Mann. Aber seine Unwissenheit, daß er die Angst und die Gier seiner Frau gar nicht kannte, und seine arrogante Gleichgültigkeit, daß er das alles so weiterlaufen lassen wollte, konnte ich ihm nicht verzeihen.»

Es kommt, wie es kommen muß. Yōko, die in den letzten Jahren bereits mehrere Männerbekanntschaften hinter sich gebracht hat, begegnet in einer Schickeria-Bar, in der hauptsächlich Ausländer verkehren, in Anwesenheit ihres letztjährigen Schwarms, des Engländers David, dem Amerikaner Lane, und zwischen den beiden funkt es auf Anhieb: Lane findet Yōkos Bluse mit den durchschimmernden Brustwarzen, die ihn an Jane Birkin erinnern, ebenso unwiderstehlich wie Yōko den Mann mit dem seidigen schwarzen Haar und Augen so «blau wie das Meer in der Abenddämmerung». Yōko hat, wenigstens für einen Sommer, den richtigen Liebhaber gefunden. Der Tod von Elvis Presley, Mitte August den Radionachrichten entnommen, kündigt mit dem Ende des Sommers auch das Ende der Affäre an: «Da wußte ich, daß wieder eines der letzten Glanzlichter meiner Jugend endgültig erloschen war.»

Japanischen Leserinnen und Lesern tut sich mit diesen Texten ein Blick in die exotische Welt der wohlhabenden, mit westlichen Ausländern verkehrenden Kreise auf, und sie erfahren, wie ein weißer Amerikaner zur Hintergrundmusik von Bach, Mozart oder Vivaldis «Vier Jahreszeiten» eine Japanerin sexuell befriedigt. Weshalb der Partner für den Seitensprung ein Ausländer zu sein habe, dazu gab die Autorin dieser 1978 erschienenen Erzählung in einem Essay Auskunft. «Japanische Männer», so schreibt sie, «bedenken die Frauen im allgemeinen nicht mit leidenschaftlichen Blicken. Sie reden mit Frauen auch nicht in leidenschaftlichen Worten.»

Yōkos Studienfreund, der Architekt Shunsuke, scheint dieses Bild zu bestätigen, denn er gesteht ihr bei einem Treffen in einer Sushi-Bar: «Das ganze Drum und Dran, bevor man die Frau nimmt, lasse ich vollständig weg.» Da Yōko ihm andeutet, sie habe kulinarischere Ansprüche, rechnet er sich keine Chancen bei ihr aus und verläßt «ganz ohne Sentimentalität und in fast erfrischender Schroffheit eilig» den Ort.

In einem weiteren Essay aus dem Jahre 1986 fällt die Autorin über japanische Männer ein vernichtendes Urteil. Es mangele ihnen an wahrer Männlichkeit, wie etwa Clark Gable oder John F. Kennedy sie verkörperten, sie seien abhängig und geradezu pathologische Narzißten. Wer weiß, vielleicht trug der Traum vom Superliebhaber mit den Gesichtszügen von Kennedy oder Gable – mit letzterem wird auch David in «Sommerliebe» verglichen – zum großen Erfolg der Bestsellerautorin Mori Yōko bei, die übrigens selbst mit einem Engländer verheiratet war und 1993 starb.

An sich selbst wie an vielen Frauen in ihrer Umgebung, gesteht die Autorin, habe sie die Unzufriedenheit, den «körperlichen und seelischen Fettansatz» unausgefüllter Hausfrauen und Mütter beobachtet; der Zorn auf den Ehemann, auf sich selbst und die unerbittlich verfließende Zeit sei das Motiv für dieses Erstlingswerk gewesen. Fortan wurde der Zorn in eine Fülle von Romanen, Essays und Kurzgeschichten umgesetzt. Hauptfiguren sind stets attraktive, selbstbewußte Frauen, die zu nehmen verstehen und die unvermeidlichen Enttäuschungen mit gesundem Realitätssinn und einem Lächeln auf den Lippen auf das Konto «Reifungshilfe» verbuchen. (1995)

Mori Yōko. *Sommerliebe. Roman. Liebesgeschichten. Drei Erzählungen.* Aus dem Japanischen von Diana Donath. Berlin: edition q 1995.

Murakami Haruki: Wilde Schafsjagd. 1982

Was, wenn Literatur keine Nationalität hätte? Oder eine mehrfache Staatsangehörigkeit sozusagen? Von dem vorliegenden Roman des japanischen Autors Murakami Haruki schreibt ein Amerikaner, man könne ihn goutieren, auch ohne zu wissen, daß er japanisch sei. Und was hieße das? Ist es etwa ein Pluspunkt oder ein Nachteil?

Der Held, ein namenloser dreißigjähriger Mann, Mitinhaber einer Übersetzungs- und Werbeagentur in Tokio, lebt ein durch und durch zeitgenössisches Leben. Er hört Mozart, Benny Goodman oder «Star Wars» und wundert sich bei einem Besuch in «Jay's Bar», wie brav die heutigen Studentenpärchen an ihren Cocktails nippen. Die Protestbewegung der Achtundsechziger ist auch im Japan der ausgehenden siebziger Jahre nur noch nostalgisch gefärbte Erinnerung. Unser Held, dem die Frau fortgelaufen ist und der sich nun an ein Mädchen mit drei Berufen hält – «sie jobbte als Korrektorin in einem kleinen Verlag, war Ohren-Fachmodell für Werbefotos sowie Callgirl in einem exklusiven Privatclub» –, ist beileibe nicht unsympathisch. So cool, wie er zu sein vorgibt, ist er nämlich nicht. Da ist sein irgendwo in Nordjapan verschollener Kumpel aus alten Tagen, der ihm eine mysteriöse Botschaft schickt. Doch die Bitte, die er ihm erfüllt, nämlich ein Foto von Schafen unter die Leute zu bringen, löst eine ungeahnte Kette von Ereignissen aus. Hauptfiguren darin sind ein todgeweihter Alter in einer prachtvollen Villa, der mit Gehirntumor dem Tod entgegendämmert, Kriegsverbrecher und Herr über ein Imperium aus Politik, Finanzen und Massenmedien. Sein Sekretär, ein aalglatter, eiskalter Macher, zwingt unserem Helden in einem Wettlauf mit der Zeit die Suche nach jenem geheimnisvollen Schaf mit dem sternförmigen Fleck im Fell auf, das offenbar für den tumorkranken Boß mit dem Schaf im Hauswappen eine besondere

Bedeutung hat. Die Suche erscheint schier aussichtslos, denn wie könnte man, mit nichts als einem Allerweltsfoto von Schafen in der Landschaft als Anhaltspunkt, diesem einen Tier auf die Spur kommen, das sich vielleicht irgendwo in den Weiten der nordjapanischen Insel Hokkaidō herumtreibt?

So abstrus die Geschichte klingt, so spannend und stimmig wird sie erzählt. Wie sich der Held mit seiner Freundin auf die Suche macht und wie er sich in der grandiosen Szenerie Hokkaidōs an die merkwürdig verknoteten Ereignisse herantastet, das wird mit einem Schuß Ironie in einem sportlich-federnden Stil und mit viel Tempo erzählt, ist fesselnd und handlungsreich, Krimi und Fantasy in einem. Doch zweifellos auch mehr, und zwar nicht so sehr wegen der witzigen amateurphilosophischen Schlenker, die den Roman beiläufig auch zu einem augenzwinkernden Kommentar auf modernen *Lifestyle* werden lassen. Ganz unauffällig, aber konsequent wird die Story nämlich auch mit der Geschichte der japanischen Moderne verkoppelt, und an einem einzigen Punkt, beim Kernmotiv, wird dies in den Erläuterungen des Sekretärs überdeutlich: «Bis zur Meijizeit hatten die meisten Japaner also weder je ein Schaf gesehen noch eine Vorstellung davon, was für ein Tier das sei. Der Staat importierte es aus Amerika, man züchtete es, und dann wurde es vergessen. Nach dem Krieg schließlich sank mit der Aufhebung der Einfuhrbeschränkungen für Schafswolle und Lamm- und Hammelfleisch aus Australien und Neuseeland der Anreiz für einheimische Züchter auf beinahe Null. Das ist das Schaf. Ein armes Tier, finden Sie nicht? Es steht, könnte man sagen, für die Moderne Japans schlechthin.» Doch keine Angst, mit dieser – ohnehin ironisch abgeschwächten – Symbolisierung hat es sein Bewenden, denn einmal auf die Spur gebracht, darf jeder Leser gemäß seiner Kenntnis der modernen Geschichte Japans selbst seine Schlüsse ziehen. Der Autor jedenfalls besitzt Geschmack genug, um das in Gang gesetzte Spiel nicht über Gebühr zu bemühen.

Die 1982 erschienene *Wilde Schafsjagd* ist das deutschsprachige Debüt dieses im englischen Sprachraum bereits recht bekannten Autors, der ungeachtet seiner für Japan außergewöhnlichen Medienscheu beträchtliche Popularität besitzt. Murakami Haruki, Jahrgang 1949, veröffentlichte das erste seiner mittlerweile 42 Bücher im Jahre 1979, darunter zahlreiche Übersetzungen der von ihm besonders geschätzten amerikanischen Kollegen F. Scott Fitzgerald, Tim O'Brien, Truman Capote und Raymond Carver. Sein bisher, gemessen an der Auflage, erfolgreichster Roman ist ein nach dem Beatles-Song *Norwegian Wood* betiteltes zweibändiges Werk, das in über vier Millionen Exemplaren kursiert. Doch auch andere Bücher wie *Dance, dance, dance* von 1988 erlebten Millionenauflagen.

Japanische Medien sprechen inzwischen vom «Murakami-Phänomen» und rätseln über die Ursachen des Erfolgs. Handelt es sich in erster Linie um eine Modeerscheinung? Offenbar nicht nur, denn dieser so «amerikanisch» schreibende Autor, dem viele auch eine Verwandtschaft mit Kurt Vonnegut, Raymond Chandler, Richard Brautigan und Jerome D. Salinger nachsagen, fasziniert neben jungen Lesern auch Teile der etablierten Literaturkritik. Als etwa im Frühjahr dieses Jahres die Zeitschrift «Gegenwart» fünf der führenden Köpfe des intellektuellen Japan zusammenrief, um die hundert bedeutendsten Bücher, Literatur wie Non-Fiction, der letzten hundert Jahre zu ermitteln, kamen sie zu einem überraschenden Ergebnis. Die Jury verzichtete auf Mishima ebenso wie auf den Nobelpreisträger Kawabata, doch die Nummer 99 der Liste ist vorliegendes Buch von Murakami. Weshalb? Weil es so unjapanisch ist? Oder ist es nicht doch ein durch und durch japanisches und zeitgenössisches Werk von urbanem Witz und genuinem erzählerischen Talent? Deutsche Leser jedenfalls haben nun die Chance, diesen japanischen Autor der achtziger und neunziger Jahre mit einem seiner gelungensten Romane in einer brillanten deutschen Übersetzung kennenzulernen. (1991)

Murakami Haruki: *Wilde Schafsjagd. Roman.* Aus dem Japanischen übertragen von Annelie Ortmanns-Suzuki und Jürgen Stalph. Frankfurt/Main: Insel Verlag 1991.

Yoshimura Akira: Schiffbruch. 1982

Mit den Fischschwärmen wechseln die Jahreszeiten: «Nach den Sardinen kamen die Tintenfische.» Der Frühsommer bringt reiche Makrelenfänge, der Herbst verheißt Oktopusse, bis dann, wenn das Schilfgras in voller Blüte steht, auch diese Nahrungsquelle versiegt. Ein namenloses Dorf an der Küste irgendeiner japanischen Insel, nicht mehr als siebzehn Häuser, bewohnt von Menschen, die angesichts des Hungers ständig ums Überleben kämpfen müssen. Die Zeit? Irgendwann, vielleicht im siebzehnten oder achtzehnten Jahrhundert. Doch was in der Welt geschieht, dringt ohnehin nicht durch bis zu diesem gottverlassenen Nest, dessen Bewohner uralte Fischfangtechniken anwenden und die Pflaumenblüte in den Bergen nur vom Hörensagen kennen. Einzig die Unglücklichen, die das Dorf auf Jahre verlassen müssen, um sich in der Fremde als Magd oder als Schiffsarbeiter zu verdingen und die halsabschneiderischen Vermittlergebühren abzuarbeiten, mögen etwas mehr gesehen haben. Doch wenn sie schließlich, von der Fron gezeichnet, wieder heimkehren, bleiben sie stumm.

Es gibt Gründe, weshalb die Dorfleute den Kontakt mit der Außenwelt regelrecht fürchten, und die hängen mit dem Feuer zusammen, das sie nachts am Strand unter den Kesseln schüren und für das die Familien reihum verantwortlich sind. Denn weshalb sollte man das Salz, das die Bewohner für den eigenen Gebrauch und zum Tausch gegen Getreide und andere Nahrung am Strand gewinnen, stets nachts kochen, aber nur bei rauher, nicht bei ruhiger See? Mit dem Feuer locken die Dörfler Schiffe an, die im Sturm in Seenot geraten und dann auf die vermeintlich rettende Küste zusteuern. Doch werden sie dabei auf ein tückisches Riff gelotst, an dem ihr Schiff zerschellt. Die Ladung – Handelswaren, Alkohol, Reis – verteilen die Bewohner gleichmäßig untereinander, und damit niemand von ihrem Geheimnis erfährt, werden die überlebenden Seeleute anschließend umgebracht. Dennoch lebt das Dorf in steter Angst, die eigenen Überlebensmaßnahmen könnten durch Nachforschungen der Schiffseigner und der Behörden aufgedeckt werden.

Archaisch muten die Rituale an, die das Leben der Dörfler bestimmen – die Totenverbrennung, die Hochzeiten, das Neujahrsfest und die Ofune-sama-Zeremonie: «Von dem schmalen Strand legte ein Boot ab, in dem eine schwangere Frau von achtundzwanzig Jahren saß; ihr Mann ruderte. Den Blick zum Horizont gewandt, hielt sie ein geweihtes Strohseil in den Händen, während das tanzende Boot immer weiter ins Meer hinausglitt. Nachdem der Mann es geschickt um die Klippen herummanövriert hatte, hielt er inne. Die Hände zum Gebet zusammengelegt, schauten die Dorfbewohner vom Strand aus zu, wie die Frau das Seil ins Meer warf. Die schwangere Frau im Boot war das Sinnbild für ihrer aller Bitte um einen reichen Fischfang, während sich an das Auswerfen des Seils die Hoffnung knüpfte, eines der vorbeifahrenden Schiffe werde an dem vorgelagerten Riff zerschellen.» Anschließend wird die Frau im Haus des Dorfvorstehers empfangen, wo sie vor den Repräsentanten aller Familien den Saum ihres Kimonos lüftet und einem Tischchen mit aufgereihten Speisen einen energischen Tritt versetzt. Diese Geste drückt den Wunsch aus, ein Schiff möge an der Küste kentern.

Doch was die Dorfbewohner nicht ahnen – es gibt neben den Schiffen, die Nahrung und damit Lebenshoffnung spenden, auch solche, die Unheil bringen in Form einer todbringenden Seuche. Und wer diese überlebt hat, muß dennoch das Dorf verlassen und in den Bergen dem sicheren Hungertod entgegengehen. Das von religiösen Riten begleitete Aussetzen der von den Pocken Genesenen erinnert an den in Volkssagen und moderner Literatur, im Noh-Theater wie in Kinofilmen immer wieder verarbeiteten Brauch des «Obasute», des Aussetzens der Alten, besonders alter Frauen, in Zeiten, in denen jeder Esser, der nicht mehr selbst zum Familienunterhalt beitragen konnte, seinen Platz für Jüngere räumen mußte. (Allerdings ist sich die heutige Ethnologie nicht sicher, ob es diesen Brauch wirklich gegeben hat.)

Akira Yoshimura, Jahrgang 1927, ist ein in Japan populärer Autor dokumentarischer und historischer Romane, der mit diesem im Jahre 1982 erschienenen Werk erstmals in westliche Sprachen übersetzt wurde. Vieles an dem knapp und anschaulich, doch ohne jedes Pathos erzählten Roman erinnert an die Schilderungen eines Volkskundlers wie Yanagita Kunio, dessen Beschreibungen dörflicher Lebensart und traditionaler Gemeinschaft aus dem frühen zwanzigsten Jahrhundert die Literaten inspirierten. Wir finden uns lesend im Rhythmus des kargen Fischerlebens wieder, das im Glauben an die Seelenwanderung Halt und eine Erklärung für das harte Schicksal findet. Ist es das uns fremde Gefühl der Geborgenheit im Unvermeidlichen, Unveränderlichen, das der Schilderung dieses eigentlich trostlosen Lebens eine seltsame Faszination verleiht? (1998)

Akira Yoshimura: *Schiffbruch. Roman.* Aus dem Japanischen von Sabine Mangold. Berlin: Rowohlt Verlag 1998.

Murakami Haruki: Der Elefant verschwindet. 1980–1986

Warum überfällt jemand eine Bäckerei? Aus Hunger, und zwar einem gewaltigen. «Hunger entsteht wie? Aufgrund mangelnder Nahrungsaufnahme natürlich. Warum mangelt es an Nahrung? Weil es an äquivalenten Tauschobjekten fehlt. Und warum, schließlich, standen uns solche nicht zu Gebote? Weil wir nicht genug Phantasie besaßen, vermutlich. Oder aber der Hunger hing direkt und ursächlich mit unserem Mangel an Phantasie zusammen. Egal. Gott und Marx und John Lennon sind tot. Wir hatten Hunger, soviel stand fest, und deshalb wollten wir Böses tun. Aber nicht der Hunger trieb uns zum Bösen, sondern das Böse trieb, indem es uns hungern ließ. Klingt irgendwie, ich weiß nicht, existentialistisch.» So gehen der Ich-Erzähler und sein Kumpel, mit Messern bewaffnet, langsam die Geschäftsstraße entlang auf die Bäckerei zu und fühlen sich dabei wie in «High Noon».

Natürlich kann bei einem solchen Überfall nicht alles glattgehen. Doch auf welch verblüffende Weise sich die beiden schließlich doch den Magen vollschlagen können, das macht die so kurze wie aberwitzige Geschichte des japanischen Autors Haruki Murakami zu einem Glanzpunkt der Sammlung. Acht Erzählungen, überwiegend in den achtziger Jahren entstanden, enthält der Band «Der Elefant verschwindet». Die Titelgeschichte ist wie drei weitere Texte aus dem Buch bereits auf deutsch erschienen. Doch auch wenn man sich für die eine oder andere Erzählung eine überzeugendere Alternative hätte vorstellen können, gibt die Auswahl doch einen Einblick in die Kompaktversionen der narrativen Welten von Murakami, der den deutschsprachigen Lesern bislang durch die beiden Romane *Wilde Schafsjagd* (1991) und *Hard-boiled Wonderland und das Ende der Welt* (1995, beide bei Insel) zugänglich gemacht wurde.

Nun also das dritte Buch, und wir stoßen auf alte Bekannte: Da ist der coole Held und Ich-Erzähler auf der Suche nach einem Vierbeiner, dessen Verschwinden beziehungsweise Nicht-Auffindbarkeit die Aura des Geheimnisvollen annimmt. Da sind Frauen mit hübsch geformten Ohren und bittersüße Begegnungen mit Fremden, die Fremde bleiben, weil man versehentlich ihre Telefonnummer weggeworfen hat. Und das Ganze spielt in den beschaulichen, mit Wäsche zugehängten Gäßchen der Wohnviertel oder im Zentrum von Tokio: «Schmutzige Fassaden, Scharen namensloser Menschen, unablässiger Lärm, reglose Autoschlangen, grauer Himmel, Reklametafeln, die jeden freien Zentimeter ausfüllten, Begehren, Resignation, Nervosität und Erregung... Meine Wanderungen ereignen sich in den U-Bahnen Tokios und auf den Rücksitzen der Taxis. Meine Abenteuer finden im Wartezimmer der nahegelegenen Zahnarztpraxis und am Bankschalter statt. Ich kann überall und nirgendwo hin.»

In dieser uns nicht sehr fremden Alltagswelt lauern Überraschungen. Sei es, daß ein alter Elefant mitsamt Pfleger eines Tages spurlos verschwindet oder daß eine Zahnarztgattin wochenlang nicht schlafen kann, dabei aber eher jünger wird und keinerlei Müdigkeit verspürt. Es gibt auch einen «Zweiten Bäckereiüberfall», noch etwas vertrackter und nicht weniger komisch als der erste.

Humorvoll-witzige Geschichten wie diese entsprechen wohl am besten Murakamis erzählerischem Talent, seinem lakonischen, leichtfüßigen Erzählduktus. Weniger überzeugend lesen sich die auf Tief- und Doppelsinn abzielenden, romantisch angehauchten Zeitgenossen-Stories wie etwa die vom «Aufziehvogel und den Dienstagsfrauen», die auf eher banale Gags angewiesen ist. Kurzweilig und gekonnt erzählt sind die Geschichten jedoch allemal, und ihr Unterhaltungswert ist nicht geringzuschätzen.

Murakami, der 1979 sein Debüt als Romanautor gab, ist seither nicht nur ein produktiver Schriftsteller, sondern auch der Übersetzer von F. Scott Fitzgerald, Truman Capote, Tim O'Brien, Raymond Carver, John Irving, Paul Theroux und anderen. Schon 1991 listet eine der inzwischen zahlreichen Murakami-Sondernummern einer literarischen Zeitschrift 42 Buchtitel von ihm auf, besagte Übersetzungen mitgerechnet. Der Autor selbst sieht sich in der Nachfolge von Raymond Chandler, Kurt Vonnegut und Richard Brautigam. Nun denn, ob überhaupt noch etwas Japanisches an Murakami ist, mag man jetzt auf deutsch überprüfen. (1996)

Haruki Murakami. *Der Elefant verschwindet. Erzählungen.* Aus dem Japanischen von Nora Bierich. Berlin: Berlin Verlag 1995.

Endō Shūsaku: Sünde. 1986

Die großen japanischen Tageszeitungen erfreuen sich außerordentlich hoher Auflagenzahlen, und sie werden von Intellektuellen und Arbeitern, von Angestellten und Freiberuflern gelesen. Auf hiesige Verhältnisse angewendet, würde dies bedeuten, daß ein und dasselbe Blatt die Leser großer Boulevardblätter ebenso zu bedienen hätte wie die Abonnenten der regionalen und nationalen Tagespresse unterschiedlicher Couleur. Mit dem vorliegenden Roman scheint der japanische Erfolgsautor Endō etwas Ähnliches angestrebt zu haben – die Bedienung disparater Leserinteressen. *Sünde* kann als Thriller mit aktuellen Zügen gelesen werden und als Schlüsselroman; als psychologische Studie über das Altern und als philosophische Behandlung existentieller wie ethischer Themen. Von all diesem bietet der Roman etwas, keinen dieser Ansprüche erfüllt er ganz.

Suguro, ein fünfundsechzigjähriger Schriftsteller im Tokio der achtziger Jahre, kann mit Stolz und Zufriedenheit auf das Erreichte zurückblicken. Sein letztes Werk, die Summe seines bisherigen Schaffens, ist wieder mit einem renommierten Preis ausgezeichnet worden, und die Feier anläßlich seiner Verleihung unterstreicht seine unangefochten prominente Stellung im kulturellen Establishment der Gegenwart. Doch bei dieser Feier erfährt er auch von einem Doppelgänger, dessen Treiben in Tokios Halbwelt eine zunehmende Gefahr für seinen guten Ruf darstellt, zumal ein ehrgeiziger Journalist sich nun auf seine Fährte begeben hat. Soweit der Thriller, ein Szenarium mit kriminalistischen Zügen, das durch Anspielungen auf aktuelles Geschehen und die Nennung bekannter Örtlichkeiten zusätzlich Würze erhält.

Suguros Lebensumstände ähneln bis hin zu den Restaurants in der fashionablen Gegend von Omote Sandō, die er aufsucht, in auffälliger Weise denen des Autors, und japanische Leser werden darüber hinaus viele der genannten Persönlichkeiten leicht identifizieren können. Der Autor versucht nicht zu verschleiern, im Gegenteil, seine schonungslose Selbstentblößung, die Erforschung der Schattenseiten der eigenen Existenz, für die, wie der Leser recht bald bemerkt, jener Doppelgänger steht, soll dem Werk ganz besondere Authentizität verleihen. Doch statt von der Aufrichtigkeit des Autors beeindruckt zu sein, fühlt sich ein europäischer Leser angesichts dieser Story eher peinlich berührt und zum unfreiwilligen Voyeur degradiert.

Das liegt zum einen an der Banalität des Stoffes, an dem die Schattenseiten menschlicher Existenz illustriert werden sollen, und zum anderen an der allzu demonstrativen, vordergründig pointen- und symbolsüchtigen Art, wie dieser Stoff uns präsentiert wird. Viel von dem, was dem Schriftsteller Suguro im fortgeschrittenen Alter erstmals als Problem erscheint, kommt uns ein wenig künstlich und aufgesetzt vor, so das Erschrecken darüber, daß er offenbar doch nicht der Musterknabe war, für den er sich selbst so lange gehalten hatte. Er interessiert sich für ein junges Mädchen und reagiert mit Verstörung auf seine verhalten lustvollen Träume. Seine Ehe ist ihm ein sicherer Hort: «Wenn Suguro ... mit seiner Frau Schulter an Schulter auf der Bank saß, spürte er, auch wenn nichts gesagt wurde, ganz deutlich die tiefe Ruhe, die der Harmonie entsprang, die sich in den mehr als dreißig Jahren ihres Zusammenlebens eingestellt hatte.» Doch ist er andererseits bestrebt, sich seiner Frau gegenüber nicht zu sehr zu öffnen: «Als Schriftsteller blickte er in sein Inneres und legte es auf dem Manuskriptpapier bloß, als Ehemann aber gab er über die notwendigen Grenzen hinaus kaum etwas von sich preis, weil er das seiner Frau, die in einer christlichen Familie aufgewachsen war und eine Klosterschule besucht hatte, schuldig zu sein glaubte.»

Wenn uns jedoch schon dieser Mangel an Offenheit peinlich berührt, so stört uns noch viel mehr die Pose des Helden, sich als moralische Instanz, als christlicher Schriftsteller zu begreifen, der anderen zum Leitbild dient und nun in dieser Rolle schier verzweifelt. Nicht, daß dies nicht ein ernsthaftes Thema wäre, zumal in einem Lande wie Japan, wo Schriftsteller, die sich zum Christentum bekennen, in der Tat eine Besonderheit sind. Der Autor Endō gehört auch hier zu den profiliertesten Autoren, der die Problematik des Christentums in seinem Land seit den fünfziger Jahren, am eindrucksvollsten wohl in dem Roman «Schweigen», literarisch verarbeitet hat. Doch angesichts der Dimension des Themas irritiert auch hier die Oberflächlichkeit der Auseinandersetzung, denn ungeachtet aller eingeflochtenen ethischen Erörterungen scheint Suguro vor allem um seinen guten Ruf besorgt. Kein inneres Ringen zeichnet sich ab, es ist viel eher ein Kokettieren mit dem eigenen Image. Weshalb nimmt sich dieser erfahrene Schriftsteller, der Freud und Fromm so gern zur Selbstdeutung heranzieht und zur Selbstvergewisserung immer wieder in den Spiegel schaut, nicht endlich wahr als das, was er wirklich ist? Ein trauriger Spießer, der seine Lebenslügen allzu langsam nur erkennt und nicht bereit ist, die eingeschliffene Pose des «christlichen Schriftstellers» abzulegen?

Der deutsche Titel «Sünde» suggeriert im übrigen eine tiefere Dimension als der Originaltitel «Der Skandal», der zudem auch eher dem Charakter dieses Werks entspricht, das zweifellos unterhaltsame Lektüre bietet, auch wenn die Übersetzung einige Unstimmigkeiten enthält. (1990)

Shūsaku Endō: *Sünde. Roman.* Aus dem Japanischen von Jürgen Berndt. München: Franz Schneekluth Verlag 1990.

Yoshimoto Banana: Kitchen. 1987

An Sensationen herrscht in der Welt der japanischen Literatur kein Mangel. Doch die Autorin Yoshimoto mit dem kuriosen Künstlervornamen Banana wird auch in Japan als ein Phänomen gehandelt. Sieben Bücher in wenig mehr als zwei Jahren, über sechs Millionen verkaufte Exemplare, zwei Verfilmungen, dazu Preise und Ehrungen. Wen stimmte dies nicht neugierig?

Der Banana-Boom setzte im November 1987 ein, als ihr für die Erzählung «Kitchen» einer der anerkannten Preise für Nachwuchsautoren zugesprochen wurde. Die Buchausgabe mit zwei weiteren Erzählungen, die nun in deutscher Fassung vorliegt, wurde im Folgejahr zum ersten Riesenerfolg der damals vierundzwanzigjährigen Autorin. Man täte ihr unrecht, wollte man diesen Höhenflug auf günstige Startbedingungen zurückführen, denn auch in Japan ist zum Auslösen eines Booms mehr nötig als ein berühmter Vater. Dieser nämlich, Dichter, Literaturkritiker und einer der prominentesten Denker im Land, wendet sich an ein völlig anderes Publikum. Mit Banana ist ihm in allernächster Nähe ein markantes Objekt für seine Analysen der Massenkultur erwachsen.

Banana wiederum ist klug genug, den berühmten Vater in keinem ihrer Essays zu erwähnen, und auch ihre zumeist autobiographisch gefärbten Erzählungen und Kurzromane spielen stets in vaterlosen Familien. «Manchmal, wenn ich total am Ende bin, denke ich mir: Wenn ich einmal sterben muß, dann will ich meinen letzten Atemzug in der Küche tun. Ganz gleich, ob ich allein bin und es kalt ist, ob jemand bei mir sitzt und es warm ist: furchtlos will ich da den Dingen entgegensehen.» Mit dieser Küchenphilosophie schlägt sich die junge Waise Mikage durchs Leben. Blitzblanke oder auch «wahnsinnig schmuddelige» Küchen sind ihr der liebste Platz auf der Welt: «Ich liebte Küchen, als wäre diese Liebe im Gedächtnisspeicher meiner Seele als ferne Sehnsucht einprogrammiert.»

Und obwohl Mikage nach dem Tod ihrer Großmutter, bei der sie aufgewachsen ist, sogleich wieder eine Ersatzfamilie findet, gilt ihre größte Hingabe dem Kochen: «In den Karottenkuchen, für dessen Zubereitung ich sämtliche Schritte auswendig gelernt hatte, brachte ich jedes Stückchen meiner Seele ein.» Ansonsten aber erscheint nichts ungewöhnlich an dieser jungen Japanerin, in der sich ihre Altersgenossinnen offenbar millionenfach wiedergefunden haben. Bis auf die selbstgewählten neuen Familienbande vielleicht – den hübschen Bruder Yūichi und seine noch attraktivere Mutter, von der sich herausstellt, daß sie in Wirklichkeit ein Mann ist. Daß diese Geschlechtsumwandlung wie vieles andere im Buch an japanische Mädchencomics erinnert, darauf macht ein informatives Nachwort aufmerksam.

Die Welt von «Kitchen», obgleich wiedererkennbar ausgestattet mit allen Requisiten des bequemen Konsumentenlebens in einer beliebigen Großstadt, ist eher ein Traumterrain, in dem sich Vorstellungen finden wie die von einer freien Wahl des Geschlechts und der Familienbande. Vor allem aber ist es eine Welt der Petra Pan – Erwachsenwerden ist nicht erforderlich, zumal viele Figuren noch im jugendlichen Alter sterben. Unterhaltsam erzählen kann Yoshimoto, und der versierte Übersetzer Wolfgang Schlecht hat auch hier den richtigen Tonfall gefunden. Japanische Leser bekennen, nach der Lektüre Heißhunger auf ein bestimmtes Gericht entwickelt zu haben. Eine andere Leserin wartete ungeduldig auf den Vollmond, inspiriert durch die gleichnamige Erzählung in dem Band.

Die Kritik in Japan ist gespalten. Die einen ignorieren diese Literatur als hedonistisches, seichtes Produkt der Massenkultur, während andere die Qualität eines neuen Schreibens, einer an zeitgenössischer Lebenswirklichkeit geschärften literarischen Wahrnehmung entdecken. Dies zumindest ließe sich wohl festhalten – daß Banana Yoshimoto, die sich die konsumierbare, leicht verderbliche Frucht zum Künstlernamen wählte, eine amüsante, kurzweilige Einführung in die von Nostalgie und Sentiment getränkte Welt des jungen Japan bietet. (1992)

Banana Yoshimoto: *Kitchen.* Aus dem Japanischen von Wolfgang E. Schlecht. Mit einem Essay von Giorgio Amitrano. Zürich: Diogenes Verlag 1992.

Yoshimura Akira: Unauslöschlich. 1988

Wer Tokio und Umgebung Anfang der siebziger Jahre kannte und gut anderthalb Jahrzehnte später, in der Hochphase der später so genannten «Seifenblasenwirtschaft», wiederkam, der kann das Erstaunen des Romanhelden bei einer Zugfahrt vom Bahnhof Tokio in Richtung Flughafen nachempfinden: «Betonfassaden säumten die gesamte Strecke. Er stellte mit Erschrecken fest, daß die einstigen Felder, Wiesen und Wälder in weniger als zwanzig Jahren diesen Steinwüsten gewichen waren; flache Häuser gab es nur noch ganz vereinzelt.» Als er den «Blick flußabwärts schweifen ließ, entfuhr ihm ein entsetzter Aufschrei: Zu beiden Seiten der Mündung, wo einst die Schilfinsel lag, befand sich jetzt ein breiter Streifen aufgeschüttetes Land mit einer Skyline von Hochhäusern, die sich bis in die Ferne zum Meer erstreckte. Mitten hindurch schlängelte sich eine Autobahn, auf der glitzernde Punkte hin und her flitzten. (…)

Fassungslos betrachtete er diese Betonwüste – eine Schlafstadt für Pendler.» Kikutani, der Protagonist, ist nach knapp sechzehn Jahren auf Bewährung aus der Haft entlassen worden, und für ihn, der wie seine Mithäftlinge weder durch Zeitungslektüre noch durch Freigänge Gelegenheit hatte, den Wandel in der Umgebung nachzuvollziehen, beginnt eine beschwerliche Zeit der Gewöhnung an das Neue. Er kennt weder automatische Fahrkartenkontrollen im Bahnhof noch die neuen Geldscheine. Die versechsfachten Preise, das neue Stadtbild, die Schnellstraßen, ja selbst die Rolltreppen und die Aufzüge im Kaufhaus machen ihm angst. Glücklicherweise steht er für die ersten Wochen seines neuen Lebens unter der Obhut eines ehrenamtlichen Bewährungshelfers, der ihn behutsam, aber nachdrücklich in eine selbständige Existenz schiebt und ihm eine Anstellung auf einer ländlichen Hühnerfarm beschafft.

Das Gefängnis hat den ehemaligen Studienrat offenbar völlig in seiner Persönlichkeit verändert. Er ist ein gebrochener, abgestumpfter Mann. Kein Interesse mehr kann er am Geschehen um ihn herum aufbringen, keinerlei intellektueller Zugang bleibt ihm zu den Dingen. Er ist ganz darauf fixiert, mit dem Alltag fertig zu werden, der ihn noch für lange Zeit fast überwältigt. So muß er sich erst einmal das apathische Sitzen im zellengleich kleinen Zimmer seines Apartments abgewöhnen.

Das Buch läßt sich ganz auf seine beschränkte Perspektive ein und verzichtet folglich auf jegliches Reflektieren und Psychologisieren. Um so eindrucksvoller sind jedoch die Schilderungen des Gewöhnungsprozesses, auch wenn sie bisweilen zu breit ausfallen. Im Kino ist uns dies vor nicht langer Zeit mit dem in Cannes 1997 preisgekrönten Film «Unagi» (Der Aal) von Regisseur Imamura Shōhei vorgeführt worden, der von dem vorliegenden Roman offenbar stark inspiriert wurde. Man denke etwa an die zunächst befremdend wirkende Szene, als der Held auf der Straße durch seinen hampelmannartigen Stechschritt auffällt, den er in langen Gefängnisjahren eingebleut bekam. Wer nicht weiß, daß dies ebenso wie der Blick zum Boden und das Nicht-Reden, außer zum Aufsichtspersonal natürlich, zu den elementaren Verhaltensregeln von Gefangenen in Japan gehört, kann mit den eher komisch oder unverständlich wirkenden Szenen mit wortkargen, den Blick meidenden und im Gänsemarsch einherstolzierenden Exhäftlingen wenig anfangen.

Das größte Problem für einen entlassenen Strafgefangenen ist es jedoch, seine Vergangenheit vor allen Mitmenschen auf Dauer geheimzuhalten. Verurteilung bedeutet sozialen Tod. In seinem Heimatort darf er sich bei Tag nicht mehr sehen lassen. Seinen früheren Mitinsassen geht es genauso. Auch sie treibt panische Angst, als ehemaliger Strafgefangener entdeckt zu werden, und dies verhindert wiederum jeden engeren Kontakt und steht der Wiedereingliederung in die Gesellschaft im Wege. Erschütternd aber auch, wie sehr eine Verurteilung in das Schicksal der Angehörigen eingreift, die Wohnort und Beruf wechseln müssen.

So scheint es kein Wunder zu sein, daß Kikutani zu niemandem aus seiner Vergangenheit mehr Verbindung hat und auf Anraten seines Bewährungshelfers auch jede Wiederbegegnung meidet. Nach seinem Tod, so malt er sich aus, würde sein von den Behörden benachrichtigter Bruder heimlich anreisen, um seine Bestattung zu veranlassen, doch die letzte Ruhe im Familiengrab ist ihm verwehrt.

Sein Vergehen: Für die Tötung seiner Ehefrau im Affekt, die er beim Liebesakt in der eigenen Wohnung mit ihrem Liebhaber erwischte, und die anschließende Brandstiftung in dessen Haus, bei der die Mutter seines Rivalen ums Leben kam, wurde er zu «lebenslänglich» verurteilt. Reue kann er allerdings für diese Tat nicht fühlen, denn nach wie vor empfindet er sie als gerechtfertigt. So wenig er selbst je daran gedacht hatte, seine Frau zu hintergehen, so schwer fällt es ihm, ihren Treuebruch nachzuvollziehen. Allerdings haben die Jahre in der Haft Kikutani lethargisch werden lassen, und nun geht es für ihn nur noch darum, ein bescheidenes Leben ohne Erinnerung an das Vergangene zu führen. Doch dies will nicht gelingen.

Der Autor Akira Yoshimura, Jahrgang 1927, zeigt mit seinem zweiten in deutscher Sprache vorliegenden Roman, wie ein auf Bewährung Entlassener seine Würde doch nicht wiedererlangt, ja sie womöglich erst verliert, indem er bis an sein Lebensende bevormundet und kontrolliert werden soll, wie es das japanische Gesetz vorsieht. Das spezifisch japanische Verständnis von Reue als Voraussetzung für einen endgültigen Gnadenerlaß spielt hier eine wichtige, ja entscheidende Rolle. Und das Empfinden eines einzelnen, der wahrhaftig bleiben möchte, der aber auch keine Gelegenheit bekam, das Geschehene wirklich zu verarbeiten. Und so steuert die Geschichte in dem Maße, in dem Kikutanis Reintegration zu gelingen scheint, auf eine neuerliche Katastrophe zu. Schuld und Sühne, Verbrechen und Strafe bekommen hier ein eigenes Gesicht, das zu einem großen Teil von der japanischen Kultur gezeichnet ist. (2003)

Akira Yoshimura: *Unauslöschlich. Roman.* Aus dem Japanischen übersetzt von Sabine Mangold. München: C. H. Beck Verlag 2002.

1990–2004

Ōe Kenzaburō: Grüner Baum in Flammen. 1993

Als sperriger Autor galt Kenzaburō Ōe, Japans Nobelpreisträger von 1994, immer schon, daheim wohl noch stärker als im Ausland, zumal erst in den neunziger Jahren sein Œuvre in nennenswertem Umfang auch in westlichen Sprachen zugänglich wurde. Schwierig und gewunden, metaphernreich und abstrakt bis zum Manierismus ist die Sprache, düster und verquält sind seine Themen. Das ging oft bis an die Schmerzgrenze, auch wenn man den Texten eine gewisse Eindringlichkeit und dunkle Faszination nicht absprechen konnte. Und noch eins hat sich mittlerweile als feste Vorstellung bei der Leserschaft auch hierzulande durchgesetzt: daß Ōe stets seine eigene Geschichte erzählt, in hundert Variationen und in zahllosen Brechungen. Und daß es dabei immer zugleich um Übergeordnetes geht – das Schicksal der eigenen Dorfgemeinschaft, der Nation, der Natur oder der Menschheit. Ein Autor mit Sendungsbewußtsein also.

Ursprung und Ausgangspunkt allen Erzählens ist ein Dorf in den Wäldern der japanischen Südinsel Shikoku, der Ort, wo Ōe 1935 geboren wurde. Dort gibt es Überlieferungen, von denen zumindest einige der dort Lebenden meinen, man solle versuchen, «alles, was darin erzählt wird, zu glauben, ja zur Religion zu erheben und die Mythologie als Ganzes in sich selbst wieder auferstehen zu lassen». Dazu sehen sie sich aber nicht in der Lage, auch nicht K., der Schriftsteller. «Hätte er sonst seiner Heimat den Rücken gekehrt und wäre für immer nach Tōkyō gegangen – oder glaubst du etwa, daß er jemals hierher zurückkehrt? Und um sein schlechtes Gewissen zu beruhigen, schreibt er bis heute Romane über die Überlieferungen aus den Wäldern, was meinst du?»

Hier ist er wieder, der Autor Ōe, der einen Roman mit dem Titel «Grüner Baum in Flammen» geschrieben hat, durch den er – wie Hitchcock in seinen Filmen – ab und zu selber geistert, als der ferne, in der Hauptstadt lebende «Onkel K.» der Erzählerin. Diese junge Frau, genannt Satchan, lebt auf dem Alten Hof und pflegt die fast hundertjährige Mutter des Schriftstellers, von der sie als Kind angenommen und zunächst als Junge großgezogen wurde, mit dem Makel der Doppelgeschlechtlichkeit behaftet. Doch mit achtzehn hat der hübsche junge Mann eine erotisch gefärbte Begegnung mit einem als Gast im Hause weilenden Amerikaner und entschließt sich daraufhin, seine weibliche Seite auszuleben. Das Weibliche an dieser bildschönen jungen Frau scheint sich auch in ihrer dienenden Rolle zu manifestieren – als Pflegerin der Matriarchin des Dorfes und als Gehilfin und Dokumentaristin des Mannes, der als Bruder Gii die Hauptfigur des Romans bildet.

Bruder Gii, eigentlich heißt er Takashi, ist in den Augen der alten Frau und der Dörfler eine Art Wiedergeburt des «echten» Bruders Gii, der zehn Jahre zuvor unter geheimnisvollen Umständen ums Leben kam. Sein Nachfolger und vermeintlicher Wiedergänger knüpft an dessen Pläne zur Agrarreform für eine Basis-Bewegung an und versammelt auf dem Alten Hof, den er zur Bewirtschaftung übernimmt, die «Waldjugend». Es geht um biologischen Landbau und um Bewußtseinsbildung bei den jungen Leuten, die sich, wie sollte es anders sein, aus der tiefen Provinz in die Metropole fortträumen: «Wie oft sehe ich mit Frau und Kindern zusammen fern und bekomme den Eindruck, daß das, was in Tōkyō passiert, wichtiger wäre als die Ereignisse direkt vor meiner Haustür!» Erst die Initiative von Bruder Gii, der, obwohl selbst ein Zugereister, alte Bräuche wiederaufleben läßt, bewirkt in den Leuten einen Gesinnungswandel: Der Mann, der die Angelegenheiten seiner Heimat immer nur als zweiten Aufguß der Ereignisse der Hauptstadt wahrgenommen hatte, bemerkt nun, «wie wichtig ich für diese Gegend bin und wie unersetzlich meine Heimat für mich ist».

Bruder Gii, der für alle sichtbar den Segen der alten Frau empfangen hat, wird in die Rolle eines Predigers und Wunderheilers gedrängt und erhält den Beinamen «der Erlöser». Sein Wirken spricht sich herum; von weit her reisen Bewunderer an. Schließlich kommt es, wie es kommen muß: Die überschwengliche Verehrung, die Bruder Gii genießt, schlägt in Ablehnung und Gewalt gegen ihn um, als ein von ihm betreutes krebskrankes Kind stirbt und eine fragwürdige Presse Mißgunst und Neid schürt. «Bis der Erlöser zusammengeschlagen wird», lautet der japanische Titel dieses 1993 erschienenen ersten Bandes einer Romantrilogie, die den Obertitel «Grüner Baum in Flammen» trägt. Die japanischen Leser konnten also schon ahnen, worauf die Geschichte hinausläuft. Allerdings vermittelt auch der Text selbst das «Gefühl pulsierender Vorahnung des Unglücks», und die gewisse Spannung, die daraus entsteht, speist sich eher aus der Frage nach dem Wann und Wie.

Was ist von diesem Buch zu halten, das sich übrigens glatt und flüssig liest – nicht zuletzt ein Verdienst der versierten Übersetzerin Annelie Ortmanns, die den Band, wo erforderlich, auch mit unaufdringlichen Anmerkungen versehen hat? Dem Autor Ōe ist zu bescheinigen, daß er sich neuerdings offenbar um bessere Lesbarkeit seiner Texte bemüht, weg vom vertrackten und verquälten «Übersetzungsstil». Seine Themen sind jedoch gleich geblieben, und man hat diesmal sogar das Gefühl, daß nichts wirklich Neues hinzugekommen ist, weder stilistisch noch in bezug auf den Inhalt, sofern man diese Aspekte überhaupt getrennt betrachten kann. Die Erzählkonstruktion knüpft an den auch auf deutsch vorliegenden, 1990 publizierten Erzählzyklus *Stille Tage* an, der die Geschichte aus der Perspektive einer jungen Frau, der Tochter des Schriftstellers K., aufrollt. Doch während in dem früheren Werk diese Konstellation noch für Ironie und überraschende Seitenblicke in der Beschreibung der auch hier geographisch abwesenden Autorfigur sorgte, sind Ironie und Humor in «Grüner Baum in Flammen» kaum noch auszumachen. Statt dessen dampft der Roman nur so vor «Anliegen», deren Dringlichkeit umso trauriger daherkommt, je weniger die Geschichte überzeugt.

Bei aller Sympathie für die Kritik an der Landschaftszerstörung und Gigantomanie der Brückenbauer, die die Insel Shikoku mit dem japanischen Festland verbindet, und bei aller Achtung, die man dem Autor Ōe schuldet, der mit seinen Werken nach wie vor den Anspruch erhebt, Gesellschaftskommentar und Orientierungsangebot zu verbinden – literarisch jedenfalls muß das Unterfangen als gescheitert gelten. Überall wittert man beim Lesen die gute Absicht, und man ist verstimmt. Da ist die Erzählerin als Hermaphrodit, die die Freiheit der Geschlechtswahl demonstrieren soll, obwohl man partout nicht nachvollziehen kann, weshalb sie sich für das Frausein entscheidet, das ihr doch sozial gesehen keinerlei Vorteile bringt. Unerträglicher Kitsch dann die Szene kurz vor Schluß, die darauf angelegt ist, die vollkommene Sexualität des Zwitters zu feiern.

Bruder Gii, die zur Jesusfigur stilisierte Zentralgestalt, bleibt uns letztlich ebenso fern wie die Erzählerin. Er ist der grüne Prophet, der Hüter der «Geheimnisse des Waldes», der Sagen und Überlieferungen, und er predigt bedingungslose Nächstenliebe. Das alles hängt aber nur lose, wenn überhaupt, miteinander zusammen und bleibt bis auf einige überzeugend geschilderte Gespräche, etwa mit dem krebskranken Kind, seltsam blaß und vage. Um die «Belange der Seele» geht es dem «Erlöser», und da dürfen natürlich die Verweise auf christliche Heilige wie Franz von Assisi, Pater Maximilian Kolbe und die mystische Lyrik von Yeats nicht fehlen. Einem Yeats-Gedicht entstammt auch der Titel.

Wer noch nichts von Ōe gelesen hat, wird in *Grüner Baum in Flammen* das gesamte thematische Repertoire dieses hartnäckigen Erzählers kennenlernen können. Für diejenigen, die ihn schon kennen, gibt es die üblichen Déjà-vu-Erlebnisse: die Atmosphäre der frühesten Kurzgeschichten aus den späten fünfziger Jahren wie «Der Fang» bis hin zu den Ereignissen im Hauptwerk der späten Sechziger, *Der stumme Schrei*, über seine «Regenbaum»-Geschichten der frühen achtziger Jahre, bis sich in den Romanen und Erzählzyklen seit Mitte der achtziger Jahre die Selbstzitate immer mehr verdichten. Doch während man dabei stets noch den Eindruck hatte, daß jedes Werk eine konsequente Weiterentfaltung bedeutete, kündigt sich in *Grüner Baum in Flammen* eine Stagnation an, die traurig stimmt. (2001)

Kenzaburō Ōe:. *Grüner Baum in Flammen. Roman*. Aus dem Japanischen übersetzt von Annelie Ortmanns. Frankfurt/Main: S. Fischer 2000.

Ikezawa Natsuki: Aufstieg und Fall des Macias Guili. 1993

Die dünnen krausen Nudeln in einer kräftigen heißen Fleischbrühe mit diversen obenauf gelegten Zutaten, Rāmen genannt, die aus einer tiefen Schale geschlürft werden, gehören zu den beliebtesten Gerichten in Japan. Rāmen sind beispielsweise das Hauptthema von «Tampopo», dem Kultfilm des Regisseurs Itami Jūzō. Und Rāmen spielen auch in dem ersten ins Deutsche übersetzten Roman des japanischen Autors Ikezawa Natsuki eine wichtige Rolle. Sein Held entdeckt im Jahre 1959 in Japan eine Nudelsuppe, die «Instant Rāmen» heißt und die ihn zum erfolgreichsten Geschäftsmann seiner Heimat macht, worauf er schließlich sogar zum Staatspräsidenten der Demokratischen Republik Navidad avanciert. Die Nudeln stehen für die Assimilation der Inselbewohner an die neue Zeit, den Einzug eines kapitalistischen Wirtschaftssystems und die ökonomische, politische und kulturelle Bindung an Japan, den potenten Nachbarn im Norden.

Macias Guili regiert seine mikronesische Inselrepublik, das «kleinste Land der Welt», nach außen mit Umsicht und nach innen mit diktatorischem Nachdruck, bestrebt, seiner Nation durch geschickt lavierende Allianzen mit Japan eine relative Unabhängigkeit zu wahren. Dabei hat die Inselgruppe im Westpazifik einige Erfahrungen nicht nur mit den Japanern, sondern, seit dem siebzehnten Jahrhundert, mit ihren «Entdeckern», den Spaniern, und anschließend mit den Deutschen gemacht, den verspäteten Kolonialisten, die ihren Vorgängern das Inselreich im letzten Jahr des neunzehnten Jahrhunderts abkauften. «Die Spanier hatten sie die Existenz des Paradieses gelehrt, die Deutschen lehrten sie, wie groß die irdische Welt war.» Und die Armeen Japans und der Vereinigten Staaten zeigten den Insulanern, «wie das Leben in der Hölle aussah». Immerhin verdanken sie den Japanern eine neue Eßkultur: «Die Japaner taten bei uns vieles, aber die größte Wohltat erwiesen sie uns damit, daß sie uns lehrten, wie Reis schmeckt.»

Von Politik im Großen und im Kleinen und vom Essen also handelt dieser Roman, von Kolonialisten- und Touristenträumen und vom Aufstieg und Fall eines Mannes, der nicht einmal sicher weiß, wer sein Vater war, und der sich zeit seines Lebens fragt, ob dieser japanische Fischer seine Mutter, die bei seiner Geburt starb, vergewaltigt hat: «Aber sicher, sicher habe ich ihr Gewalt angetan! Ich habe sie von Herzen geliebt!» Macias Guili selbst pflegt Kontakt nur noch mit drei Frauen – seiner japanischen Hausdame, die ihm allmorgendlich sein japanisches Frühstück serviert und ihn geschickt nach außen abschirmt, der Bordellbesitzerin Angelina und seiner Beraterin Emeliana, einer Einheimischen mit spirituellen Kräften, die ihn über Mythen und Magie an seine Herkunft erdet. Wie Guili selbst aus Melchor, der arm gebliebenen, abseits liegenden kleineren der drei Inseln, stammend, verkörpert sie die archaische Welt, die auch Macias so sehr in ihren zeitlosen Bann zieht, daß er darüber der Welt des Fortschritts, der Macht und des Gewinnstrebens abhanden kommt.

Beständig changiert dieses farbige Epos zwischen realistischer Schilderung und magischen Episoden und webt Südsee-Bilder von Geisterwelt und Ahnenkult, von glasklarem Wasser, Palmen und kreischendem Vogelgestöber vor Sonnenaufgang mit konsumkritischen und globalisierungsskeptischen Passagen zusammen. «Fangen wir am Morgen an. Tauchen doch alle interessanten Geschichten aus dem Zwielicht früher Stunden auf.» So setzt dieser Roman ein, der seinen Helden nach wenigen Wochen Erzählgegenwart und zahlreichen Rückblenden und Exkursen in die nahe und ferne Vergangenheit der mythischen, der Traumwelt zurückgibt, die sich als die stärkere Kraft erweist.

Der Autor Ikezawa Natsuki, Jahrgang 1945, der mehrere Jahre in Griechenland lebte und sich zunächst als Lyriker und Übersetzer amerikanischer Literatur einen Namen machte, hat mit diesem 1993 im Original erschienenen Roman ein kraftvoll gestaltetes Tableau vom Leben der Geister und der Menschen im Zeitalter der Globalisierung gemalt. Gern spricht man in Japan bei Ikezawa wie bei seinem Landsmann Murakami Haruki vom magischen Realismus lateinamerikanischen Ursprungs, der hier auf fruchtbaren Boden gefallen sei. Noch ein Fall von Globalisierung? (2003)

Ikezawa Natsuki: *Aufstieg und Fall des Macias Guili. Roman.* Aus dem Japanischen übersetzt von Otto Putz. Berlin: edition q 2002.

Ogawa Yōko: Der Ringfinger. 1994

Dem Leser dieser Erzählung geht es wie dem Beobachter einer Fliege im Schaukasten mit fleischfressenden Pflanzen in einem botanischen Garten. Wir sehen die Fliege, deren Schicksal vorgezeichnet ist, um die Blüte schwirren, sie einkreisen, außen an ihr herumwandern und sich der verschlingenden Öffnung ein paarmal scheinbar absichtslos nähern, bis sie schließlich, schwups, im Abgrund verschwindet. Dann sehen wir sie durch die halbtransparente Pflanzenhaut hindurch in der giftigen Flüssigkeit am Boden des Kelchs noch ein wenig zappeln. Allerdings hat Yōko Ogawa die Perspektive der Fliege gewählt.

Erzählt wird die Geschichte aus der Sicht einer merkwürdig ahnungslosen und passiven jungen Frau. Die Ich-Erzählerin, eine vollkommen isolierte Person, hat die reichlich trostlose Fließbandarbeit in einer Limonadenfabrik an den Nagel gehängt, nachdem sie bei einem Betriebsunfall die Kuppe ihres linken Ringfingers verloren hatte. In einer nahe gelegenen Stadt findet sie eine Anstellung in einem Labor, wo sie allerlei Büroarbeiten ausführt. Die Arbeitsbedingungen sind nicht schlecht, denn sie bekommt nicht nur mehr Freizeit und Lohn, sondern kann recht frei schalten und walten, zumal ihr Arbeitgeber sie kaum kontrolliert, denn er ist der einzige, der in dem riesigen, etwas abgewrackten Gebäude neben ihr noch tätig ist: Sie nimmt die Aufträge an, er arbeitet den Tag über im Keller des Hauses, das vor vielen Jahren ein Mädchenwohnheim gewesen war.

Das Labor hat sich auf die Präparierung von Erinnerungsgegenständen spezialisiert. Sie werden von den Kunden hergebracht und können nach Ausführung des Auftrags im Gebäude deponiert werden. Die Besichtigung ist jederzeit möglich, doch kaum ein Kunde legt Wert darauf, sein Präparat – seien es Vogelknochen, Pilze, Manschettenknöpfe oder ein Becherglas mit Sperma – noch einmal zu sehen. Ob man das seltsame Labor daher wirklich als «Rettungsstation für Gegenstände» bezeichnen sollte, wie es die junge Frau einer Kundin gegenüber erläutert, oder nicht eher als Depot für Dinge, die man loswerden und vergessen möchte, bleibe dahingestellt. «Der Sinn eines Präparats», so erklärt der Herr dieser merkwürdigen und morbiden Betonfestung namens Deshimaru denn auch, «besteht ja gerade darin, daß es eingeschlossen, isoliert und archiviert ist. Einen Gegenstand präparieren lassen, um sich immer wieder wehmütig an ihn zu erinnern, wäre ein Widerspruch. Das macht niemand.»

Außer dem Alltag in diesem verschlossen und verkommen wirkenden Bau scheint es für die Ich-Erzählerin kein Leben zu geben. Und in seinem Innern spielt sich ebenfalls kaum etwas ab. Jedoch übt der Chef, der ebensowenig beschrieben wird wie die Ich-Erzählerin, eine vage, von Angst durchsetzte Faszination auf die junge Frau aus. Gemeinsam sitzen sie in einem unterirdischen großen Baderaum am Rand des leeren Bassins. Gern wüßten wir, worüber sie sich austauschen, aber wir erfahren nur, daß sie sich vom Chef entkleiden läßt: «Es war klar, daß Herr Deshimaru mich begehrte und ich nicht abgeneigt war.»

So klar ist allerdings nicht vieles in dieser Erzählung, die man keinesfalls einen Roman nennen sollte. Die wenigen Personen bleiben merkwürdig abstrakt, und so versucht man sich beim Lesen statt dessen an Detailbeschreibungen zu orientieren. Doch allzuoft stolpert man über erzählerische Ungenauigkeiten und verhakt sich in fahrigen Schilderungen und schiefen, wenn nicht falschen Details.

Einige Signale in diesem 1994 im Original erschienenen Werk der japanischen Autorin sind jedoch unübersehbar. So versucht sie, die unheilschwangere Atmosphäre mit Anleihen bei Richard Harris' Roman *Das Schweigen der Lämmer* anzureichern. Das wiederholt erwähnte Schmetterlingsmuster im leeren Badebecken beispielsweise ist ein solches Indiz. Dann die allzu perfekt sitzenden Lederschuhe, die die Ich-Erzählerin vom Präparator bekommt und die sich an ihren Füßen festzusaugen scheinen. Daß alle vor ihr in der Betonfestung tätigen jungen Frauen spurlos verschwunden sind, scheint sie nicht wirklich zu ängstigen. Und daß der Präparator ihr auch nicht den Verbleib des Mädchens erklären kann, dessen Gesichtsnarbe er – wie wohl? – zu konservieren hatte, hat keinen Ausbruchsversuch zur Folge. Im Gegenteil, sie legt es geradezu auf denselben Ausgang an. Die Fliege zögert nicht einmal an der Kante des Kelchs. (2003)

Yōko Ogawa: *Der Ringfinger. Roman.* Aus dem Japanischen übersetzt von Ursula Gräfe und Kimiko Nakayama-Ziegler. München: Verlagsbuchhandlung Liebeskind 2002.

Ōe Kenzaburō: Der schwarze Ast. 1994

Der seinerzeit international bekannteste japanische Schriftsteller, Yukio Mishima, beging 1970 auf spektakuläre Weise Selbstmord, am Tag, als er den letzten Teil seines auf vier Bände angelegten Opus magnum «Das Meer der Fruchtbarkeit» abgeschlossen und beim Verlag abgeliefert hatte – übrigens nicht ohne zuvor das Erscheinen einer englischen Übersetzung sichergestellt zu haben. Viele mutmaßten damals, er habe sich mit dem überaus ambitionierten Romanzyklus gewissermaßen leer geschrieben. Als der zweite Teil von Kenzaburō Ōes Romanreihe «Grüner Baum in Flammen» im Herbst 1994 in Japan (deutsch 2000) erschien – der dritte Teil war für das kommende Frühjahr bereits avisiert –, verkündete der Autor, er werde fortan, nach Abschluß dieser Trilogie, keine Romane mehr verfassen. Auch dies ein öffentlicher Schlußpunkt nach einem für japanische Verhältnisse langfristig angelegten und umfangreichen Unterfangen.

Die beiden Romanprojekte zeichnen aber noch weitere Gemeinsamkeiten aus. So sind sie von einem gewissen Sendungsbewußtsein ihrer Autoren getragen, die sich im Antagonismus zum materialistischen, konsumistischen Zeitgeist sehen und ihren Werken eine religiöse

Motivik einpflanzen, eine Art Heilsversprechen, das bei Mishima über den Rückgriff auf die buddhistische Wiedergeburtslehre und bei Ōe durch eine noch vage, jedoch erkennbar christlich mitgeprägte neue Gemeinschaft eingelöst werden soll. Beide Zyklen reflektieren zudem japanische Geschichte seit dem späten neunzehnten Jahrhundert, wenn auch unter deutlich anderen Vorzeichen. Mishimas kulturkonservative, auf Kaisertum, klassische Tradition und nationale Werte konzentrierte Perspektive steht im Gegensatz zu Ōes Existentialismus, seinem die Peripherie und das Anti-Establishment betonenden Denken. In ihrer Vorliebe, um nicht zu sagen: ihrer Verehrung für gescheitertes Rebellentum allerdings begegnen sich die ansonsten so verschiedenen Autoren. Das Missionarische, das Weltverbesserische jedenfalls teilen sie, und darin heben sie sich deutlich von jüngeren Autoren ab.

Der schwarze Ast, zweiter Teil der besagten Trilogie, knüpft zwar an den Vorgänger an, doch das Buch läßt sich auch ohne Kenntnis des ersten Teils lesen. Ohnehin sind Ōes sämtliche Erzählwerke auf einigen gemeinsamen wichtigen autobiographischen Fakten und zentralen Motiven aufgebaut und greifen so inhaltlich ineinander. Das beginnt schon beim Schauplatz, jenem Dorf tief in den Wäldern von Shikoku, der Heimat des Autors. Die Ich-Erzählerin ist Satchan, eine junge Frau, die auf dem alten Hof lebt und dort vor allem Bruder Gii unterstützt, jenen Mann, der von immer mehr Menschen aus der Umgebung für einen Heiler und Erlöser gehalten wird. Diese und weitere Figuren kennen wir bereits aus dem ersten Band, wo auch das Alter ego des Autors auftritt, ein in Tokio ansässiger Schriftsteller namens Onkel K. beziehungsweise K.-chan. So wird er von seinem Freund genannt, dem «Generalkonsul», der sich nach seiner gesundheitlich bedingten Frühpensionierung auf den Hof zurückgezogen hat. Dort verbringt er seine Tage mit der Lektüre und dem Studium von Yeats' Gedichten. Yeats gehört wie Dante und Dostojewski zu den bei Ōe häufig angeführten literarischen Kronzeugen. In *Der schwarze Ast* kommen außerdem noch Thomas Mann, Richard Wagner, Mozart und Voltaire hinzu.

Es wird in diesem Werk folglich viel zitiert, auch aus Tagebüchern und Aufzeichnungen anderer, immer wieder auch aus Notizen des Schriftstellers K., der damit seine eigenen, zum Teil parallel entstandenen Werke kommentiert oder Abgleichungen vornimmt. Dennoch klingen alle eingefügten Passagen in dieser großen Textcollage, bis auf die aus europäischen Sprachen übersetzten Gedichte und kurzen Prosateile, erstaunlich gleich, nämlich eher umständlich bis unbeholfen. Es wird in einem tastenden Tonfall berichtet, eben in jenem etwas mühsamen Stil, der zu Ōes Markenzeichen geworden ist. Zumindest unter japanischen Lesern steht der Literaturnobelpreisträger im Ruf, Einfaches kompliziert auszudrücken. Das kann ein raffiniertes Stilmittel sein, vor allem, wenn es, wie in früheren Werken, mit Ironie und Witz angegangen wird. Hier allerdings ist davon wenig zu spüren. Statt dessen wird die Umständlichkeit eher durch die wenig geschmeidige Sprache der Übersetzerin noch gesteigert.

Das Buch, das fast ganz ohne Handlung auskommt, handelt von einem, der auszog, das Glauben zu lernen. Das Werk ist durchdrungen von der Sehnsucht nach Gemeinschaft, Kirche, Bekenntnis, nach Beten und Zu-sich-Kommen. Und es handelt von der Schwierigkeit, einen solchen Glauben und seine Gemeinde künstlich zu schaffen.

Waren es im ersten Band der Trilogie noch vor allem organische Landwirtschaft und lokale Mythen, deren Wiederbelebung das Gehöft in den Bergwäldern zum geistig-kulturellen Zentrum machen sollte, so steht im Mittelpunkt dieses Werks der Bau einer Kirche. Die Rede ist nicht von einem Tempel oder Schrein, sondern von einem Gotteshaus für Gläubige, die ihren Glauben erst noch definieren müssen. Bruder Gii, der nolens volens in die Rolle eines Religionsgründers rutscht, ist jedoch nicht weniger ratlos als die Menschen, die sich auf dem Hof um ihn scharen und ihm gern die Rolle eines charismatischen Predigers zugedacht hätten. Die Suche nach Glaubensinhalten nimmt sich zunächst merkwürdig naiv aus – da werden «Texte aus allen möglichen Büchern, Filmen, Theaterstücken oder auch Liedpassagen, die für uns von Bedeutung sind», gesammelt und sollen «in einer Art Collage ein ‹Evangelium› ergeben». Texte aus dem Neuen Testament kommen besonders häufig zum Zuge. Was Beten und was Predigen heißt, soll sich bei der Ausübung erweisen. Die wachsende Dringlichkeit, die der Text in diesen Fragen entwickelt, hält den Leser davon ab, ihn mit einem zynischen Kommentar abzutun. Gewiß, unterhaltsam wird man Ōes Werk kaum nennen können, zumal seine erzählerischen Schwächen, beispielsweise auch das eher irritierende als erhellende Einfügen sexueller Besonderheiten, nicht zu übersehen sind. Dennoch ist das Buch fesselnd, denn mit *Der schwarze Ast* gibt Ōe uns Gelegenheit, die Ursprünge eines Trends aus umgekehrter Perspektive zu studieren: jene Suchbewegung, die, von den Vereinigten Staaten und Europa ausgehend, vor allem in den fünfziger und sechziger Jahren im Fernen Osten eine neue Spiritualität zu erschließen suchte.

Die Zen-Mode, später dann die Yoga- oder die Indien-Welle, strebte nach neuen spirituellen Erfahrungen. Daß man Erleuchtung nicht etwa in christlicher Mystik, sondern in möglichst fremd anmutendem Gewand anstrebte, bestimmt diese Bewegung in westöstlicher Richtung durchaus mit. Doch wie steht es umgekehrt mit der Suche im Fernen Osten selbst? Ist sie nicht genauso eklektisch und zeitgeistabhängig?

Über Jahrhunderte hinweg zeichnete sich japanische Religiosität durch die enge Verschmelzung von schintoistischen, buddhistischen und anderen Elementen aus. Bemerkenswert erscheint bei Ōe vor allem, daß trotz Hinzuziehen von indischer Musik und «Tibetanischem Totenbuch» die Kerninhalte der Gespräche und Gedanken der Suchenden um Begriffe wie Wunder, Pfingsten, Heiliger Geist und Erlösung kreisen, also unverkennbar christlicher Provenienz sind, auch wenn der Schriftsteller K. und andere ihre Distanz zum Christentum beteuern: «Ich glaube nicht an den christlichen Glauben, aber da ich keinen anderen passenden religiösen Text habe, lese ich aus der Bibel.» Mehr noch, es geht nicht einfach nur um Lebensformen, sondern um Lehrinhalte, um das Bestreben, eine eigene Religion mit einem «Evangelium» zu schaffen.

Dieser Romanzyklus, Ōes anschwellender Bocksgesang, stellte die japanische Leserschaft auf eine harte Probe. Was darf, was kann Literatur leisten? Im Lichte dieser Frage erscheint es nur folgerichtig, daß der Autor seinem Publikum das Ende des Romanciers Ōe ankündigt. Das Schicksal wollte es allerdings, daß ihm 1994, nur wenige Wochen nach Erscheinen des Buchs in Japan, der Nobelpreis zugesprochen wurde. Und inzwischen hat er seine Erzählabstinenz wiederholt durchbrochen; er veröffentlicht mehr denn je. Auch Ōe beugt sich also den gnadenlosen Zwängen nicht nur des japanischen Marktes.

Auf nichtliterarischem Gebiet hatte die Suche nach einer neuen Spiritualität im Japan der neunziger Jahre übrigens eine gewisse Konjunktur, nicht nur in Form zahlreicher neuer religiöser Bewegungen, von denen die Aum-Sekte mit ihrem hochdestruktiven Potential nur die international bekannteste darstellt. Nicht wenige bekannte japanische Intellektuelle propagierten eine «asiatische», auf Schamanismus, Shintō und Buddhismus fußende Religiosität als Allheilmittel gegen Naturzerstörung, Individualismus, Materialismus und andere angeblich aus dem Westen über die Welt gebrachte Übel und als die Weltreligion des einundzwanzigsten Jahrhunderts. Auch vor diesem Hintergrund medienmächtiger Gegenspieler aus dem kulturkonservativen Lager ist Ōes eigener Versuch einer religiösen Inhaltsbestimmung und Sinnfindung zu sehen.

Der schwarze Ast ist für deutsche Leser keine kleine Zumutung. Da werden mehrfach gebrochene und verfremdete Perspektiven auf die eigene kulturelle Tradition und biblisches Denken geboten, die uns das eben nicht immer Vertraute auf merkwürdige Weise nah und fremd zugleich erscheinen lassen. (Leider zeigt sich diese Fremdheit unfreiwillig auch in der nicht immer stil- und registersicheren Wiedergabe der Übersetzerin, die beispielsweise die Bibel-Einheitsausgabe als eine «von Katholen und Evangelen gemeinsam neu übersetzte Bibel» und als «Gemeinschaftsübersetzung» eindeutscht.) Dennoch ist Ōes Roman ein faszinierendes Dokument der Suche nach Geistigkeit am Ende des zwanzigsten Jahrhunderts. (2002)

Kenzaburō Ōe: *Der schwarze Ast. Roman.* Aus dem Japanischen übersetzt von Nora Bierich. Frankfurt/Main: S. Fischer Verlag 2002.

Okuizumi Hikaru: Das Gedächtnis der Steine. 1994

Es gibt Bücher, die in der Übersetzung völlig anders gelesen werden als im Original. Und das nicht etwa, weil die Übersetzung sich vom Text zu weit entfernte, sondern weil das Buch in der Fremde auf ein Publikum mit anderen Leseerfahrungen und -erwartungen trifft. *Das Gedächtnis der Steine*, der 1994 erschienene Roman des damals siebenunddreißigjährigen japanischen Autors Hikaru Okuizumi, ist vermutlich ein solches Buch. Im Erscheinungsjahr mit dem angesehenen Akutagawa-Preis ausgezeichnet, wurde es von der japanischen Kritik als Markstein und Anzeichen einer Wende gefeiert, fort vom belanglosen Unterhaltungston der Bestseller der frühen neunziger Jahre im Stil der auch hierzulande bekannten Haruki Murakami oder Banana Yoshimoto, an denen man sich inzwischen satt gelesen habe, hin zu ernsthaft-gravitätischem Schreiben und gewichtigeren Themen. Wovon also handelt *Das Gedächtnis der Steine*?

Wer möchte, kann das Buch als Geschichte eines mysteriösen Fluchs lesen, der das Schicksal einer durchschnittlichen japanischen Familie in den Jahrzehnten nach dem Krieg überschattet. Es beginnt damit, daß der junge Soldat Tsuyoshi Manase im Dezember 1944 auf der Philippineninsel Leyte auf eine gespenstische Gruppe von verhungernden Landsleuten trifft, die in einer Höhle Zuflucht gesucht haben. Einer der Sterbenden spricht zu ihm über das Schicksal des Kosmos: «Noch auf dem unscheinbarsten Kieselstein ist bis in alle Einzelheiten die Geschichte des Planeten verzeichnet, den wir Erde nennen.» Diese Begegnung wird für Manase zum Anlaß, nach seiner Rettung – er gerät beim Wasserholen in amerikanische Gefangenschaft und kehrt 1946 nach Japan zurück – das Studium der Steine zu seinem wichtigsten Lebensinhalt zu machen. Seinen Lebensunterhalt bestreitet er mit der von seinem Vater übernommenen Buchhandlung. Doch an jedem Abend und an jedem freien Tag zieht er sich in das dunkle Speicherhaus zurück, wo er sein geologisches Wissen mit Hilfe von Fachliteratur und den an Flußläufen und Felsen in der Umgebung gesammelten Steinen vertieft.

Sein zurückgezogenes Leben hindert Manase nicht daran, zu heiraten und zwei Söhne zu zeugen. Der Erstgeborene erweist sich als begabt und teilt bald das Hobby seines Vaters. Doch als er sich eines Tages heimlich mit seinem jüngeren Bruder zum Steinesammeln aufmacht, wird er in einer Höhle erstochen. Mörder und Motiv bleiben unentdeckt. Vor Schmerz und Groll fällt Manases Frau in tiefe Depressionen, bis sie sich scheiden läßt. Auch der zweite Sohn will vom Vater nichts mehr wissen und schließt sich der radikalen Studentenbewegung der Achtundsechziger an. Orientierungslos, wird er in seinem blinden Aktivismus zum nur oberflächlich politisch motivierten Mörder.

Zusammengehalten wird diese düstere Geschichte, in der sich das Schicksal nach Art griechischer Tragödien mit unausweichlicher Mechanik der Figuren bemächtigt, durch das Motiv der Steine: Die Geschichte des Kosmos, eingefangen im kleinsten Flußkiesel, verhilft dem Sterbenden dazu, das Grauen zu transzendieren. Der Überlebende begreift das als Vermächtnis. Seine Hingabe an das Studium der Steine muß als eine Art Abbitte gegenüber den Toten in der Höhle verstanden werden. Zugleich verhilft sie ihm dazu, das Entsetzliche zu verdrängen, wenn nicht zu vergessen. Doch die Erinnerung an den Überlebenskampf in der Höhle bricht, wie könnte es anders sein, mit noch größerer Intensität anläßlich des «Höhlenmordes» am eigenen Sohn hervor. Welche unheilvolle Rolle darin dem dämonisch-charismatischen Vorgesetzten zugewiesen wird, der Manase befiehlt, die siechen und nicht mehr kampftauglichen Kameraden mit dem Schwert zu töten, wird deutsche Leser ebenso beschäftigen wie die Frage danach, wie das «Gedächtnis der Steine» und das Gedächtnis der Menschen sich zueinander verhalten. Glaubt man der Jury des Akutagawa-Preises, den Rezensenten der großen Tageszeitungen und dem Kommentator der Taschenbuchausgabe des Buches, so las das japanische Publikum dieses Werk am ehesten als ausgefeilte Story zum Thema Steine oder als philosophisch motivierten Versuch, die Geschichte der Menschen mit der des Alls in Einklang zu bringen. Doch was bedeutet es, daß in diesen Äußerungen über das Buch das Kriegstrauma als Auslöser und Movens der Geschichte kaum Beachtung findet?

Inzwischen «erinnert» sich auch in Japan eine nach 1945 geborene Generation und greift damit Themen und Stoffe auf, die unmittelbar nach dem Krieg schon einmal literarische Konjunktur hatten. In dem knappen Jahrzehnt bis 1954, als man das «Ende der Nachkriegszeit» verkündete, entstanden Meisterwerke wie der auch auf deutsch vorliegende Roman *Feuer im Grasland* von Ōoka Shōhei, der eine ähnliche Situation auf Leyte zum Ausgangspunkt nimmt. Immerhin findet sich hier ein faszinierender Stoff für Beobachtungen eines Prozesses, der in Deutschland mit dem Ausdruck «Vergangenheitsbewältigung» belegt wurde. Deutsche Leser werden womöglich andere Fragen an den Text stellen als japanische Leser, allen Parallelen in der historischen Erfahrung zum Trotz.

Daß man sich in Japan nur ungern mit der eigenen Vergangenheit befaßt, ist ein Eindruck, der fast zum Allgemeinplatz verkommen ist. Zu oft war in den letzten Jahrzehnten in der internationalen Presse von Schulbuchaffären und die militärische Aggression beschönigenden, nur halbherzig dementierten Politikerreden zu lesen, die den Protest der asiatischen Nachbarstaaten provozierten. Doch es gibt neben den offiziellen und offiziösen Verlautbarungen zur eigenen Geschichte und den revisionistischen Hervorbringungen einer auch international aktiven Gemeinde von Nipponisten eine Vielzahl anderer Stimmen. Private, im Selbstverlag oder mittlerweile im Internet veröffentlichte Erlebnisberichte, die sogenannten «jibunshi» oder «Eigengeschichten», gehören ebenso dazu wie alternative Historiographien von Feministinnen und anderen. Das wichtigste Medium jedoch war und ist die Belletristik. In ihr artikuliert sich die kollektive Erinnerung an das Geschehen bis auf den heutigen Tag.

Nun ist das Buch des 1956 geborenen Autors weniger wegen der grausig-naturalistischen Schilderungen des bis zum Kannibalismus reichenden Überlebenskampfes innerhalb der japanischen Truppe lesenswert, auch wenn Okuizumi dafür hohes Lob von einem etablierten Autor zuteil wurde. Die Leser der neunziger Jahre, abgestumpft durch die Horrorfilme Hollywoods, verlangen nach deftiger Kost, und die bekommen sie in den Höhlenszenen serviert. Okuizumi würzt sein Werk mit Mystery-Elementen. Der zweifellos reizvolle Versuch, die japanische Nachkriegsgeschichte bis zur antiautoritären Bewegung und deren Verfall vom Krieg her aufzurollen, wird dadurch allerdings nicht plausibler.

Doch was ist mit der «Vergangenheitsbewältigung», was soll bewältigt werden? Es ist, und hierin steht *Das Gedächtnis der Steine* für zahllose andere Werke der japanischen Literatur zum Krieg, nicht die Last der Schuld gegenüber der fremden Bevölkerung in den besetzten Gebieten, nicht die Grausamkeit im Kampf gegen den «Feind», sondern es ist die Brutalität innerhalb des eigenen Militärs, die auch die jüngste Generation japanischer Schriftsteller als unbewältigtes nationales Trauma beschäftigt. Ein Trauma weckt den Drang zur Verdrängung, vielleicht ein Grund, weshalb die japanische Kritik sich dieses Themas kaum bemächtigte. Auch dem Protagonisten trübt es das Gedächtnis, und es wird in dem Roman, der ethisch-moralische oder politische Dimensionen allenfalls indirekt thematisiert, nicht wirklich überwunden. Zwar schreibt Manase ein geologisches Buch zu Ende und empfindet dies als wichtigen Abschluß einer, so müssen wir annehmen, selbstauferlegten Liebespflicht gegenüber den Verstorbenen. Doch seine Flucht in die Welt der Steine und des Kosmos – von diesem unendlich weit entfernten Ort im Unbekannten blickte Manase auf sich selbst herab, eine winzige Gestalt in einem unermeßlichen Gefäß – bedeutet letztlich nur eine Aufhebung der menschlichen Geschichte im Unendlichen. Das dürfte jedoch eine nicht untypische japanische Art des Umgangs mit Geschichte sein, wobei Natur- und Menschengeschichte nahtlos ineinander übergehen. *Das Gedächtnis der Steine* handelt von einem nationalen Trauma und dem Versuch seiner Überwindung, und darin ist es ein sehr zeitgenössisches japanisches Buch. (2000)

Hikaru Okuizumi: *Das Gedächtnis der Steine. Roman*. Aus dem Japanischen von Ursula Gräfe und Kimiko Nakayama-Ziegler. Stuttgart, München: Deutsche Verlags-Anstalt 2000.

Ogawa Yōko: Hotel Iris. 1996

Wie hat man sich die «reine Liebe zwischen einem jungen Mädchen und einem alten Mann, den Gipfel der Erotik», vorzustellen? Mit diesen Worten wird die japanische Ausgabe des Romans *Hotel Iris* der japanischen Autorin Yōko Ogawa eingeführt, der 1996 erschien und der nun in einer deutschen Übersetzung vorliegt. In *Hotel Iris* machen wir Bekanntschaft mit einer Siebzehnjährigen namens Mari, die als Mädchen für alles im heruntergekommenen Hotel ihrer Mutter in einem Badeort an der Küste beschäftigt ist. Wenn sie nicht am Empfang sitzt, bereitet sie das Frühstück für die Gäste vor, macht Rechnungen fertig und hilft in Küche und Speisesaal aus.

Ihre herrische Mutter, die sie immer noch täglich mit geradezu sadistischer Genugtuung frisiert, indem sie ihr Haar zu einem straffen Knoten bindet, hat sie nach dem Tod des krebskranken Großvaters vor zwei Jahren von der Schule genommen. So ist Mari Gefangene im eigenen Haus, ohne Kontakte zu Gleichaltrigen und ohne Abwechslung außer den nichtssagenden Begegnungen mit Hotelgästen und deren Ansprüchen. Mehr als einmal ist sie schon Opfer sexueller Übergriffe geworden, bei denen die Mutter sich stets auf die Seite der männlichen Gäste stellte, allenfalls bestrebt, für ihre hübsche Tochter noch ein zusätzliches Trinkgeld als «Entschädigung» einzufordern.

In diesem trostlosen Alltagseinerlei macht Mari Bekanntschaft mit einem Hotelgast, der wegen sadistischer Neigungen, denen er mit einer Prostituierten nachging, aufgefallen war. Instinktiv fühlt sie sich von diesem älteren Mann angezogen und geht ihm durch die Straßen nach. Der Mann, ein Russisch-Übersetzer, der sich auf einer nahegelegenen, fast unbewohnten Insel eingemietet hat, durchschaut sie auf der Stelle und nimmt sie mit in seine Wohnung, wo beide ihre Neigungen gründlich ausleben. Die junge Frau, die für ihr Stelldichein stets neue Vorwände und Ausreden erfinden muß, um sich vom Hotel entfernen zu dürfen, lebt nur noch, um die Wünsche des Mannes zu erfüllen und seinen Befehlen zu gehorchen.

Nun ist das Problem mit dieser Erzählung, daß sie ausschließlich aus der Perspektive einer unerfahrenen und nicht sehr beobachtungsscharfen und wortgewandten jungen Frau geschildert wird. Sie reflektiert nicht und motiviert weder ihre Neigung noch das Ende der Geschichte. Ärgerlich sind dabei die vielen Unwahrscheinlichkeiten und merkwürdigen Zeitfolgen, die kitschigen Schilderungen von «wehrlosen, nach unten hängenden Brüsten» und der Versuch, Parallelen zu dem übersetzten russischen Roman zu suggerieren, einem ziemlich unerträglichen Melodram von einer jungen Frau, die sich in ihren Reitlehrer verliebte. Das alles klingt entschieden mehr nach der populären Takarazuka-Frauenrevue oder Kleinmädchen-Manga als nach Literatur.

Genug der Andeutungen zu diesem verunglückten Machwerk, das schlimm endet. Triviales gibt es in Deutschland wie in jedem anderen Land auch. Importierte Trivialität hat vielleicht immer noch ein gewisses exotisches Odium. Immerhin sollten wir inzwischen schon genug kennen, um die Spreu vom Weizen zu trennen. (2002)

Yōko Ogawa: *Hotel Iris*. Aus dem Japanischen von Ursula Gräfe und Kimiko Nakayama-Ziegler. München: Liebeskind Verlagsbuchhandlung 2001.

Akasaka Mari: Vibration. 1999

«Um sich in dieser vorherrschend chauvinistischen Welt keine Taktlosigkeiten bieten lassen zu müssen, sollte sich eine Frau entweder gar nicht um ihr Aussehen scheren oder permanent gut aussehen. Ich wollte immer hübsch sein. Doch dieser Wunsch hat seine Grenzen. Zeit und Mühe, die ich dafür aufwenden muß, werden nicht etwa weniger, sondern eher mehr. Und das zusätzlich zu meiner Arbeit, die ich als Mitglied der Gesellschaft verrichte.»

Die Journalistin Rei Hayakawa hat es beruflich weit gebracht, hat in den zehn Jahren, in denen sie im Geschäft ist, in allen Ressorts der Branche gearbeitet, auch als Redakteurin einer Frauenzeitschrift. Sie kennt den Kick des Erfolgs und den Flow, das völlige Aufgehen in ihrer Tätigkeit: «Ein sonderbares Gefühl der Allmacht: die Übereinstimmung zwischen meinem und dem fremden Diskurs, daß meine Worte außerhalb von mir existieren, daß ich mit der Welt verbunden bin. Ich sammle die Worte und verknüpfe sie, weil ich deren unsichtbaren Zusammenhang zu erkennen vermag. So als wäre ich der Drahtzieher, der die Welt manipuliert. Jeder redet in Fragmenten. Sobald diese Redefetzen zum Medium werden und mein Ego auslöschen, ist der Augenblick gekommen, wo ich in Ekstase gerate. Dieser Augenblick ist wie eine Droge. Ich bin süchtig danach. Mein Schreiben dient dazu, diesen rauschhaften Augenblick in seiner Totalität wiederzubeleben.» Aber genauso intensiv erlebt sie die andere Seite ihrer Tätigkeit, die Monotonie und Schwermut, mit der sie die Sehnsüchte der Leserinnen und ihre Konsumleidenschaft zu wecken hat, die Verlogenheit und die Banalität der Inszenierungen. «Sobald ich einen Text fertig habe, finde ich nur einen Bruchteil der Welt darin wieder.» Hinzu kommt eine Überreizung der Nerven: «Gehe ich zur Bank, um mir ganz normal Geld aus dem Automaten zu holen, ertönt sofort ein Signal, wenn ich nicht schnell genug die Scheine aus dem Schlitz ziehe. Es klingt wie ein Vorwurf. Wieso hetzt man mich so rum, rege ich mich dann auf und knirsche vor Wut mit den Zähnen. (...) Aus lauter Wut über diese blöden Geldautomaten verspüre ich selbst manchmal Lust, irgendeinem wildfremden Passanten einen Tritt zu verpassen.» Nicht nur, wer den hektischen Berufsalltag in einer Metropole wie Tokio kennt, wird derlei Schilderungen gut nachempfinden können. Kein Wunder also, daß Rei sich dem Alkohol verschrieben hat, den sie braucht, um sich unter Zeitdruck aufzupuschen und um nachts in den Schlaf zu finden. Und wie die junge Frau, die sie für eine Reportage über Magersüchtige interviewt, verfällt sie unkontrolliertem «Fressen und Kotzen», ein «magisches Programm», das ihr einen «erstaunlichen Frieden nach jedem Erbrechen» bereitet. Mit großer Anschaulichkeit und Präzision beschreibt sie die für sie positiven wie die fatalen Effekte dieser Sucht auf ihren Körper.

Tokio im Märzschnee, eines Nachts um zwei – der Club, der ihr vorschwebt, hat geschlossen, und so streunt Rei nach einem langen Arbeitstag durch einen hellerleuchteten Supermarkt und versucht, das nervöse Getöse in ihrem Kopf zu bändigen. Dabei wird ihre Wahrnehmung von einem kräftigen Mann im gestreiften Overall und Gummistiefeln gefesselt. Ohne daß die beiden auch nur ein Wort gewechselt hätten, funkt es zwischen ihnen. Sie folgt ihm zu seinem Fahrzeug und steigt zu ihm in den LKW. «Das Führerhaus kommt mir vor wie ein männlicher Mutterleib. (...) Diese Kabine ist sein Leib und mein Herz. Von seinem erhöhten Platz aus hat er mich durchschaut.» Wie die Intellektuelle und der sechsundzwanzigjährige Trucker auf der Fahrt durch gesichtslose Landschaften und Orte von Tokio an das Japanische Meer und wieder zurück die Nacht und die folgenden Tage verbringen, wie sie einander mit allen Sinnen erkunden und, vom Vibrieren des laufenden Motors gewiegt, eine Ekstase nach der anderen durchlaufen, wird mit einer unverbrauchten, frischen Sprache geschildert, die sich zwischen jugendlichem Jargon und präzisen Abstraktionen und Metaphern bewegt. Jeder Dialog, jede Szene bis hin zum psychischen Zusammenbruch und dem behutsamen Beistand des Lovers lebt von Genauigkeit der Selbstbeobachtung der Ich-Erzählerin.

Die Autorin Mari Akasaka, Jahrgang 1964, hat Politische Wissenschaften an der Keio Universität in Tokio studiert und arbeitet als Zeitschriftenredakteurin. Von den Romanen, die sie veröffentlicht hat, ist der vorliegende Band der erste, der auf deutsch erscheint. Sabine Mangold hat dieses Werk nach Art eines Road-Movie einfühlsam und kompetent ins Deutsche gebracht. Beeindruckend, wie die Autorin das «Chaos der Klänge, Chaos der Sinne» modelliert und transparent werden läßt. (2005)

Mari Akasaka: *Vibration. Roman.* Aus dem Japanischen übersetzt von Sabine Mangold. Stuttgart, München: Deutsche Verlags-Anstalt 2005.

Kawakami Hiromi: Der Himmel ist blau, die Erde ist weiß. 2000

Kirschblüten, die auf dem Wasser einen rosa Teppich bilden. Ein Mann und eine Frau in einem kleinen Ruderboot beim Hanami, der Kirschblütenschau. Der Umschlag des Buches erinnert mit dem Blick durch Blütenzweige unwillkürlich an eine der Schlüsselszenen in Doris Dörries gerade angelaufenem Film. Nicht mehr als ein Zufall natürlich, diese jahreszeitengerechte Konjunktur eines für Japan zentralen, alle Generationen begeistert einenden Brauchs. Dabei müssen Japaner von heute die Bäume nicht unbedingt identifizieren können, Hauptsache, sie feiern mit, wenn sie blühen. Erstaunlich, wie nüchtern sie ansonsten damit umgehen: «Sie sind anfällig für Schädlinge, im Herbst liegt der ganze Garten voller Laub, und im Winter hat man nur kahle Äste vor der Nase.»

Eine berufstätige Frau Ende dreißig in einer Großstadt, die am Feierabend regelmäßig die Restaurant-Kneipen in ihrer Wohngegend aufsucht, um sich beim Sake oder Bier zu vielen kleinen Speisen zu entspannen. Nichts daran ist ungewöhnlich. So ist das neuerdings in Tokio und anderswo: «Frei, aber einsam», hätte man früher gesagt.

Diese Tsukiko trifft eines Abends per Zufall auf ihren alten Japanisch-Lehrer aus Oberschultagen. Sie hat ihn nur bemerkt, weil er nahezu gleichzeitig dieselben Gerichte wie sie bestellt. Der Sensei («Herr Lehrer»), wie sie ihn nennt, ist jedenfalls ähnlich wählerisch wie sie: «Thunfisch mit fermentierten Sojabohnen, einmal gebratene Lotuswurzel in süßer Sojasoße und eingelegte Perlzwiebeln dazu», «gegrillte Aubergine und Krake mit Wasabi», «heißer Tofu und Gelbschwanz-Teriyaki», «Oden mit Rettich, Sardinenpastete und Fischklößchen normal» ordern sie, und so geht es weiter, das ganze Buch hindurch, denn, so der Sensei: «Wer sein Essen genießt, ist ein guter Mensch.»

Der Gleichklang dieses ungleichen Paares zeigt sich denn auch eher in den Speisen als in der recht belanglosen und spärlichen Konversation der beiden, die sich auch schon einmal über einem im Radio übertragenen Baseball-Spiel entzweien, dann aber wieder in der nächsten Kneipe aufeinandertreffen und es sich gemeinsam in der familiären Thekenatmosphäre gutgehen lassen.

Solche Szenen scheinen aus dem Leben gegriffen, denn viele teilen in Japan die Leidenschaft fürs gute Essen und Trinken, für kulinarische Entdeckerfreuden, die sich in kleinen und kleinsten Bistros und Kellerlokalen ausleben lassen. Zugleich ist dieser beliebte Zeitvertreib wohl auch dem Umstand geschuldet, dass in den verdichteten Städten anders Entspannung und Genuss nur mit wesentlich größerem Aufwand zu haben wären. Und schließlich kosten auf diese Weise die in ihrem Alltag isolierten Großstädter etwas Nestwärme im unverbindlich-jovialen Austausch mit gleichgesinnten Zechern und Genießern. Man verabredet sich vielleicht sogar mit dem Restaurantbesitzer zur gemeinsamen Pilzsuche am Wochenende und zum Kirschblütenfest in der alten Schule. Und während sich in solchen Anlässen der Wechsel der Jahreszeiten abbildet, kommen die Ich-Erzählerin und ihr Sensei einander ganz allmählich näher.

Was diese nicht ganz klischeefreie Geschichte von einer Frau, die nicht wirklich erwachsen werden will, und ihrem verwitweten Lehrer, der immer noch insgeheim seiner Frau nachtrauert, dennoch zur unterhaltsam-vergnüglichen Lektüre werden lässt, sind verblüffend unscheinbar, aber dabei überraschend natürlich und überzeugend wirkende, geradeheraus erzählte Szenen, denen nichts von Gedankenschwere oder Symboltiefe anhaftet. Manchmal streifen die Situationen das Skurrile, etwa wenn die Frau beim ersten Besuch in der Wohnung des Sensei mit seiner Vorliebe für ausgediente Keramikkännchen aus Reisezügen und seiner Abneigung, verbrauchte Batterien wegzuwerfen, Bekanntschaft macht.

Andererseits aber wird er mit seiner allzu weltfremd-steifen Sprache und seiner Sprödigkeit in ein liebenswertes Licht gerückt, etwa, wenn er sich mit den Worten an Tsukiko wendet: «Ich möchte ein Date mit Ihnen machen.» Übrigens sind die beiden davor schon gemeinsam auf eine Insel gereist. Doch erst kurz vor Ende des Buchs fällt der denkwürdige Satz: «Würden Sie zum Zweck eines Liebesverhältnisses eine Beziehung mit mir eingehen?» Tsukiko reagiert auf diese verquält-umständliche Formulierung so ungeduldig wie vielleicht der Leser: «Was? Sensei, was wollen Sie damit sagen? Ich bin doch längst in Sie verliebt. Das wissen Sie doch. Was soll dieses komische, ‹zum Zweck eines Liebesverhältnisses›?»

Als sie ihr Gesicht dann an sein Jackett presst, saugt sie «den herben Geruch nach Mottenkugeln» ein. Die Szene im Park geht natürlich noch weiter – der Sensei geniert sich, weil sich die Frau an ihn schmiegt, und was sich die beiden dann noch zu sagen haben, changiert wie so oft zwischen Komik und anrührender, unmerklich wachsender Offenheit und Vertrautheit. Nicht, dass wir nicht schon genügend Geschichten über jüngere Frauen und alte Männer gelesen hätten, und nicht, dass wir nicht ahnten, worauf diese nur kurz währende Beziehung hinausliefe. Aber hier wird sie in ganz neuem Tonfall serviert. Das hat etwas packend Authentisches und ist von einer erfrischenden Leichtigkeit. (2008)

Hiromi Kawakami: *Der Himmel ist blau, die Erde ist weiß.* Aus dem Japanischen übersetzt von Ursula Gräfe und Kimiko Nakayama-Ziegler. München: Carl Hanser Verlag 2008.

Ōe Kenzaburō: Changeling/Torikaeko (dt.: Tagame Berlin–Tokyo). 2000

Wenn sich ein Filmregisseur mit internationalem Renommée, dessen Image sich außerdem mit einigen der kommerziell erfolgreichsten Filme des Landes verband, vom Dach eines Hauses stürzt, so überschlagen sich die Medien in Spekulationen über den Grund dieses völlig unvorhergesehenen Selbstmords. Auch in Deutschland wurde seinerzeit, im November 1997, über den rätselhaften Tod von Itami Jūzō, bei uns bekannt vor allem durch Kultfilme wie «Osōshiki» («Das Begräbnis») und «Tampopo», den Nudel-Eastern, berichtet. Und wenn der Schwager dieses prominenten Japaners auch noch Ōe Kenzaburō heißt, dann ist damit zu rechnen, daß das Ereignis über kurz oder lang eine literarische Verarbeitung erfahren wird. Dies ist nun in der Tat geschehen. Ende letzten Jahres legte Ōe einen Roman vor. Innerhalb von nur einem Monat verkaufte sich das Buch mehr als 85 000 mal.

«Torikaeko» oder japanisch-englisch gelesen «Chenjiringu» für «The Changeling» – «Der Wechselbalg» – lautet der Titel des Romans, den der japanische Nobelpreisträger des Jahres 1994 diesmal demonstrativ nicht im Verlag Shinchōsha, sondern bei der Konkurrenz, im Hause Kōdansha, herausbrachte, schon dies ein trauriger Hinweis auf den Inhalt des Buchs, in dem der Autor u. a. mit dem japanischen Journalismus und der Taktlosigkeit von Prominenten und Talkshow-Gästen abrechnet, die sich anläßlich von Itamis Tod durch gefühllose Kommentare und eitle Besserwisserei hervortaten. Besonders verletzend müssen dabei aus Ōes Sicht Meinungen gewesen sein, die in Zeitschriften seines bisherigen Hausverlages veröffentlicht wurden. Im Roman werden sie in nur leicht verfremdeter, für die Leser jedoch sofort identifizierbarer Form zitiert, etwa der Kommentar eines kurz zuvor in Cannes ausgezeichneten Kollegen des Verstorbenen, der die Ansicht vertritt, sein Preis habe Itami, als er auf dem Dach stand, sicherlich noch einen zusätzlichen Schubs gegeben, eine Aussage, die unschwer Kitano Takeshi zuzuordnen ist. Bekannt war, daß Itami mit ständiger Bedrohung durch Yakuza, die japanische Mafia, zu rechnen hatte, nachdem er sich mehr als einmal in seinen Filmen satirisch-parodistisch mit ihnen auseinandergesetzt hatte. Doch die Yakuza verstehen keinen Spaß, und so wurde er Jahre zuvor auch tätlich angegriffen und im Gesicht verletzt, was einen anderen Kommentator nach seinem Tod allerdings zu der Spekulation veranlaßte, Itami habe dies inszeniert, um Aufmerksamkeit zu heischen. All die abstrus-geschmacklosen Vermutungen, die anläßlich von Itamis Tod geäußert wurden, können letztlich nicht verdecken, daß ein Geheimnis bleibt. Niemand, erst recht nicht sein Schwager Ōe, mag sich mit der verbreitetsten Erklärungsvariante zufriedengeben, der Regisseur habe seinem Leben wegen der Publikation einer ihn kompromittierenden Frauengeschichte in der Regenbogenpresse – es wäre ohnehin nicht seine erste gewesen – ein Ende gesetzt. Manch einer vermutet, daß die Thematik seines nächsten Films, für den er seinerzeit intensive Recherchen betrieb, mit seinem Tod in Verbindung zu bringen sei. Itami, der für die unterhaltsam-satirische Aufarbeitung mancher japanischer Mißstände berühmt war, hatte sich die Problematik im Zusammenhang mit der Beseitigung organischer Abfälle in japanischen Krankenhäusern zum Stoff genommen. Selbst der halbstaatliche Fernsehsender NHK brachte zu diesen Vermutungen eine Dokumentarsendung, ohne allerdings den sich abzeichnenden Sumpf an Vertuschung und Bedrohung näher ergründen zu können. So bleibt das mysteriöse Ende dieses prominenten Künstlers weiter im Dunkeln.

Der Verkaufserfolg des Romans hat sicher viel mit der unbefriedigten Neugier des Publikums und voyeuristischem Interesse zu tun angesichts eines Autors, der zu den engsten Vertrauten des Verstorbenen gehörte. Doch auch Ōe steht vor demselben Rätsel. Und er läßt keinen Zweifel aufkommen, daß das Werk als literarisches gelesen werden soll. Sensationelle neue Thesen oder spektakuläre Erkenntnisse sucht man folglich im Roman vergebens. Das Buch ist der Versuch, die gemeinsam durchlebten Jahrzehnte angesichts der Unbegreiflichkeit des Geschehens noch einmal trauernd zu sichten, um den Schmerz zu bannen.

Die sieben Kapitel des Werks bilden so etwas wie einen Dialog mit dem Schwager und Freund. So spürt der Autor den Anfängen ihrer Freundschaft in den fünfziger Jahren nach, als sie in Matsuyama auf der japanischen Südinsel Shikoku gemeinsam die Schule besuchen. Szenen werden in der Erinnerung lebendig: Der junge Itami übt Bachs Partita für Solo-Violine und rudert mitten im Sommer aufs Meer hinaus, von wo er nicht mehr an Land zurückkehren möchte. Der Freund in den sechziger Jahren, als er Filmschauspieler wird und in einem Hollywood-Streifen mitspielt und sich für sein Honorar einen Jaguar kauft. Und Itami in den achtziger Jahren, ein überaus erfolgreicher Filmregisseur, der, weil er die Yakuza und ihre Praktiken allzu realistisch darstellt, von diesen terrorisiert wird. Wer diese Gewalt an sich selbst erlebt hat, so wird dem Leser des Buches bedeutet, der wird gegen sich selber gewalttätig.

Das geheime Zwiegespräch zwischen Ōe, der im Buch unter dem Namen Kogito auftritt, mit Gorō, seinem Freund und Schwager, entfaltet sich an den Tonbändern, die Gorō ihm in größerer Zahl hinterlassen hat und die er nun des Nachts nach und nach abhört, wobei er immer wieder von seiner Frau Chikashi um Rücksicht gebeten wird, die wie der Sohn Akari unter der nächtlichen Ruhestörung leidet. Die Bänder mit der Stimme des Freundes, die Erinnerungen an die gemeinsamen Jahre in der Provinz, als Kogito und Gorō Rimbaud und Kafka lasen, und an die

Zeit, als beide wiederholt von Rechtsradikalen und Gangsterbanden bedroht und angegriffen wurden bis hin zu den kritischen Auseinandersetzungen mit dem Schaffen des jeweils anderen, werden geschickt mit der Erzählgegenwart im Familienalltag verflochten, einer Szenerie, die Ōe-Lesern aus vielen anderen Werken schon vertraut ist. So gleicht der gelassen-selbstkritische Blick auf den Schriftsteller mit Ehefrau, erwachsenen Kindern und einem behinderten Sohn ganz der Stimmung, die er in seinem Roman «Stille Tage» vorführte. Viele Begebenheiten erkennt der Leser wieder, aus diesem und aus anderen Werken, die nun, im Lichte der Trauer- und Erinnerungsarbeit, in leicht veränderter Nuancierung wiedererstehen. Voller Selbstzitate also ist dieses Werk. Hinzu kommen Zitate aus den Drehbüchern von Gorō. Nur daß die Erzählgegenwart im Vergleich zu den früheren Werken noch ein wenig vorangeschoben wird und beispielsweise einen längeren Berlinaufenthalt des Autors einbezieht, während dessen ihn übrigens anläßlich der Filmfestspiele auch Gorō besucht. Berlin als Kulisse spielt dabei allerdings kaum eine Rolle.

Man könnte sich nun jedoch fragen, ob dieser Roman ungeachtet der Spurensuche und der Trauer um den Freund nicht letztlich wieder, wie all die anderen darin zitierten eigenen Werke, ein Buch über die *persona* des Autors Ōe ist, dem die anderen Figuren in der von ihm geschilderten Welt nur als Spiegel dienen. So bildet Kogito, dem wie Gorō all das japanische und europäische Bildungsgut zu Gebote steht, wie wir es in Form von Anspielungen von ihm kennen, wohl die eigentliche Fokusfigur des Romans, wodurch sich das Werk als ein mehrfach gebrochener japanischer autobiographischer Ich-Roman, ein sogenannter *shishōsetsu*, zu erkennen gibt. Mehrfach gebrochen auch deshalb, weil das Werk neben seinen unbestrittenen erzählerisch-romanhaften Qualitäten eine bis ins Politische reichende Reflexivität an den Tag legt, die dem herkömmlichen *shishōsetsu* denkbar fremd ist. Bei aller spürbaren Ernsthaftigkeit in dem Bemühen, sich dem toten Freund in dessen existentieller Einsamkeit anzunähern, ist dieser Versuch jedoch vor Ästhetisierung, Legendenbildung und Mystifizierung nicht gefeit.

Seine Problematik zeigt sich vielleicht am greifbarsten im letzten Kapitel, in dem der Autor den Titel motiviert – eine zunächst sehr eindrucksvolle und überzeugende Bezugnahme auf Maurice Sendaks Bilderbuch *Als Papa fort war*, das unheimliche Märchen von den bösen Geistern und Kobolden, die dem Mädchen Ida die kleine Schwester entführen und sie durch ein Wechselbalg aus Eis ersetzen. So, wie Sendaks durch Philipp Otto Runges Märchen «Von dem Machandelboom» inspirierte Geschichte die tapfere und treue Schwester feiert, die durch ihre Unerschrockenheit den Geistern widersteht, wird Chikashi, der Schwester Gorōs, Kogitos Ehefrau, hier ein komplexes und zugleich romantisches Symbol zugeordnet.

Das Leben geht weiter. Die Heilung der Familie scheint greifbar, als Chikashi beschließt, einer Japanerin in Berlin beizustehen, die dort ein Kind bekommt. Das neue Leben, so sollen wir es mit Kogito sehen lernen, spendet Trost und verhilft dazu, die Verzweiflung zu überwinden. Nun scheint diese Wendung ins Optimistische am Romanende allzu gezwungen, doch offenbar lag dem Autor daran, das Werk mit einer versöhnlichen Pointe ausklingen zu lassen. Und so ist es letztlich den Lesern anheimgestellt, in diesem Werk die Erfahrung oder aber die Routine des Autors zu goutieren, der uns einen über weite Strecken dialogisch angelegten Künstlerroman, einen Familienroman und einen gegenwartskritischen, nachdenklichen Essay in eins vorgelegt hat. (2002)

Dieser Text wurde anläßlich des Erscheinens des japanischen Buches im Jahre 2001 geschrieben und Anfang 2002 publiziert, etwa vier Jahre vor dem Erscheinen der deutschen Übersetzung.

Kenzaburō Ōe. *Tagame Berlin – Tokyo*. Aus dem Japanischen von Nora Bierich. Frankfurt/Main: S. Fischer Verlag 2005.

Higashino Keigo: Mord am See. 2003
Kirino Natsuo: Die Umarmung des Todes. 2003

Als Nation von Krimilesern muß Japan hierzulande wohl erst noch entdeckt werden. Denn nicht die mehr oder weniger feinsinnigen, häufig autobiographisch inspirierten Romane und Erzählungen, von denen wenigstens einige ins Deutsche übertragen wurden, sind es, die den Markt beherrschen, sondern eine Sparte von Büchern, die mit Etiketten wie Detektivroman, Mystery und Horror versehen ist. Im Bereich der erzählenden Literatur dominieren sie die Bestsellerlisten. Und daß es dabei durchaus nicht nur rasch und mit Blick auf Schockeffekte gebackene Standardkost, sondern manches Entdeckenswerte gibt, zeigen zwei Neuerscheinungen.

Mord am See ist eine Kriminalerzählung nach klassischem Muster. Ihr Autor, Keigo Higashino, Jahrgang 1958, ein ehemaliger Elektroingenieur, zählt heute zu den erfolgreichsten Krimiautoren der jüngeren Generation. Er führt uns in die Welt des gehobenen japanischen Mittelstands mit Ein-Kind-Familien, ausländischen Limousinen und einem komfortablen Ferienhaus am Himegami-See. Dort, in der im Wald gelegenen Ferienanlage, eine gute Autostunde von Tōkyō entfernt, erholen sich vier Paare mit ihren Sprößlingen. Gemeinsam haben sie einen Privatlehrer engagiert. Er soll die Kinder auf die Aufnahmeprüfung für eine der prestigereichen privaten Mittelschulen vorbereiten. Daß dabei nicht nur gute Leistungen entscheiden, hat sich inzwischen wohl herumgesprochen. Zumal, wie sollte es anders sein, nicht alle Kinder gleich begabt sind.

Der Architekt Shunsuke Namiki stößt mit Verspätung zur Gruppe. Doch zunächst scheint er sich nicht so recht auf die Ferienatmosphäre einstellen zu können, denn er verzieht sich gleich in das Zimmer, das er mit seiner Frau Minako teilt. Statt den Grillabend in der Runde zu genießen, stiftet ein plötzlicher Besuch Verwirrung in Namikis Kopf. Seine Mitarbeiterin und Geliebte Eriko ist ihm hinterhergefahren, um ihm wichtiges Material zu übergeben, und auf Vorschlag des Gastgebers bleibt sie nicht nur zum Abendessen, sondern soll auch noch die Nacht dort verbringen. Doch bevor noch Namiki von ihr erfahren konnte, ob sie wie geplant Beweise für einen Seitensprung Minakos hat sammeln können, ist sie tot. Minako gesteht, sie ermordet zu haben, und die Gruppe versucht nun, die Tat zu vertuschen, um einen Skandal zu vermeiden.

Doch so recht will Namiki nicht an Minakos Täterschaft glauben, und im Lauf der nächsten Stunden und Tage nimmt das Geschehen überraschende Wendungen. Bis zur Lösung des Rätsels wohnen wir einer überaus natürlich klingenden, hauptsächlich von Dialogen getragenen Folge von Szenen bei, die man sich gut als Filmdrehbuch vorstellen könnte. Namiki ist derjenige, der wie ein Detektiv anhand von Indizien dem Geheimnis auf die Spur kommt. Das Ganze liest sich spannend und überaus einleuchtend. Fazit: Eine unterhaltsame Wochenendlektüre.

Deutlich länger wird man zum Lesen des über sechshundert Seiten starken Romans der Autorin Natsuo Kirino brauchen, doch das Buch hat es in sich und läßt keine Langeweile aufkommen. Auch in *Die Umarmung des Todes* geht es zunächst um die Beseitigung einer Leiche, doch wie die vier Frauen, die sich diese Aufgabe notgedrungen teilen, zu Werke gehen, wird mit einer makabren Coolness ausgebreitet, die einem Gänsehaut über den Rücken jagt. Dabei sind die Schilderungen ausgesprochen detailgenau und realistisch. Wer könnte sich nicht in Kuniko hineinversetzen, die als Frau ohne besondere Qualifikationen die Nachtschicht in einer Lunchpaketfabrik am Rande der Großstadt absolvieren muß? Wenn Kuniko morgens früh von der Arbeit in ihre Mietskaserne mit den viel zu eng geschnittenen Wohnungen heimkommt, hat sie der deprimierende Alltag fest im Griff: «Sie stieg in den mit Graffiti beschmierten Aufzug, schlurfte im vierten Stock den unansehnlichen Flur entlang, vorbei an Dreirädern, Styroporkisten aus dem Supermarkt und dergleichen, die überall vor den Türen standen, bis sie vor ihrer eigenen ankam. Sie schloß auf, trat in die dunkle Wohnung und hörte schon das viehische Schnarchen aus dem hinteren Zimmer. Alles wie immer; es kümmerte sie schon gar nicht mehr.»

Oder nehmen wir die chronisch übermüdete Yoshie, die, wenn sie morgens heimkommt, erst einmal ihrer bettlägerigen Schwiegermutter die Windeln wechseln muß. Oder Yayoi, Mutter zweier kleiner Kinder, deren Mann sich mit einer schönen chinesischen Bardame vergnügt und schon seit Monaten kein Gehalt mehr nach Hause bringt. Als sich herausstellt, daß der auch noch ihre gesamten Ersparnisse beim Bakkarat verspielt hat, reißt ihr der Geduldsfaden, und sie bringt ihn um.

Zum Glück kann sich Yayoi auf ihre Kolleginnen und Freundinnen verlassen. Man kommt nämlich auf die rettende Idee, die Leiche zu zerlegen, um sie dann, in einzelne Müllbeutel verpackt, an verschiedenen Abfallsammelstellen zu entsorgen. Zunächst hat es den Anschein, als könnte der Plan aufgehen, doch dann macht Kuniko einen entscheidenden Fehler. Bald hat die Viererbande nicht nur die Polizei, sondern auch noch Yakuza, die japanische Mafia, am Hals.

Doch obwohl die turbulente Geschichte an Dynamik noch zulegt, geht es der Autorin offenbar weniger um spektakuläre Effekte als um die Nachzeichnung der dunklen Seite der menschlichen Psyche. Die vier übrigens sehr unterschiedlichen Frauen reagieren individuell auf das Geschehen und sehen sich plötzlich mit ganz neuen Seiten ihrer eigenen Persönlichkeit konfrontiert. So verwirrt es Yayoi erst einmal, daß sie nach ihrer Tat und auch später noch keinerlei Reue empfindet. Die «äußere Fessel» hat sie abgeworfen, sich aber nach dem Mord «eine neue, innere Fessel» auferlegt. Und Masako wird sich erst langsam darüber klar, weshalb sie eigentlich so konsequent mitgemacht hat.

Out lautete der Titel der 1997 erschienenen Originalausgabe, und in Japan denkt man dabei wohl zuallererst an den Baseball-Begriff für «tot» oder «aus dem Spiel». Andererseits wird damit auch die Randständigkeit und Außenseiterposition der Figuren im Schatten der modernen Überflußgesellschaft beschrieben, eine Welt, die so unbarmherzig und trostlos erscheint wie die Szenerien in den italienischen Filmen des Neorealismus. Aber wie diese atmen auch Natsuo Kirinos Schilderungen eine merkwürdige und verhaltene Ästhetik des Kaputten. Und verblüffenderweise hat darin auch noch ein dezenter, makabrer Humor Platz, so etwa, wenn eine der Frauen, die sich nach dem Aufstehen am Nachmittag etwas zu essen kaufen geht, ausgerechnet das «Gourmet-Theaterpausen-Lunch» kauft und verzehrt, eine der von ihr selbst in der Nacht am Fließband abgepackten Portionen.

In Japan ist Kirino, Jahrgang 1951, inzwischen eine Starautorin, die als Spezialistin für realitätsgesättigte und spannende Erzählungen von Außenseitern gilt, die auf die schiefe Bahn geraten. Und in der Tat, wie Kirino einen packenden Plot mit wirklichkeitsnah-illusionslosen, sozialkritischen Einblicken verbindet, kündet von schriftstellerischer Meisterschaft internationalen Ranges. (2003)

Keigo Higashino: *Mord am See. Kriminalroman.* Aus dem Japanischen übertragen von Katja Busson. Löhne: Cass Verlag 2003.

Natsuo Kirino: *Die Umarmung des Todes. Roman.* Aus dem Japanischen von Annelie Ortmanns. München: Goldmann Verlag 2003.

Murakami Haruki: Afterdark. 2004

Reden wir vom «neuen Murakami». Nach gut und gern zwölf Buchtiteln in deutscher Übersetzung wird so wohl das nächste Werk angekündigt. Und die Abstände zwischen Original und Übersetzung werden immer kürzer. Haruki Murakami dürfte dies freuen, denn er legt, wie wir schon aus der hierzulande einigermaßen hitzig geführten Diskussion um seinen Roman *Gefährliche Geliebte* wissen, besonderen Wert auf möglichst rasche Publikation seiner Bücher im Ausland. Kein Zweifel, auch dieses Buch ein echter Murakami mit dem schon bekannten melancholisch-coolen Sound:

Im Hintergrund spielt *Go Away Little Girl* vom Orchester Percy Faith. «Natürlich hört niemand zu.» Eine junge Frau, vermutlich Erstsemester, sitzt nachts in einem der austauschbar anonymen Restaurants der *Denny's*-Kette und liest. Eine Szene wie aus einem Bild von Hopper, wäre die Beleuchtung nicht so seelenlos und wäre der Laden nicht fast voll besetzt. Eine Spätherbstnacht im Vergnügungsviertel einer Großstadt, es könnte Shibuya in Tokio sein, kurz bevor das Datum umschlägt.

Auftritt ein schlaksiger junger Mann mit Posaunenkasten, der das lesende Mädchen anspricht. Mari heißt sie, die jüngere Schwester von Eri. Die war seine Klassenkameradin, ein ungewöhnlich hübsches Girl mit dem Zeug zum Model. Der junge Mann bestellt sich Hühnchensalat. Aus Mari, der kurz angebundenen Leserin, wird er nicht so recht schlau. Warum sie allein in der Stadt herumhängt, jetzt, wo kein Zug mehr fährt, verrät sie ihm ebenso wenig wie ihre Lektüre. Vielleicht kann er sie aber gegen fünf Uhr morgens noch einmal hier treffen, wenn er nach seiner Probe mit der Band wieder Hunger hat. Inzwischen hören wir *April Fool* von Burt Bacharach.

Haruki Murakamis neuester Roman, 2004 in Japan, nun in deutscher Übersetzung erschienen, breitet einen Teppich von BGM – wie man die allgegenwärtige Hintergrundsbeschallung in Japan nennt – unter seiner Story aus. Wir kennen das schon aus anderen Werken. Diesmal liefert ein Stück – *Five Spot After Dark* mit dem Posaunisten Curtis Fuller – sogar den Titel des Buchs. *Afterdark* ist aber vor allem visuell angelegt, und von Anfang an, von der nächtlichen Vogelschau über die pulsierende Stadt, die sich über das Leuchtreklamen-Meer des Vergnügungsviertels auf das lesende Mädchen in dem Kettenrestaurant einzoomt, bis zu einer weiteren Filmtotale am Ende des Werks, die schließlich auf zuckenden Gesichtszügen in einem engen Zimmer endet, haben wir das Gefühl, als Leser zum Kameraauge gemacht zu werden. Kein Wunder, denn von Anfang an spricht das Buch die voyeurhafte Leserperspektive direkt an, so auch im zweiten Kapitel. Schauplatzwechsel: «Es ist dunkel im Zimmer. Aber unsere Augen gewöhnen sich allmählich daran. Im Bett schläft eine Frau. Eine sehr schöne junge Frau. Es ist Maris ältere Schwester Eri. (…) Wir betrachten sie. Oder vielleicht sollten wir sagen, wir *stellen einen Blick* auf sie. Unser Blick ist zum Auge einer schwebenden Kamera geworden, mit der wir uns frei im Zimmer bewegen können.» Für den Rest des Kapitels tastet unser Blick das Zimmer ab. Geheimnisvoll scheint der tiefe Schlaf der jungen Frau zu sein, geheimnisvoll aber auch das Flimmern auf dem Fernsehbildschirm, obgleich der Stecker herausgezogen ist.

Damit ist das Setting fixiert: Die Geschichte einer Nacht mit alternierenden Kapiteln von zwei Schwestern – die eine liest, die andere schläft. Und während die Dinge um Mari in Bewegung geraten, so daß sie das *Denny's* zeitweilig verläßt, verlagern sich im Zimmer der schlafenden Schwester die Grenzen zwischen Wirklichkeit und Virtualität. So, wie in anderen Werken des Autors, beispielsweise in *Mister Aufziehvogel,* beim Durchgang durch eine Brunnenwand Übergänge in eine virtuelle Realität stattfinden, beginnt hier die Welt des Zimmers mit der auf dem Bildschirm zu interagieren und in sie überzugehen. Intermedialität wäre das Stichwort, das sich uns auch schon in früheren Werken von Murakami aufdrängte, das Simulieren, die Verdoppelung von Welten und das Ineinander-Übergehen und Verschmelzen verschiedener Bilder, die zeigen, was ist und was zugleich nicht ist.

Und natürlich fehlt auch nicht die Anspielung aufs Kino. «Alphaville» heißt ein Love-Hotel um die Ecke. Im Kopf von Kinoliebhabern dürfte das Assoziationskaskaden an den gleichnamigen Godard-Film von 1965 mit dem Privatdetektiv Lenny Caution auslösen, der sich in einer dystopischen Stadtlandschaft bewegt, die von einem allmächtigen Superhirn beherrscht wird, bis hin zu Murnaus «Nosferatu».

Das alles riecht nach einem typisch postmodernen Roman. Doch *Afterdark* ist ungleich leichtgewichtiger als sein Parallelwelten-Panorama in *Hard-boiled Wonderland und das Ende der Welt*. Hier geht es weder um Geschichtsreflexion wie in seiner nach Detektivroman-Muster gestrickten *Wilden Schafsjagd*, seinem ersten großen Romanerfolg von 1985, oder dessen Erweiterung in *Mister Aufziehvogel*, dem im japanischen Original dreibändigen Opus, das Mitte der 1990er Jahre entstand, noch treffen wir auf die intertextuelle Dichte, die Murakamis vorletzten

Roman *Kafka am Strand* auszeichnet, auch wenn das Buch wie alle seine Vorgänger geheimnisvoll und banal zugleich anmutet. Und so kommt wieder einmal die Frage auf, ob Murakami denn wirklich mehr zu bieten hat als eine am minimalistischen Stil eines Raymond Carver, dessen Gesamtwerk er ins Japanische übersetzt hat, orientierte modische Variante der jugendlich-konsumweltlichen Großstadterzählung. *Afterdark* mit seinen coolen Dialogen und den Kamerafahrten durch das Zimmer der schlafenden Frau liest sich womöglich allzu widerstandslos.

Was auffällt an diesem Werk ist zum Beispiel das, was in der Diskussion über arabische Literatur mit dem Ausdruck «Vorübersetzung» (*pre-translation*) belegt wurde, die Tendenz zeitgenössischer Autoren, kulturelle Spezifika möglichst zu meiden, um das Werk für eine globale Vermarktung zuzuschneiden. Zur Strategie der «Vorübersetzung» gehören auch Erläuterungen von Dingen oder Verhaltensweisen, die sich für eine einheimische Leserschaft von selbst verstehen. Bei Murakami wird das Love-Hotel ‹Alphaville›, «ein Hotel für Paare – eine Absteige», ausführlich erläutert: «Es funktioniert so, dass die Gäste sich im Flur Fotos von den Zimmern anschauen, sich eines aussuchen, das ihnen gefällt, per Knopfdruck die Nummer eingeben und automatisch den Schlüssel erhalten. Dann steigen sie in den Aufzug und fahren zu ihrem Zimmer. Sie müssen niemandem begegnen und mit niemandem sprechen. Man kann stundenweise oder für eine Nacht bezahlen.» Nun kann man sich kaum vorstellen, daß Mari dies alles nicht schon längst wüßte, selbst wenn sie ein solches Etablissement zuvor noch nicht betreten haben sollte. So ist die Erklärung wohl eher an die internationale Leserschaft des Romans als an Mari gerichtet, die an der Uni Chinesisch belegt hat und nun für eine chinesische Prostituierte dolmetschen soll, die von einem Klienten mißhandelt wurde. Liest man den Roman im japanischen Original, so fallen die «vorübersetzten» Gesten und Redeweisen der Figuren umso deutlicher auf. Doch wer weiß, vielleicht verleiht das dem Text aus japanischer Perspektive einen zusätzlichen Kick. Vorausgesetzt natürlich, man nimmt diese Anpassung angesichts ubiquitärer Standardisierung des Alltags überhaupt noch wahr. Im übrigen ist die architektonische und technologische Kulisse von *Afterdark* natürlich ohnehin weitgehend globalisiert. Aber auch die Figuren, sofern wir sie überhaupt kennenlernen, sind diesmal blasser ausgefallen. Und der leichte Schauer, der uns wohl nach Art des gegenwärtig in Japan populären Neue-Medien-Horrors bei den rätselhaften Fernsehbildern befallen soll, will sich so recht nicht einstellen.

Was also fangen wir mit dem «neuen Murakami» an? Die Kritik war sich im Falle dieses Autors ohnehin nie einig. Für die einen verkörpert seine Literatur mit den ewig jugendlichen Selbstsuchern stets nur die hedonistische Egozentrik einer an Politik und Gesellschaft desinteressierten Lifestyle-Unterhaltung. In dieser Hinsicht hat ihn auch sein

Landsmann Kenzaburō Ōe, der Nobelpreisträger von 1994, öffentlich kritisiert. Nun liegt Murakamis Literatur in der Tat quer zu den herkömmlichen Kategorien der sogenannten «reinen» und der Unterhaltungsliteratur, was seine Einordnung auf irritierende Weise erschwert. Inzwischen aber dürfte es sich herumgesprochen haben, daß seine postmoderne Literatur, seine Geschichten und Fiktionen sowohl vollständig real und plausibel als auch irreal und fantastisch sind und sich mit den herkömmlichen Kategorien nicht messen lassen, zumal sie sehr oft beides zugleich tun: Sie richten sich in der Konsumwelt aufs bequemste ein und unterlaufen sie. Das macht sie zu postmodernen Werken, und das ermöglicht sogar eine, wenn auch andere als die herkömmliche, Auseinandersetzung mit Tradition und Geschichte. So jedenfalls lassen sich seine bisherigen populären Werke von der *Wilden Schafsjagd* bis zu *Kafka am Strand* auch lesen. Mit dem Erscheinen von *Mister Aufziehvogel* schien sich übrigens sogar Ōe jedenfalls zeitweilig mit Murakami versöhnt zu haben, denn er erhielt dafür aus den Händen des Nobelpreisträgers eine renommierte literarische Auszeichnung. Dasselbe Werk war allerdings für einen anderen prominenten Kritiker in Japan Anlaß zu der Vermutung, Murakami sei nun endgültig der Stoff ausgegangen. So sind die Meinungen also nach wie vor geteilt.

Afterdark liefert Wasser auf die Mühlen der Kritiker. Hat Murakami diese etwas schal geratene Erzählung nur eingeschoben, um seine Produktionsmaschine in Gang zu halten? Seine Fangemeinde wird auch dieses Buch nicht missen wollen. Und darauf warten, daß der Autor mit seinem nächsten Werk die Skeptiker widerlegt. (2006)

Haruki Murakami: *Afterdark. Roman.* Aus dem Japanischen übersetzt von Ursula Gräfe. Köln: DuMont Literatur und Kunst Verlag 2005.

Die Autorin

Irmela Hijiya-Kirschnereit ist Professorin für Japanologie (Literatur- und Kulturwissenschaft) an der Freien Universität Berlin. 1992 erhielt sie den Leibniz-Preis der Deutschen Forschungsgemeinschaft. Von 1996 bis 2004 war sie Direktorin des Deutschen Instituts für Japanstudien in Tokyo.

Sie hat zwischen 1990 und 2000 die 34 Bände umfassende *Japanische Bibliothek* im Insel Verlag herausgegeben und ist Herausgeberin der Reihe *Iaponia Insula* im Iudicium Verlag. Sie verfaßte u. a. *Selbstentblößungsrituale* (Wiesbaden 1981, München 2005), *Das Ende der Exotik* (Frankfurt/Main 1988), *Was heißt: Japanische Literatur verstehen?* (Frankfurt/Main 1990), *Japanische Gegenwartsliteratur: Ein Handbuch* (München 2000). Herausgegeben hat sie u. a. *Überwindung der Moderne?* (Frankfurt/Main 1996), *Kulturbeziehungen zwischen Japan und dem Westen seit 1853. Eine annotierte Bibliographie* (München 1999), *Canon and Identity* (München 2000), *Japan – Der andere Kulturführer* (München 2000) und *Eine gewisse Farbe der Fremdheit: Aspekte des Übersetzens Japanisch-Deutsch-Japanisch* (München 2001). Neben Sachbüchern hat sie Werke von Enchi Fumiko, Inoue Yasushi, Itō Hiromi, Kōno Taeko, Nosaka Akiyuki, Ōba Minako und Saegusa Kazuko in Buchform übersetzt.